DANS LES

MONTAGNES ROCHEUSES

PAR

LE BARON E. DE MANDAT-GRANCEY

DESSINS DE CRAFTY ET CARTE SPÉCIALE

PARIS

LIBRAIRIE PLON

E. PLON, NOURRIT et Cie, IMPRIMEURS-ÉDITEURS

RUE GARANCIÈRE, 10

1884

Tous droits réservés

A LA MÊME LIBRAIRIE

Chine et Extrême-Orient, par le baron E. DE CONTENSON, ancien attaché militaire en Chine. In-18... 3 fr. 50

Le Fleuve Bleu. Voyage dans la Chine occidentale, par Gaston DE BEZAURE, vice-consul de Fou-Tchéou. Un vol. in-18, avec carte et gravures. Prix... 4 fr.

Lettres sur l'Amérique, par Xavier MARMIER, de l'Académie française. Nouvelle édition. Deux vol. in-18. 7 fr.

Souvenirs du Far-West, par le baron A. DE WOELMONT. Un vol. in-18. Prix... 3 fr. 50

Australie. *Voyage autour du monde*, par le comte DE BEAUVOIR. 14e *édition*. In-18, avec cartes et grav. 4 fr.

Java, Siam, Canton. *Voyage autour du monde*, par le comte DE BEAUVOIR. 13e *édition*. Un vol. in-18, avec carte et gravures. Prix... 4 fr.

Pékin, Yeddo, San Francisco, *Voyage autour du monde*, par le comte DE BEAUVOIR. 12e *édition*. Un vol. in-18, avec cartes et gravures. Prix... 4 fr.

L'Afrique équatoriale : Gabonais, Pahouins, Gallois, par le marquis DE COMPIÈGNE. In-18, carte et grav. 4 fr.

L'Afrique équatoriale : Okanda, Bangouens, Osyéba, par le marquis DE COMPIÈGNE. 2e *édition*. Un vol. in-18, avec carte et gravures. Prix... 4 fr.

Voyages, Chasses et Guerres, par le marquis DE COMPIÈGNE. Un vol. in-18. Prix... 3 fr. 50

Lettres du Bosphore. Bucarest, Constantinople, Athènes, par le comte Ch. DE MOUY. In-18, avec gravures. 4 fr.

Excursions autour du monde : *Pékin et l'intérieur de la Chine*, par le baron DE ROCHECHOUART. Un vol. in-18, avec gravures. Prix... 4 fr.

Excursions autour du monde : *Les Indes, la Birmanie, la Malaisie, le Japon et les États-Unis*, par le comte DE ROCHECHOUART. Un vol. in-18. Prix... 4 fr.

Syrie, Palestine, Mont Athos. Voyage au pays du passé, par le vicomte DE VOGÜÉ. In-18, avec gravures. 4 fr.

Sud-Amérique. Séjours et voyages au Brésil, à la Plata, au Chili, en Bolivie et au Pérou, par le comte D'URSEL. Un vol. in-18, avec gravures. Prix... 4 fr.

Paris. Typographie E. Plon, Nourrit et Cie, rue Garancière, 8.

DANS LES

MONTAGNES ROCHEUSES

L'auteur et les éditeurs déclarent réserver leurs droits de traduction et de reproduction à l'étranger.

Cet ouvrage a été déposé au ministère de l'intérieur (section de la librairie) en octobre 1884.

PARIS. TYPOGRAPHIE DE E. PLON, NOURRIT ET Cie, RUE GARANCIÈRE, 8.

Deadwood ne se compose guère que d'une rue unique.

DANS LES

MONTAGNES ROCHEUSES

PAR

LE BARON E. DE MANDAT-GRANCEY

PARIS

LIBRAIRIE PLON

E. PLON, NOURRIT ET Cie, IMPRIMEURS-ÉDITEURS

RUE GARANCIÈRE, 10

—

1884

Tous droits réservés

DANS LES
MONTAGNES ROCHEUSES

AVANT-PROPOS

Il fut un temps où les rives marécageuses de la Seine étaient fréquentées par des éléphants et des ours, que les Parisiens, qui habitaient alors les falaises de Montmartre et les dunes de Saint-Germain, venaient chasser à l'endroit où se trouve actuellement l'Opéra. Vers la même époque, le grand continent du Nord-Amérique était loin d'avoir l'apparence qu'il a maintenant. Une immense mer d'eau douce, de forme à peu près triangulaire, en occupait le centre. Bornée au nord par les collines du Canada, à l'ouest par les Montagnes Rocheuses, à l'est par les Alleghany, cette nappe d'eau, de médiocre profondeur, s'écoulait dans l'Atlantique par les chutes du Niagara, et dans le golfe du Mexique par le Mississipi.

Le seuil du Niagara s'usant sous le frottement des eaux, quelque cataclysme renversant peut-être la barrière du sud, cette mer se dessécha peu à peu, laissant une plaine immense, sablonneuse par endroits, fangeuse presque partout, à peine ridée des quelques ondulations qu'y avaient creusées les courants sous-marins dont elle avait été sillonnée pendant tant de siècles. Il n'en resta plus que les cinq grands lacs qui séparent aujourd'hui les États-Unis du Canada et qui alimentent le Saint-Laurent. L'œuvre du dessèchement continue d'ailleurs, car leur niveau s'abaisse encore d'une manière sensible.

Ce sont les trappeurs et les missionnaires français du Canada qui, les premiers parmi les Européens, parcoururent ces plaines qui couvrent près de deux cent mille lieues carrées. Ils leur donnèrent le nom de Prairie, que lui ont conservé les Américains ; du reste, le vocabulaire topographique usuel est resté presque exclusivement français. Une colline est une *butte,* une cascade un *saut,* un affluent une *fourche,* etc.

A une époque indéterminée, à la suite d'une convulsion souterraine, une île à peu près ronde, d'une centaine de milles de diamètre, surgit un jour dans cette mer, non loin des Montagnes Rocheuses. Une éruption, se frayant un passage à travers les couches horizontales superposées, les retroussa en anneaux circulaires autour du cratère qui servit d'évent. Chacune de ces couches, en venant affleurer à la surface, y amena naturellement les minéraux qu'elle contenait. Il résulte de cette disposition singulière une série de zones concentriques contenant chacune des richesses spéciales. En suivant un rayon, on traverse en quelques heures des gisements de houille, des dépôts de pétrole, des mines d'or, de cuivre et d'argent. Si, au contraire, on s'attache à l'un des filons qu'on relève à chaque pas, on rencontrera presque sans interruption les mêmes minerais, en suivant une circonférence qui ramènera au point de départ.

Ce singulier pays resta longtemps inconnu. Il était

éloigné de tout, comme perdu au milieu de la Prairie. Des tribus indiennes, nombreuses et guerrières, en défendaient les approches. Ce n'est que depuis cinq ou six ans que les Américains en ont pris possession, à la suite d'une guerre sanglante, dans laquelle ils n'ont pas toujours été vainqueurs. Maintenant les Black-hills du Dakota tendent à devenir le centre d'une agglomération de mines et d'exploitations agricoles dont l'importance s'accroit de jour en jour.

Appelés dans ce pays par une question d'intérêt, nous avons pensé que le récit du rapide voyage que nous venons d'y faire ne serait peut-être pas sans intérêt.

CHAPITRE PREMIER

Départ de Chicago. — Les *Pullman-cars*. — Un buffet de chemin de fer. — La prairie et les *cow-boys*. — Les colonels. — Le Missouri. — Les *stage-coachs*. — Les Sioux. — Willow-Creek. — Un émigrant.

Quand on a pataugé pendant deux jours dans les abominables bourbiers que la municipalité de Chicago appelle des rues, et qu'on a assisté à la transformation en lard salé de quelques centaines de malheureux cochons, ce qui, comme chacun sait, est la grande industrie du pays, on se sent pris d'une immense envie de s'éloigner de ce séjour enchanteur. Aussi est-ce avec un bien vif sentiment de satisfaction que M... et moi, nous nous disposons à quitter le *Grand Pacific Hotel* et à dire adieu pour quelques semaines à la civilisation américaine. Il paraît en effet que nous allons nous plonger en pleine sauvagerie. Du moins nous sommes autorisés à le croire par tout ce que nous entendons dire autour de nous. A New-York, quand nous parlions de notre projet d'aller à Deadwood-Dakota, nos amis de l'Union-Club levaient les bras au ciel. Ce matin, nous avons été au bureau de l'hôtel pour régler notre note, donner notre adresse et prendre nos billets de chemin de fer. Le clerk est un Canadien qui, depuis notre arrivée, fait tout ce qu'il peut pour nous témoigner la sympathie que lui inspire notre qualité de « Français du vieux pays ». En nous entendant lui parler de Deadwood, il a réfléchi un instant, puis, interpellant l'autre clerk, un Yankee, à barbe babylonienne :

— Jim, a-t-il dit, voilà des gentlemen qui vont à Deadwood-Dakota. Qu'est-ce qui s'est donc passé à Deadwood ces temps derniers ? Est-ce que les Indiens n'ont pas scalpé toute la population ?

— Non, dit Jim, en se renversant dans sa chaise, et levant les yeux au plafond d'un air de profonde méditation. C'est dans le Colorado que cela s'est passé ; ce n'est pas dans le Dakota.

— Alors des cow-boys se sont emparés de la ville et ont brûlé tout un quartier.

— Non, c'est dans le Montana.

— Cependant je suis sûr que quelque chose est arrivé à Deadwood.

— Attendez ! Vous avez raison ! C'est une inondation : je me le rappelle maintenant. La rivière a débordé et a emporté toute la ville. C'était le mois dernier.

— Ah ! enfin, il y a déjà quelques semaines de cela. Le bureau de poste doit être rétabli. Messieurs, vous prenez vos billets jusqu'à Deadwood, n'est-ce pas ? Quarante-neuf dollars chacun, trente-six heures de chemin de fer et autant de voiture à travers la Prairie. L'omnibus va vous conduire jusqu'au *North-Western !* Messieurs, permettez-moi de vous serrer la main. Toujours bien heureux de voir des Français. Ah ! voici la carte du chemin de fer !

Nous disons adieu à cet excellent homme, et nous nous insinuons avec une certaine difficulté dans l'omnibus déjà aux trois quarts rempli de nos fusils, de nos valises et de nos selles.

Pendant qu'il nous emmène vers la gare, nous jetons un coup d'œil sur la carte qui vient de nous être remise. En Amérique, chaque compagnie de chemin de fer publie, en guise d'indicateur, mais surtout de réclame, une carte devant laquelle la déesse de la géographie n'a qu'à se voiler la face, car invariablement les positions relatives des villes principales sont modifiées de telle manière qu'il ressorte clairement pour le voyageur naïf que la ligne en question est la seule qui puisse le conduire là où il veut aller. Sur l'enveloppe de celle-ci s'étale en gros caractères la note suivante :

A l'explorateur !
Au pionnier !!
A l'ouvrier !!!
Au chasseur !!!!
Au touriste !!!!!
Au mineur !!!!!!
A tout le monde ! ! ! ! ! ! ! !
Il est fait savoir que :
Si l'on veut réussir dans l'élevage,
Si l'on veut avoir de belles récoltes,
Si l'on recherche un climat délicieux
Et des sites merveilleux !
Il faut ne jamais sortir des pays que traverse
Le « North-Western-Railway ».
Qu'on se le dise !!!
Car :
En Europe, la mortalité est de. .   1 pour   42
Dans les États de l'Est, elle est de. 1 pour   88
Dans le Far-West, elle est de. . .   1 pour 120

Je traduis à M... cette mirobolante réclame.

— Ah ! mon ami, s'écria-t-il enthousiasmé, que la statistique est donc une science consolante ! Puisque tous les habitants de Deadwood viennent d'être noyés, personne ne peut plus mourir dans le Far-

West d'ici une dizaine d'années. Sans cela, les moyennes seraient dépassées. Et ces gens de New-York qui disaient que notre voyage était dangereux !

Fortifiés par cette pensée qui unit si heureusement la philosophie à l'arithmétique, nous nous précipitons dans un Pullman-car, qui nous emporte bientôt loin de la bonne ville de Chicago.

Le Pullman-car est une des rares institutions dont les Américains aient le droit incontestable de s'enorgueillir. Quand on peut se procurer une place dans l'un d'eux, et il y en a dans presque tous les trains, on voyage beaucoup plus confortablement que sur nos lignes les plus luxueuses de l'Europe! Ce sont des wagons longs de vingt-cinq mètres environ. Au centre, se trouvent de chaque côté douze petits canapés se faisant face deux à deux ; chacun de ces canapés correspond à une place, et deux d'entre eux constituent ce qu'on appelle une « section ». Réunis pendant la nuit, ils forment un excellent lit muni de draps et d'oreillers toujours parfaitement propres. Un autre lit caché dans la muraille pendant le jour sort d'une espèce de placard pour venir se rabattre horizontalement à trois pieds au-dessus du premier, et reçoit le second voyageur.

L'avant et l'arrière du wagon sont occupés par un fumoir et des cabinets de toilette toujours abondamment fournis d'eau glacée, de savons et de serviettes. Sur beaucoup de trains, il y a en outre un wagon-restaurant avec une cuisine, mais ce luxe suprême ne se rencontre guère que dans l'Est ; de l'autre côté de Chicago, nous n'avons que des buffets, et le buffet américain mérite une mention spéciale.

Trois fois par jour, à des heures bizarres, le train s'arrête tout d'un coup sur la place de quelque village. On voit apparaître sur le seuil d'une maison quelconque, plus ou moins loin de la gare, un gentleman qui agite vigoureusement une grosse cloche. On y court, on entre dans une grande salle dans laquelle se trouvent quelques tables couvertes de nappes rouges toujours très-sales.

Une fille, ordinairement laide, vient se placer devant vous d'un air sévère. Avec une rapidité vertigineuse, elle prononce les paroles suivantes, toujours les mêmes :

« Bœuf bouilli! Bœuf rôti! Bœuf salé! Lard! Pommes de terre! Choux! Thé! Café! »

C'est le menu. Il est du reste bien inutile de faire un choix; le résultat est le même, quoi qu'on dise. Au bout de cinq minutes, la même fille revient avec une douzaine de soucoupes qu'elle dépose autour de votre assiette en triple couronne, sans mot dire. Après quoi, elle disparaît, fière et calme, et vous n'entendez plus parler d'elle.

Mais c'est à ce moment qu'il faut voir, ou plutôt qu'il ne faut pas voir les Américains à l'œuvre. Armés de leur fourchette, ils piquent au hasard dans cinq ou six soucoupes, empilent le tout dans leur assiette, le mêlent soigneusement, et puis, au moyen de leur couteau, engouffrent en un clin d'œil cette pâtée. Il faut noter que, de peur d'accident, lesdits couteaux sont toujours en métal blanc et prudemment émoussés.

Le jour de notre départ, nous dînions à Sparte. Je me débattais péniblement contre une substance qui pouvait être du bœuf, à moins que ce ne fût autre chose, quand j'entendis tout à coup M... pousser une exclamation de stupeur : en face de nous était assis un vieux monsieur d'apparence respectable. Il avait commencé d'abord par prendre une tranche de lard qu'il avait soigneusement coupée en petits morceaux, il y ajouta un peu de crème, quelques pointes d'asperges, un œuf poché, des tomates crues, le jus d'une pêche confite, du sel et du poivre en abondance; puis il arrosa de mélasse noire et avala le tout avec un air de vive satisfaction. C'était un horrible spectacle.

Le pays où l'on se nourrit si mal est pourtant charmant. En sortant de Chicago, la ligne, quittant la prairie, s'élève dans le nord pour entrer dans le Wisconsin. Au sortir des plaines marécageuses de l'Illinois, nous voyons des chaînes de petites montagnes couvertes de magnifiques bois de chênes et de sapins, séparées les unes des autres par de jolies vallées toutes vertes, d'une fertilité admirable. Dans ce pays, que les Indiens seuls habitaient il y a cinquante ans, la population est déjà aussi dense que dans bien des provinces de France, au moins le long de la ligne, car l'absence de tout chemin doit rendre les villages singulièrement plus clair-semés dans l'intérieur. Les eaux sont magnifiques et d'une abondance extraordinaire. Debout sur la plate-forme du car, nous voyons à chaque instant des étangs et même des lacs sur lesquels naviguent de petits bateaux à vapeur.

Vers neuf heures nous traversons le Mississipi à Winona. Malheureusement, l'obscurité nous empêche de bien voir. Nous ne restons que quelques minutes dans une immense gare brillamment éclairée à la lumière électrique, et puis le train reprend sa course, et nous allons nous coucher.

Quand nous nous réveillons le lendemain matin, l'aspect du pays est bien changé. Nous sommes rentrés dans la prairie, non pas la prairie cultivée des environs de Chicago, mais la prairie dans toute son immensité et sa sauvage nudité. Ici, la colonisation ne fait que naître. A peine voit-on de loin en loin, aux environs des gares, de petites maisons en bois entourées de défrichements. Partout ailleurs, l'œil se promène, sans pouvoir se fixer nulle part, sur une immense plaine, à peine accidentée, couverte d'une herbe épaisse qui ondule sous la brise, en prenant des teintes bleuâtres très-singulières[1]. L'eau est rare. On rencontre seulement quelques ravins pleins d'une onde bourbeuse qui s'en va lentement avec mille détours vers le Missouri. Dans d'autres endroits, les eaux sans écoulement forment des marais d'où s'élèvent de longues bandes de canards.

L'impression est des plus tristes, mais quelles richesses incalculables sont cachées dans ces plaines, et pendant combien d'années encore nos agriculteurs d'Europe, grevés des charges accumulées par vingt siècles de civilisation, pourront-ils lutter contre l'invasion des produits de ce pays? L'impulsion est donnée. Comment arrêter maintenant le courant? Le bien en résultera, mais seulement dans cinquante ans, quand la valeur de nos terres aura baissé encore de moitié, et que la moitié de nos paysans auront été forcés d'émigrer. D'ici là, que de souffrances!

Car il ne faut pas se le dissimuler, à moins d'un changement total dans notre système douanier, la lutte est impossible, et chaque année qui s'écoulera verra tomber une nouvelle branche de notre industrie agricole. Hier le blé, aujourd'hui le vin, car la Californie commence à envoyer ses vins à Bordeaux, après y

---

[1] Blue grass (*Andropogon furcatus*). C'est le meilleur fourrage d'été connu en Amérique. Le foin est toujours plus que médiocre.

avoir envoyé le phylloxera ; demain, ce sera l'élevage. Chaque ligne de chemin de fer qui s'ouvre dans le Far-West creuse une blessure nouvelle.

Il est intéressant de se rendre compte de la manière dont le gouvernement américain favorise ce mouvement. Quelquefois, comme cela a eu lieu pour l'*Union Pacific,* la grande artère qui la première a traversé le continent, il subventionne directement une Compagnie ; mais d'ordinaire on procède autrement.

Une fois le tracé de la ligne arrêté, la zone parcourue est divisée en petits carrés d'un mille de côté, auxquels la voie sert de base. Chacun de ces carrés prend le nom de section. Par le fait même de la concession, la Compagnie devient propriétaire de la moitié de ces terrains, l'autre moitié reste au gouvernement.

Pendant les premières années surtout, les seuls bénéfices que puissent espérer les actionnaires proviennent de la vente et de la mise en valeur de ces terres. Aussi la Compagnie prend-elle tous les moyens pour y attirer l'émigration.

C'est généralement en automne que le settler, comme on l'appelle, vient choisir des terres. Sur une simple déclaration, on lui donne un droit de parcours à peu près gratuit sur la ligne. Dès qu'il a fait son choix, il va trouver l'agent de la Compagnie. S'il n'a pas d'argent, ce qui arrive le plus souvent, on lui fera un crédit de cinq ou six années. Les terres lui sont vendues de 1 à 5 dollars l'acre (40 ares). Il faut encore une maison, des instruments d'agriculture, des animaux. Tout cela lui est fourni par des institutions spéciales. Cependant ces dépenses sont relativement considérables. Une maison coûte 350 ou 500 dollars ;

une vache à lait, de 25 à 30 dollars; une bonne paire de chevaux, 100 ou 150; mais au printemps, vers le 15 avril, il lui suffira de retourner les mottes de la prairie, et d'y jeter quelques poignées d'avoine pour récolter, dès la fin de juillet, 25 à 40 boisseaux (*bushel*, 35 litres) par acre. A partir de la seconde année, on sème du froment qui rend de 20 à 40 bushels à l'acre, et cela sur un seul labour et sans engrais. On nous a montré des terrains qui avaient fourni jusqu'à vingt-cinq récoltes successives de blé dans ces conditions sans épuisement perceptible du sol : un humus noir d'alluvion dans lequel on ne voit pas une pierre.

Pour nourrir ses bêtes l'hiver, le nouveau fermier peut dans le courant de l'été couper du foin où bon lui semble; s'il a besoin d'un peu d'argent pour les dépenses courantes, il n'a qu'à aller chez ses voisins faire quelques travaux qui lui sont payés deux dollars par jour. Dès la fin de la première année, il fait déjà des recettes; si ses visites au cabaret de la gare ne sont pas trop fréquentes, au bout de quatre ou cinq ans, la ferme et le mobilier ne doivent plus rien à personne.

A Tracy, où nous sommes arrivés à neuf heures du matin, il nous a fallu quitter notre Pullman-car, qui n'allait pas plus loin. Le compartiment dans lequel nous nous sommes installés contient un public tout spécial déjà complétement différent de celui que nous avions l'habitude de voir dans l'Est. Quatre ou cinq femmes d'allures suspectes occupent un coin; elles semblent être sous la surveillance d'un couple d'aspect austère. Les autres places sont occupées par des hommes crottés jusqu'à la nuque, en chemises de flanelle usées, les pantalons enfouis dans de grandes bottes. Tous chiquent avec conviction. Il y a encore

LE COMPARTIMENT CONTIENT UN PUBLIC COMPLÈTEMENT DIFFÉRENT DE CELUI QUE NOUS AVIONS L'HABITUDE DE VOIR DANS L'EST.

quelques femmes et puis des nuées d'enfants. A toutes les stations, des hommes montent dans le train les mains pleines de prospectus ; ce sont des « land agents » (courtiers de terre); ils nous abordent, nous proposent des fermes. Il y en a un qui veut à toute force me vendre tout un faubourg d'une ville à nom ronflant, Athènes ou Paris, je ne me rappelle plus bien. Il m'en montre le plan ; j'y vois de grandes avenues coupées de rues innombrables, des squares, deux jardins publics, sept ou huit gares de chemin de fer, des églises, dix ou douze banques. Quand il est bien convaincu que je ne lui achèterai rien, il avoue de bonne grâce qu'il y a en tout cent cinquante habitants dans sa ville, qui logent dans une cinquantaine de baraques en bois : mais il affirme que dans deux ans, il y en aura vingt mille, et cela est très-possible. Les enfants se mettent à jouer. Pour débuter, ils envoient une balle dans l'œil du monsieur à la ville, qui sourit gracieusement : car il est convenu qu'en Amérique tous les enfants sont charmants. Après lui, c'est mon tour : j'ouvre immédiatement la fenêtre qui est derrière moi, espérant que la balle en profitera pour aller rouler dans la prairie. La noirceur de mon dessein est tout de suite percée à jour. Le « young gentleman », un affreux gamin de sept ans, vient la fermer sans me demander mon avis. Je m'y oppose. Il s'en va en lâchant un juron déjà bien modulé.

A chaque instant quelqu'un passe dans le couloir réservé au milieu du wagon, trébuche et tombe sur nous ; on nous marche sur les pieds. Jamais un mot d'excuses. Du reste, en cela supérieurs aux gens mal élevés de chez nous, ils trouvent tout naturel qu'on agisse de même à leur égard. Un de mes amis voyageait dernièrement dans un saloon-car. Tout à coup, il voit deux grands pieds qui s'allongent de chaque côté de sa figure. Son voisin de derrière se mettait à son aise. Se fâcher n'eût servi à rien. Heureusement, il remarqua un fauteuil libre derrière cet aimable Yankee : il va le prendre, et lui rend la pareille. L'autre ne broncha pas.

Voici une autre histoire du même genre qu'on m'a contée. Deux voyageurs, l'un Français, l'autre Américain, s'assoient face à face dans un tramway. L'Américain qui chiquait, bien entendu, se mit à cracher, fort adroitement du reste, à travers la portière ouverte à côté du Français. Celui-ci vexé, et voulant user de représailles, s'y prend si mal qu'il attrape l'autre en pleine figure. Naturellement, il se confond en excuses qui sont accueillies de très-bonne grâce par le Yankee, lequel, tout en s'essuyant, se contente de dire d'un ton un peu protecteur : *All's right, stranger! I guess you are a beginner!* « Cela ne fait rien, étranger, on voit que vous n'avez pas encore l'habitude. »

Ces gens sont grossiers parce qu'on ne leur a jamais appris à être autrement, mais, sous beaucoup de rapports, ils sont supérieurs comme tenue aux gens de la même classe en France. Leur attitude vis-à-vis des femmes est admirable. Pas une parole obscène ne leur échappe. De plus, chez eux, l'égalité est chose si bien acquise, qu'on n'y rencontre pas cette hostilité sourde que l'homme en blouse témoigne souvent chez nous au monsieur en redingote. Cependant cette observation, absolument vraie dans l'Ouest, serait bien sujette à quelques restrictions en ce qui concerne les provinces de l'Est, qui s'européanisent rapidement.

Autour des gares, il s'est déjà groupé quelques maisons ; chacune d'elles envoie son contingent d'enfants malingres, déguenillés et qui pataugent nu-pieds à travers les mares, pour venir regarder le train. La population de ces villages a partout la même composition. Deux ou trois épiciers, quelques *dry good stores* (quincailliers), des maréchaux, des selliers, une ou deux petites chapelles qui ne semblent guère fréquentées, presque jamais de bouchers ni de boulangers : en Amérique on ne mange que du lard. Quant au pain, chacun fait soi-même, à chaque repas, les espèces de boulettes de pâte non levée, cuites dans un poêle, qui en tiennent lieu! Aussi, surtout dans l'Ouest, neuf Américains sur dix ont des gastrites chroniques à partir de vingt ans.

Ce qui ne manque jamais, par exemple, c'est au moins un hôtel et puis une collection de *saloons*. C'est sous ce nom aristocratique que sont connus les cabarets, et c'est là que passe le plus clair des bénéfices des fermiers du voisinage. Devant les portes s'alignent des files interminables de machines agricoles, batteuses, moissonneuses, faucheuses, toutes peintes de couleurs vives. Leur emploi, qui n'est encore chez nous que l'exception, est là-bas la règle absolue. Du reste, le sol bien nivelé de la prairie semble avoir été créé pour elles.

A mesure que nous avançons, le nombre de nos compagnons diminue. A l'une des dernières stations, deux *cow-boys* (vachers) montent dans le train. Avec leurs feutres bossués, ornés d'une ganse d'or ternie, leurs grandes bottes chaussées d'éperons mexicains et leurs ceintures garnies de deux revolvers Colt, de cartouches et d'un grand couteau, ils ont l'air de parfaits bandits. Cependant ceux-ci se comportent fort bien; il n'en est pas toujours de même. Il y a quelques semaines, un cow-boy ivre a voulu, paraît-il, se livrer à un de leurs sports favoris. Il a enlevé d'une balle de revolver le cigare d'un voisin inoffensif. Là-dessus le *guard* (conducteur) l'a tué roide, par derrière, d'un coup de pistolet. On a jeté le corps par une portière, et tout a été dit.

Ces cow-boys sont la plaie de l'Ouest. Recrutés généralement parmi les hommes trop paresseux pour travailler aux mines ou dans les fermes, passant leur vie dans la prairie, à cheval nuit et jour pour surveiller leurs troupeaux, constamment en guerre avec les Indiens, ils ne paraissent dans les villes que les jours de paye, s'y enivrent invariablement et deviennent la terreur des habitants, qui, du reste, les exploitent de leur mieux. Les journaux et les romans sont pleins de leurs exploits. De temps en temps, on apprend qu'une troupe de cow-boys s'est emparée d'une petite ville de la frontière et l'a mise au pillage, ou que, simplement pris d'un accès de gaieté, ils ont réuni tous les habitants sur une place et les ont forcés à danser devant eux des heures entières, en envoyant des balles dans les mollets de ceux qui ne s'exécutaient pas avec suffisamment d'agilité. Puis, un beau jour, un comité de vigilance se forme, en prend trois ou quatre un peu au hasard, les accroche au premier arbre venu, et les autres vont continuer un peu plus loin le cours de leurs exploits. Au demeurant, les meilleurs garçons du monde, et adorés des *saloon-keepers*, dont ils font la fortune.

Nos voisins se rapprochent et se mettent à causer avec nous. Le guard vient aussi nous rejoindre, en nous saluant de la phrase sacramentelle : *Well, stran-*

ger, how do you like the country? « Eh bien, étranger, aimez-vous ce pays-ci? » La conversation devient générale. On nous renseigne sur la profession des cinq femmes qui sont restées à l'extrémité du wagon. Ce sont des « femmes gaies », expression anglaise, qui sont sous la protection d'un vieux monsieur, qui a l'air bénisseur d'un ministre protestant. Elles parcourent le pays, restant une quinzaine dans chaque ville, où elles sont reçues gratuitement dans certains hôtels.

Le guard nous donne une mauvaise nouvelle : il n'est pas bien sûr que nous arrivions à Pierre ce soir. Hier, un pont s'est effondré au passage d'un train. On ne sait pas s'il est réparé ; les accidents sont trop communs dans ce pays pour qu'on s'en émeuve outre mesure : étant donnée la manière dont on construit la voie, il est bien étonnant qu'ils ne soient pas plus fréquents. Ce matin, en passant, nous avons vu un chantier en activité. Il s'agissait d'établir à travers la prairie un bout de ligne pour aller rejoindre des mines de charbon récemment découvertes.

Une drague à vapeur était installée sur un truck. Le godet mordant dans la terre grasse creusait une tranchée partout où cela était nécessité par de petites ondulations du sol. A mesure que son travail, secondé par celui de sept ou huit hommes, avait à peu près nivelé la voie sur une longueur de quelques mètres, on mettait en place les traverses et les rails que contenaient trois ou quatre autres wagons. La locomotive placée derrière faisait alors quelques tours en avant, et le travail recommençait. Sur certaines lignes, on a fait, par des moyens analogues, jusqu'à dix milles (seize kilomètres) en un seul jour, — mais c'était un tour de force.

Quand on rencontre un petit cours d'eau, on établit un pont à claire-voie en charpente. — On ne met de ballast que bien rarement ; je n'en ai vu que sur les lignes de l'Est, et les Compagnies ne manquent pas de l'annoncer comme réclame. La voie se tasse toute seule. Quand les cahots sont par trop violents, on la recharge un peu, et, petit à petit, tout s'arrange. L'important, c'est que la ligne soit ouverte le plus tôt possible.

Si le matériel fixe est peu soigné, en revanche le matériel roulant est admirable de solidité et même d'élégance. Le personnel me semble aussi fort bon. Je suis surpris de constater que malgré le service très-dur qu'on exige d'eux, les salaires des hommes sont peu élevés. Si l'on tient compte de la différence de valeur de l'argent, et de ce fait, que les Compagnies n'assurent ni retraites ni secours en cas de maladie, il faut reconnaître que leurs employés reçoivent moins que les nôtres. Un mécanicien gagne de quatre à cinq cents francs par mois. Il est vrai que cette solde correspond à un parcours journalier de cent milles, et que chaque parcours supplémentaire de même durée donne droit à une nouvelle journée de solde. Quelques-uns parviennent au chiffre de mille francs, mais ils sont très-peu nombreux.

La nuit tombe au moment où nous arrivons au lieu de l'accident. Nous sommes tout près du Missouri, qui, les jours précédents, avait inondé ses rives. Non-seulement un petit pont a été enlevé, mais les eaux ont tellement affouillé la voie, que, sur une longueur de quarante à cinquante mètres, elle est tombée de cinq à six pieds au-dessous de son niveau primitif. L'immense locomotive, couchée sur le côté, comme un cheval tombé dans les brancards, a presque disparu dans la vase molle du ruisseau. Un peu plus loin, une demi-douzaine de wagons chargés de bois sont empilés les uns sur les autres, les roues en l'air. Une vingtaine d'ouvriers sont au travail. La manière dont ils remédient à l'accident est caractéristique. Chaque traverse de la voie est ramenée au niveau voulu au moyen de piles de bois amoncelées sous ses extrémités et qui reposent sur la vase encore molle. C'est le chargement des wagons qui fournit les matériaux. Le travail n'est pas encore terminé; aussi nous avons tout le temps de visiter le théâtre de l'accident.

C'est là que nous voyons des Indiens pour la première fois. Il y en a deux drapés dans leurs grandes couvertures rouges, les bras croisés; ils regardent sans bouger les hommes affairés qui les entourent. Un de nos compagnons de voyage me dit :

« Regardez ces damnés fainéants ! Ils n'auraient qu'à se baisser pour gagner honnêtement deux ou trois dollars. Ils aiment mieux mendier ou voler ! »

Il me semble que cette réflexion explique l'antipathie instinctive qui sépare les deux races. Ces hommes grands et forts ne veulent pas travailler. Ils sont d'une laideur repoussante et sinistre. Certains animaux, le rhinocéros et l'hippopotame, par exemple, semblent appartenir à une création antérieure à la nôtre; ces hommes avec leurs grands traits durs et immobiles paraissent manquer de je ne sais quelle touche finale et donnent la même impression d'inachèvement. On se figure ainsi l'homme préhistorique.

Du reste, rien de séduisant dans leur accoutrement. Ils ont des pantalons en cuir fauve; leurs cheveux noirs, longs et roides, sont à moitié cachés sous d'ignobles feutres pointus, car ils ne portent plus la fameuse « mèche à scalper », ornée de plumes d'aigle, dont ce bon Fenimore Cooper a fait, dans ses romans, un si terrible abus. Par exemple, ils n'ont pas renoncé à l'usage de scalper « les visages pâles »; et quand un jeune guerrier peut trouver dans quelque coin un émigrant ivre-mort et pas trop chauve, il se fait un plaisir et un devoir de lui enlever sa chevelure, ce qui lui vaut l'estime de ses chefs et l'amour de toutes les jeunes squaws de la tribu. Cela lui vaut aussi d'être pendu comme un chien par les amis du scalpé, s'il s'avise, comme cela arrive quelquefois, de se vanter de son coup, une fois ivre lui-même.

Il est nuit quand le guard pousse le traditionnel « on board ». Nous nous précipitons à l'assaut de nos wagons, car dans ce pays on n'attend jamais les retardataires. Du reste, nous aurions facilement pu rattraper le train à la course; jusqu'à Pierre, la voie est si peu sûre que nous n'avançons plus que très-lentement. A gauche, dans l'obscurité, nous voyons les étoiles se réfléchir dans une grande nappe d'eau qui s'étend à perte de vue. Le Missouri n'a pas encore réintégré son domicile géographique, car lorsque, vers dix heures, nous arrivons en gare, la locomotive a de l'eau jusqu'aux essieux. Devant nous brillent les lumières d'une ville dont les plus vieilles maisons ont trois ans d'existence. Ce sont les ouvriers venus pour l'établissement du chemin de fer qui les ont construites. Maintenant elle contient deux mille cinq cents habitants, et quatre ou cinq journaux s'y éditent.

Un émule de M. Bottin vient même de publier un *Pierre-directory,* contenant les noms, titres et professions de ses concitoyens. J'insiste sur le mot *titre*, parce qu'un gamin m'ayant absolument obligé à lui acheter cet intéressant ouvrage, j'y constate avec plaisir que le goût de ces distinctions n'est pas près de s'éteindre chez les populations de l'Ouest. Sur quinze cents noms, il y a huit cents colonels et deux ou trois cents majors ou juges. Les autres se sont contentés du titre de capitaine. Ce sont sans doute des natures timides et modestes pour lesquelles je me sens pris d'une sympathie instinctive.

Il va sans dire que, parmi tous ces braves gens, il n'y en a probablement pas un seul qui ait un droit plus ou moins éloigné à ces titres. Rien n'est amusant comme de demander à un Américain voyageant en Europe, et s'intitulant colonel ou major, dans quelle arme il a servi. Pour peu qu'il soit depuis quelque temps hors d'Amérique, la question le met généralement au supplice. Il me souvient d'un qui se faisait appeler le colonel F... : je lui posai ma question habituelle. Il me répondit avec une candeur charmante :

« Je n'ai jamais servi. J'avais un frère aîné qui n'avait pas servi non plus. Seulement, comme il avait une apparence très-militaire, on l'appelait le général. Étant son cadet, j'ai naturellement pris le titre de colonel. »

Une notable portion de ce brillant état-major encombre la plate-forme de la gare. Quelques-uns ont sans doute appartenu au corps des pontonniers, car une passerelle a été jetée en travers de la place que recouvrent six pouces d'eau, pour aller au grand hôtel de Pierre. C'est une grande baraque en bois qui paraît être le rendez-vous d'une autre série de colonels, à en juger par la collection de figures peu rassurantes qui encombrent la grande salle quand nous y faisons notre entrée, nos valises sur notre dos, car le plus déguenillé de ces vaillants militaires ne consentirait pas à gagner vingt cents en se chargeant de ce soin.

Le propriétaire, une espèce de colosse orné de formidables moustaches, se repose derrière son comptoir des fatigues de la journée, les deux pieds sur ledit comptoir, plus haut que sa tête. C'est aussi un colonel, car un voyageur qui passe avant nous lui donne ce titre. Il nous fait signer nos noms sur un registre qu'il pousse vers nous sans se déranger, puis il daigne appeler un capitaine que la fortune des combats a réduit au rôle de garçon, et qui nous conduit d'assez mauvaise grâce dans une petite chambre ornée d'un grand lit, où il nous laisse en nous informant qu'un lit aussi large est bien suffisant pour deux. Ces surprises-là sont encore une des joies réservées aux voyageurs en Amérique. Pour peu qu'on soit à court de place, même dans les meilleurs hôtels, on vous propose très-tranquillement de coucher deux dans le même lit. Généralement cependant, en poussant des cris de pintade, on obtient une autre combinaison. Mais, à Pierre, il nous a été aussi impossible d'obtenir un second lit que d'avoir à dîner; et c'est l'estomac creux que nous nous sommes endormis côte à côte au bruit d'un formidable orage qui vient ajouter quelques centimètres d'eau à celle qui remplit déjà les rues.

« Prenez un Anglais, enlevez-lui toutes ses bonnes qualités, il restera un Yankee. »

Cette définition peu flatteuse est due à un voyageur,

UN STAGE-COACH DANS LE FAR-WEST.

anglais dont la bienveillance n'est pas la note dominante. Absolument fausse en ce qui concerne les hommes, elle devient d'une vérité frappante si on l'applique aux institutions, à la cuisine et aux mail-coachs. Quelles admirables descriptions nous ont laissées Thackeray et Dickens de ces voyages sur le haut d'un mail, à côté d'un gros cocher dont la conversation instructive ne laissait ignorer aucun des détails de la vie intime de tous les riverains de la route! Les quatre chevaux bien attelés filaient comme le vent entre les haies d'aubépine. A l'entrée des villages, au son de la trompette du conducteur, les volailles s'envolaient effarées, les femmes rattrapaient leurs enfants égarés au milieu de la rue, et puis, au relais, le gros hôtelier se tenait sur la porte de la cuisine, au fond de laquelle on voyait une broche surchargée de victuailles, tournant lentement devant un grand feu clair.

Voilà ce qu'était un mail-coach en Angleterre ou une malle-poste en France. En passant l'Atlantique, l'institution a singulièrement perdu. Les Américains, cependant peu exigeants sous le rapport du confortable, déclarent eux-mêmes qu'un voyage en mail-coach, dans le Far-West, est une des épreuves les plus pénibles auxquelles les organes de la pauvre humanité puissent être soumis. Aussi ce fut avec une résignation non dépourvue d'anxiété que le lendemain de notre arrivée à Pierre nous nous acheminâmes vers le bureau de la malle-poste qui devait nous transporter de Pierre à Deadwood, à travers les deux cents milles de prairie qui séparent les deux villes.

A première vue, l'équipage, qui stationnait au milieu de la rue inondée, n'avait rien de bien engageant. C'était une sorte de tombereau sommairement suspendu et perché sur deux paires de roues très-hautes ; le tout recouvert d'une double bâche de toile grise. Deux ou trois hommes étaient occupés à charger une foule de caisses et de malles dans l'intérieur, ne réservant pour nous qu'un tout petit espace au milieu. Quand nous y eûmes pris place, un cow-boy, remplissant les fonctions de postillon, s'installa sur le siége ; un autre, décoré du nom de conducteur, s'assit à côté de lui, et quatre chevaux de bonne apparence, dans l'eau jusqu'aux genoux, ébranlèrent sans trop d'efforts la lourde machine. Au bout de dix minutes, ils s'arrêtaient sur les bords du Missouri, que la berge assez élevée nous avait empêchés de voir jusque-là.

Le fleuve, très-boueux et d'un courant très-rapide, n'a pas moins de sept à huit cents mètres de large. Le temps clair et très-beau nous laisse voir distinctement une rangée de collines vertes qui le bordent de l'autre côté, se terminant à certains endroits par des falaises assez élevées connues dans le pays sous le nom de *bluffs*. En hiver, pendant quatre ou cinq mois, le passage se fait sur la glace, qui, sous cette latitude, devient d'une épaisseur extrême. Pendant l'été, la Compagnie emploie un petit bac à vapeur très-primitif, qui est tout prêt à nous recevoir. Nos chevaux, habitués à cette manœuvre, montent à bord sans faire la moindre difficulté, et en vingt minutes nous gagnons une petite anse de la rive droite, protégée contre le courant par la carcasse d'un bateau à vapeur que la dernière débâcle a rejetée sur la berge, et dont personne ne semble se soucier de recueillir les débris.

A peine débarqués, une grave discussion s'élève. Un de nos chevaux de volée boite tout bas. Faut-il continuer ou revenir en prendre un autre ? Quatre ou cinq flâneurs arrivent qui donnent leur avis. Mais la conférence qui menace de s'éterniser est brusquement interrompue par un homme à cheval qui dégringole au galop du bluff le plus voisin. Il apporte des nouvelles qui mettent tout le monde d'accord.

Il arrive de Willow-Creek, le premier relais, à seize milles d'ici. L'orage de cette nuit a causé une telle crue qu'un pont est emporté; il a eu beaucoup de peine à passer à la nage. De plus, aucune voiture n'est arrivée de Deadwood depuis deux jours. Il est donc bien probable que des accidents analogues ont dû se produire ailleurs. On décide à l'unanimité qu'il faut retraverser la rivière pour aller prendre les ordres du « surintendant ».

Là, deux heures se passent en pourparlers. Le surintendant, qui est en même temps un gros actionnaire de la Compagnie, s'en prend à tout le monde et jure comme un Pandour : en quoi il est imité par ses subordonnés; ce qui nous permet de constater, une fois de plus, combien la langue anglaise est pauvre en jurons. Il est vraiment extraordinaire que depuis que les Américains la travaillent, et Dieu sait s'ils l'ont modifiée, des gens aussi inventifs n'aient pas su la perfectionner sous ce rapport et restent aussi inférieurs à d'autres peuples, tels que les Mexicains ou les Allemands. L'observation de Figaro, que *Goddam* était le fond de la langue, est toujours vraie. Ils usent de leur mieux du seul et unique juron qu'un vocabulaire insuffisant met à leur disposition, mais on sent que cette pénurie leur pèse et qu'ils en sont un peu honteux.

Enfin, on prend un grand parti ; on laisse une bonne moitié du chargement, et puis nous serons accompagnés par un chariot qui emportera un bateau destiné à nous faire traverser les creeks. L'idée nous semblant assez originale, nous accueillons cette combinaison d'autant plus favorablement que, grâce à elle, nous avons un peu plus de place pour nos jambes.

Notre troisième voyage à travers la rivière se fait aussi heureusement que les deux autres. Cette fois-ci nous avons un compagnon. C'est un vieil Indien boiteux et couvert d'ignobles guenilles qui semble à peu près idiot, mais qui n'en est pas moins un personnage parmi les siens, car il est attendu sur la rive par une douzaine de ses compatriotes à cheval et armés.

Tous ces Indiens sont des Sioux. Il paraît que ce nom, sous lequel ils sont connus des blancs, est la corruption du mot français *saoul*, que les anciens trappeurs leur appliquaient volontiers, à cause de leur goût bien prononcé pour la dive bouteille. Du moins cette explication est donnée par le P. de Smet, auquel j'en laisse toute la responsabilité. Eux-mêmes s'appellent « Dacotahs », ce qui dans leur langue veut dire «coupe-gorge »; ils n'ont donc pas grand'chose à perdre en changeant de nom. Tout le territoire que nous allons traverser entre le Missouri et la Cheyenne fait partie de la réserve qui leur a été concédée par le traité de 1877, qui a été conclu à la suite d'une longue guerre dans laquelle, à dire vrai, le gouvernement américain n'a eu pour lui ni le bon droit, ni même, jusqu'à un certain point, le succès; car « Sitting Bull », leur grand chef, après avoir battu deux ou trois détachements de l'armée fédérale, a pu se réfugier sur le territoire anglais du Canada, d'où il n'est revenu que deux ans plus tard, après des pourparlers pendant lesquels il traitait de puissance à puissance avec le gouvernement.

D'après le traité, qui garantit d'une manière absolue aux Indiens la propriété de cette contrée, les blancs n'ont le droit d'y fonder aucun établissement permanent; ils ne peuvent cultiver aucune terre ni y introduire, même pour usage personnel, aucune liqueur fermentée. Des fonctionnaires spéciaux, nommés agents indiens, qui ont à leur disposition un certain nombre d'Indiens organisés militairement, tiennent la main à l'exécution de ces règlements, qui sont observés dans une certaine mesure. Mais les malheureux Indiens ne jouiront pas longtemps de la tranquillité que devrait leur assurer ce traité, car déjà le gouvernement exerce une pression sur eux pour les forcer à renoncer à ce territoire, afin de permettre au North-Western de pousser jusqu'à Deadwood sa ligne de Pierre. On dit même que les négociations ont déjà abouti, et que le Congrès sera appelé, dès sa prochaine session, à ratifier un nouveau traité. Les Sioux se sentent maintenant serrés de trop près par le flot montant de la civilisation pour essayer de recommencer la lutte, et il leur faudra probablement aller chercher un nouveau refuge plus avant dans les plaines du Nord.

La politique des Américains vis-à-vis des Indiens en général est abominable. Son but est leur extermination. Les hommes politiques ne s'en cachent guère et s'excusent en disant que c'est la seule manière de venir à bout de la question indienne. Or, c'est absolument faux. Quand les Français se sont établis au Canada, ils y ont trouvé des peuplades identiques avec celles-ci. Notre gouvernement colonial se montrait fidèle observateur des traités; il n'hésitait pas à punir publiquement et rigoureusement tous les blancs qui se rendaient coupables de quelque méfait vis-à-vis des « sauvages », comme on les appelait et comme on les appelle encore, même dans la langue officielle, sans que cette expression comporte aucune idée désobligeante. Cette politique fut bien vite récompensée. Pendant toutes les guerres que nous eûmes à subir contre les Anglais, les sauvages furent toujours nos fidèles alliés, malgré tous les efforts qui furent faits pour les détacher de notre cause. Plus tard, après notre défaite, quand la conquête anglaise fut devenue définitive, reconnaissant que leurs nouveaux maîtres suivaient à leur égard les anciennes traditions, ils ont eu avec eux les rapports les plus amicaux. Non-seulement pas une seule guerre indienne n'a éclaté, mais les anciennes tribus, tout en conservant nominalement leur organisation, se sont tellement fondues dans la population blanche qu'il est maintenant, paraît-il, difficile de trouver des Indiens de race absolument pure. Beaucoup ont définitivement renoncé à la vie nomade pour se faire fermiers. Au dernier recensement, leur nombre s'élevait à 1,100,000, et ils possédaient 6,000 bœufs ou vaches et 15,000 chevaux. Enfin, suprême ironie du sort! le grand chef héréditaire de la tribu des Tortues, le descendant du fameux Chingachgoock, dont Fenimore Cooper a chanté les exploits, exerce à Québec la profession de notaire!

Rien de semblable ne se produit aux États-Unis, et la faute en est aux institutions encore plus qu'aux hommes. L'instabilité qui fait l'essence même d'un gouvernement démocratique s'accommode malaisément des obligations d'un traité. Ceux qui l'ont signé sont bien vite remplacés par d'autres qui n'en voient plus que les charges. C'est ce qui est arrivé constamment. L'administration qui concluait des traités avec les Indiens était sans doute de bonne foi; mais, au bout de quelque temps, souvent de quelques mois seulement, de nouvelles difficultés survenaient. Le plus souvent, le territoire réservé qu'on avait cru sans valeur se trouvait contenir quelque mine. Les émigrants y affluaient. Les Indiens naturellement résistaient; des coups de fusil étaient échangés. Les troupes fédérales intervenaient, et, après quelques mois d'escarmouches, un nouveau traité était imposé aux Indiens, qui se voyaient forcés d'aller souvent très-loin occuper une nouvelle réserve bientôt destinée à devenir l'objet de nouvelles contestations.

D'ailleurs, d'autres difficultés se présentaient encore. Les Indiens nomades se nourrissent presque exclusivement de la viande de buffalos; or, d'une part, le buffalo, chassé à outrance par les trappeurs blancs qui en tuent chaque année des milliers uniquement pour avoir leur peau, tend à disparaître; d'un autre côté, les réserves de plus en plus petites dans lesquelles on resserre les Indiens sont soigneusement choisies parmi les territoires les plus pauvres en pâturages, dans lesquels naturellement les buffalos ne viennent jamais. Il a donc fallu dans tous les derniers traités stipuler des distributions régulières de viande et de vêtements. Ce sont les agents indiens qui sont chargés de ce soin. Mais cette administration, comme toutes les autres aux États-Unis, se recrute d'agents électoraux qui obtiennent ces places comme récompense de leurs services, et qui savent qu'ils ne les conserveront que tant que leur parti sera au pouvoir. Aussi ne pensent-ils qu'à faire fortune le plus vite possible. On estime qu'ils parviennent à s'approprier plus de la moitié des crédits ouverts pour les Indiens. Il arrive infailliblement un moment où ceux-ci, mourant de faim, se procurent des vivres aux dépens des fermiers de la frontière. Toutes les guerres indiennes ont commencé comme cela. Au moment même où nous étions en Amérique, le gouvernement était obligé d'envoyer une expédition importante, commandée par un général, contre les Apaches, grande tribu de la frontière mexicaine, qui, exaspérés par les déprédations des agents, s'étaient soulevés en masse et avaient mis à feu et à sang tout un coin du Texas.

Ces guerres sont beaucoup plus sérieuses qu'on ne se le figure. Les Indiens trouvent toujours de l'argent pour acheter des armes, et il se trouve toujours des blancs pour leur en vendre. Tous ont une carabine Winchester à répétition. Ils ont également un grand nombre de chevaux d'une race spéciale dont ils tirent un parti extraordinaire. J'ai entendu des officiers américains soutenir qu'ils constituent la cavalerie irrégulière la plus redoutable qu'il existe au monde, et cela pourrait bien être vrai. Dans leurs engagements avec les troupes régulières, ils ont assez souvent eu le dessus. On a beaucoup dit que leur nombre diminuait rapidement, mais cela est très-contesté. Des recensements sérieux ont prouvé que dans plusieurs tribus la population est stationnaire, et même qu'elle a une tendance à augmenter. On estime celle des Sioux à quarante mille âmes environ : rien ne prouve qu'ils aient jamais dépassé de beaucoup ce chiffre. Le P. de Smet, qui vivait au milieu d'eux il y a une quarantaine d'années, l'estime à soixante mille âmes, mais d'autres rapports font croire qu'il se trompe.

Malgré leurs nombreux défauts, parmi lesquels il faut compter la cruauté et l'inaptitude au travail, ces populations ne méritent certainement pas tout le mal qu'en disent les Américains, et l'exemple du Canada montre ce qu'on aurait pu en faire. Sur quelques points, l'œuvre de leur transformation a été entreprise non sans succès. Au commencement de ce siècle, notamment, des Jésuites ont pénétré chez les Sioux et ont vécu longtemps sous leurs tentes. L'un d'eux, le P. de Smet, mort il y a très-peu d'années à Yankton, avait su prendre sur eux une influence extraordinaire. On peut dire qu'il a élevé la plupart de leurs chefs, et notamment le fameux Sitting Bull. Les Américains eux-mêmes reconnaissent que bien des massacres ont été évités par lui. Le souvenir de cet homme de bien est encore vif. On a donné son nom à l'une des dernières stations du chemin de fer avant d'arriver à Pierre, ainsi qu'à l'une des plus riches mines des *Black-Hills*.

Après sa mort, l'examen de ses papiers a permis de constater que ce missionnaire, dont l'instruction était très-grande, connaissait depuis longtemps l'existence des gisements métalliques dont la découverte devait être pour ses chers Indiens la cause de tant de malheurs, et que c'était la prévision de ces événements qui l'avait engagé à ne jamais parler de sa trouvaille. Depuis sa mort, les hostilités qui ont eu lieu et les émigrations forcées qui en ont été la conséquence ont fait disparaître presque toutes les traces de son œuvre. Cependant beaucoup d'Indiens sont encore nominalement catholiques.

Quel sera l'avenir de cette race à laquelle nous autres Français avons le devoir de nous intéresser tout particulièrement, car elle a été pendant plus d'un siècle notre fidèle alliée, dans la bonne comme dans la mauvaise fortune? Il se fait en ce moment dans l'Ouest une immense transformation. Les plaines jusqu'à présent réservées aux buffalos et aux Indiens sont envahies par les troupeaux qu'y amènent les cow-boys américains. C'est la vie pastorale qui succède à la vie sauvage, là, comme cela a eu lieu autrefois dans bien d'autres pays du vieux continent. Pour employer une expression chère aux Américains et qui est très-juste, le *Far-West* est appelé à devenir la manufacture de viande où viendra se fournir une bonne partie du monde civilisé. Il me semble que les Indiens devraient facilement trouver une place dans ce nouvel état social.

Le guerrier absolument rebelle à la culture se ferait, je crois, aisément à la vie pastorale, et remplacerait bien avantageusement le cow-boy. L'idée que j'avance n'est pas une utopie. Indépendamment des Creeks et des Cherokees, tribus du Sud-Est qui, elles, sont tout à fait entrées dans la civilisation, on commence à parler de plusieurs tribus ou fractions de tribus qui sont propriétaires d'un grand nombre de bestiaux. D'autres, voulant les imiter, demandent au gouvernement de leur fournir, au lieu de rations, des reproducteurs.

Si les missionnaires pouvaient reprendre leur œuvre, je crois qu'il leur serait possible de faciliter singulièrement cette transformation, surtout si le gouvernement fédéral se servait d'eux comme intermédiaires, car son influence pour le bien est à peu près nulle maintenant, tant est grande la corruption des agents dont il dispose actuellement.

La Compagnie concessionnaire du service de mail-coach entre Pierre et Deadwood, service pour lequel elle reçoit une allocation de dix mille dollars, prétend qu'elle fait le trajet en trente-six heures. Ses amis affirment que cela lui est arrivé une fois en quatre ans. En revanche, bien des gens m'ont dit n'être jamais restés moins de quatre jours en route et souvent huit ou dix : il n'y a cependant que deux cents milles, un peu plus de trois cents kilomètres, et ses bénéfices doivent être suffisamment rémunérateurs, car la place se paye vingt dollars, et les bagages à raison de dix cents par livre ; mais il faut convenir que l'absence de toute route tracée complique singulièrement les choses.

A peine sommes-nous en route que les difficultés commencent. A l'ouest du Missouri, le niveau général de la prairie s'élève un peu et atteint une hauteur moyenne de trois cents mètres environ au-dessus du niveau de la mer. Pour y atteindre, il nous faut escalader des coteaux couverts d'une boue noire qu'on nomme *gumbo* dans le pays, et où les roues enfoncent jusqu'au moyeu. Elle est tellement tenace qu'elle remplit l'entre-deux des rais, et il faut à chaque instant l'enlever avec une pelle. Nos chevaux n'avancent, bien entendu, qu'au pas, mais ils enlèvent la voiture avec une ardeur incroyable, et cela, sans un coup de fouet, car j'ai constaté un fait qui m'a souvent frappé depuis, c'est l'admirable douceur des Américains pour leurs attelages. Je fais une autre remarque, flatteuse pour notre amour-propre national : nos deux chevaux de volée attirant mon attention par la beauté de leurs formes, non moins que par leur vigueur bien supérieure à celle des limoniers, je demande au conducteur s'ils ne seraient pas d'origine française, et il m'apprend effectivement que ce sont des demi-sang percherons. Les Américains apprécient à sa juste valeur cette admirable race, dont ils commencent à importer chaque printemps des centaines d'étalons.

Nous rencontrons encore quelques petites troupes d'Indiens; l'une d'elles est en marche pour changer de campement; les hommes sont à cheval en tête, enveloppés dans leurs couvertures rouges qui leur couvrent même une partie de la figure. Ils ont tous un winchester en travers du pommeau de leur selle. Derrière viennent les femmes également montées; de chaque côté de leurs chevaux sont attachées en faisceaux de longues perches dont les extrémités trainent par terre, supportent la tente de cuir repliée et les ustensiles de ménage. Ces poneys sont maigres, mais paraissent bons. Ils sont un peu plus petits que les chevaux algériens, auxquels ils ressemblent un peu.

Plus loin, un guerrier a fait halte sur le flanc d'une colline : cinq ou six chevaux broutent le buffalo-grass aux environs. L'homme, étendu à plat ventre sur une peau, nous suit de l'œil, en fumant une pipe, sans bouger. Ses deux femmes sont accroupies à côté de lui. L'une, toute jeune, quinze ans au plus, tient un enfant tout nu auquel nous donnons une petite pièce de monnaie. Le mari est toujours impassible; c'est un assez beau gars de vingt-cinq ans environ, qui a tout à fait l'air d'un bohémien.

Vers deux heures, nous tombons dans un campement de cow-boys : ils sont employés par la compagnie des mail-coachs, car elle a aussi un service de roulage qui transporte une énorme quantité de marchandises de Pierre à Deadwood en quinze ou seize jours. L'année dernière, le trafic a dépassé vingt-trois mille tonneaux. Leur journée est déjà finie, les bœufs paissent aux environs. Chaque attelage se compose de huit ou neuf paires. Il y a toujours deux et souvent trois voitures accrochées l'une derrière l'autre. De la sorte les poids sont répartis sur un grand nombre de roues, et au passage des mauvais pas on peut les séparer sans difficulté. Les hommes, réunis sous une tente, sont en train de déjeuner. Ils nous proposent aussitôt de partager leur repas, qui se compose de lard, de haricots et de café ; nous acceptons avec enthousiasme, car nous mourons de faim, et, du train que vont les choses, Dieu sait quand nous dînerons. Je veux donner deux dollars au chef de convoi, au *boss,* comme ils l'appellent ; mais il refuse absolument et a même l'air un peu choqué. Voici un des bons côtés du Far-West et de l'Amérique en général : le pourboire y est inconnu.

Enfin, vers quatre heures, nous arrivons à Willow-Creek. Le creek, c'est le nom générique des cours d'eau, est pour le moment une véritable rivière de vingt-cinq ou trente mètres de large, coulant entre deux berges limoneuses assez escarpées. Il n'y a plus guère que quatre ou cinq pieds d'eau, bien que le courant soit encore très-rapide ; mais la crue a dû être énorme. A côté de nous stationne une voiture abandonnée et déchargée. Sur l'autre rive, son conducteur est venu au-devant de nous. Il nous crie qu'il n'y a pas eu moyen de la faire passer la veille. Les voyageurs ont pu traverser sur un espèce de radeau, emporté depuis. Ils attendent à la station qu'une voiture arrive de Deadwood ; alors on échangera. Nous commençons par décharger le bateau que nous avons amené ; après de longs pourparlers, il est décidé qu'on fera passer à gué la voiture. Je n'en crois pas mes oreilles. Les berges sont inclinées d'au moins cinquante degrés, nulle rampe d'accès ; cependant les hommes ont l'air de trouver l'opération toute simple.

On nous envoie de la station quatre chevaux qui sont attelés devant les nôtres; puis, sans un cri, sans un coup de fouet, notre postillon amène ses huit chevaux, qu'il conduit à grandes guides, avec une précision étonnante, bien normalement à la berge. Sur un simple appel de la langue, les braves bêtes se laissent aller les unes après les autres en glissant sur leurs quatre jambes; la voiture solidement enrayée les suit.

Une fois le tout dans l'eau, il se produit un instant de confusion absolue. Les quatre premiers chevaux, renversés et entraînés par le courant, tombent les uns sur les autres, les jambes prises dans leurs traits. Les hommes sautent aussitôt à l'eau, leur soutiennent la tête pour les empêcher de se noyer; pendant ce temps la voiture s'enlize, les roues disparaissent complétement. Un homme va en plongeant attacher une longue chaîne au bout du timon. Les chevaux sont attelés à l'autre extrémité, et la voiture reparaissant grimpe à son tour sur la berge.

C'était un succès, mais les chevaux avaient couru trop de risques pour qu'on eût envie de recommencer. On convint de laisser de l'autre côté la seconde voiture, qui servirait aux voyageurs arrivant à Deadwood. Nos bagages furent passés au moyen du bateau, puis rechargés sur le chariot, et nous nous acheminâmes vers la station, qui n'était plus qu'à quelques centaines de mètres.

Là nous attendaient les infortunés qui, partis vingt-quatre heures avant nous, étaient restés en détresse, faute de moyens de transport. Ils étaient six ou sept, dont deux femmes. L'une fut tout de suite reconnue par notre compagnon de voyage, M. Morgan, qui s'empressa de nous présenter à elle en due forme : c'était le premier sujet de la troupe lyrique de Deadwood, miss Sally Rodgers. Elle ne semblait pas avoir trop souffert d'une nuit blanche. Cependant les stations ne constituent pas précisément un séjour enchanteur, et leur construction n'a pas dû grever lourdement le budget de la Compagnie. Toutes celles que nous avons vues se composent d'un long bâtiment en planches servant d'écuries aux quinze ou vingt chevaux de relais. L'une des extrémités, séparée du reste par une cloison, sert de logement aux postillons et aux voyageurs que leur malheureuse étoile y retient.

Au moment de partir, une discussion assez vive éclate. Les deux conducteurs nous informent tranquillement que nous devrons suivre à pied le chariot qui emmène nos bagages. Nous finissons par céder, sur la promesse qu'on nous donnera place dans la première voiture arrivant de Deadwood. Mais de gros mots ont déjà été échangés. Cependant, comme au fond nous serions désolés de rester plus longtemps à Willow-Creek, nous nous mettons en route d'assez bonne humeur. Le sol s'est un peu raffermi, nous sommes en pleine prairie. Nos compagnons sont maintenant nombreux, car tous les voyageurs de l'autre voiture se sont joints à nous; je leur demande de m'expliquer comment il se fait que les arbres n'aient pas poussé dans ce terrain si riche. Les opinions sont partagées. Les uns l'attribuent aux feux qu'y allumaient périodiquement les Indiens, et font remarquer à l'appui de leur dire que les bords des creeks sont souvent couverts d'une certaine végétation, les arbres, saules ou peupliers du Canada se trouvant garantis par les terres marécageuses qui les entourent; mais l'opinion générale est que la couche supérieure du sol, le *gumbo*, est imprégnée de principes alcalins qui empêchent toute végétation arborescente. Quand on veut planter des arbres, il faut d'abord labourer et attendre quelques mois que le sol soit lavé; ensuite les jeunes plants viennent à merveille.

Ces gens sont tous de riches fermiers ou des ranch-men. Leur conversation est intéressante; ils discutent avec beaucoup d'animation un fait qui vient de se produire. Il s'agissait dernièrement de faire un choix entre les villes qui briguaient l'honneur de devenir la capitale du territoire de Dakota. Chaque comté a nommé des délégués qui se sont réunis ces jours derniers. Dès la première séance, il fut reconnu que leur choix ne pouvait guère se porter que sur Pierre ou Bismarck, une ville de fondation récente sur la ligne du North-Western. L'avantage pour celle qui aurait la préférence consiste en ceci. Les tribunaux et le siège du gouvernement devant s'y trouver réunis, les hommes de loi, avocats et politiciens de toute espèce s'y transporteront immédiatement, d'où une grande augmentation de population et une élévation correspondante des terrains. Un syndicat de propriétaires s'est tout de suite formé dans chaque ville, et c'est à beaux deniers comptants que les délégués se sont formé une opinion.

Des opérations de ce genre ne sont malheureusement pas bien rares en Europe. Mais au moins ceux qui les font s'en cachent, et ceux qui en parlent les blâment. Là, tout le monde trouve cela très-naturel. La discussion roule sur une question de chiffres. On s'accorde à trouver que les gens de Pierre qui ont eu le dessous dans ces enchères n'ont que ce qu'ils méritent; ils auraient dû offrir davantage. Quant aux délégués, ils n'ont fait que leur métier.

Nous rencontrons un convoi formé de cinq ou six charrettes attelées de chevaux. Une vingtaine de vaches et quelques juments poulinières suivent en liberté, broutant le long du chemin. C'est un émigrant qui voyage avec sa famille. La mère conduit la première voiture, d'où l'on voit sortir les têtes blondes de trois ou quatre marmots trop petits pour marcher; trois garçons et deux grandes filles aux cheveux jaunes en broussailles, les jambes et les pieds nus, suivent la colonne. Le père, un petit vieux, le fusil sur l'épaule, la joue gonflée d'une énorme chique, ferme la marche.

J'entame la conversation par un éloge des attelages.

— Mais oui, étranger, me dit-il, ce sont de bonnes bêtes. Je les ménage, car elles ont encore cinq cents milles à faire pour nous mener dans le Yellowstone.

— Et d'où venez-vous?

— De l'Arkansas; il y a deux mois que nous marchons.

— Mais pourquoi aller si loin? est-ce que la terre n'est pas bonne ici?

— Il y en a peut-être qui la trouvent bonne : cela dépend de ce qu'on veut faire. Pour le blé, elle est trop sèche. Voyez comme elle se fendille.

— C'est à vous tous ces enfants-là?

— Mais oui, nous en avons déjà dix. Nous comptons bien compléter les deux douzaines.

— Diable, mes compliments! Et votre femme? elle n'a pas peur de voyager comme cela toute seule en plein pays indien, avec tout son petit monde?

— Oh! elle y est bien habituée : nous avions une ferme depuis quatorze ans dans l'Arkansas, mais cet État-là devient trop peuplé; les journaux disent qu'il y a de bonnes terres dans le Yellowstone. Nous avons vendu, et nous voilà.

Je m'amuse à le faire causer politique. Grâce à leur système d'écoles, les Américains ont tous la même instruction, très-superficielle, d'ailleurs : car à quatorze ans, ils passent tous de la théorie à la pratique d'un métier quelconque ; mais ils lisent tous énormément de journaux dont ils retiennent des phrases ; aussi le moindre fermier n'hésite jamais à discuter les questions d'économie politique les plus ardues.

Mon homme m'explique qu'il appartient à un parti qui trouve que les créanciers de l'État ayant déjà reçu, sous forme de coupons d'intérêt, plus qu'ils n'ont prêté, tout ce qu'ils touchent maintenant est de l'argent volé.

— Parfaitement, lui dis-je, il y a chez nous un certain M. Proudhon qui a déjà trouvé cela.

Il n'a jamais entendu parler de Proudhon, mais il développe longuement sa démonstration. Le pays est entre les mains d'une bande d'aristocrates qui oppriment le peuple et l'écrasent systématiquement d'impôts pour le faire rester dans la misère.

Comme j'avais déjà entendu cela à Belleville, je quittai mon bonhomme, en lui souhaitant de rencontrer au Yellowstone des aristocrates moins oppresseurs que ceux de l'Arkansas, et j'allai rejoindre M... qui marchait en avant.

La nuit tombait, mon compagnon de voyage me faisait remarquer l'étrange apparence du pays. On voit souvent en été des mares desséchées dans la cour des fermes ; la boue noire qui en forme le fond est traversée d'une foule de petits ruisseaux qui y creusent des sillons, par lesquels s'égoutte le sol ; au bout de quelques jours elle se fendille et se couvre de végétation. Telle est identiquement la prairie depuis le jour où les eaux de la grande mer intérieure ont laissé à sec les millions d'hectares que depuis des siècles elles couvraient du limon fertile d'où sortent maintenant tant de richesses.

A minuit nous arrivions enfin à Lance-Creek, ayant fait vingt-cinq kilomètres à pied. Tout le monde dormait. Cependant, à force de cris et d'injures, nous parvenions à réveiller un Irlandais, seul gardien de la station, qui daignait consentir à nous donner à manger quelques pommes de terre accompagnées de lard rance, la seule nourriture connue dans le pays. Au moment où nous nous disposions à faire honneur à ce très-maigre repas, la porte s'ouvrit à une douzaine d'individus aussi affamés que nous, qui vinrent le partager. C'étaient les voyageurs venant de Deadwood : il y avait six jours qu'ils en étaient partis. Nous repartions chacun de notre côté à une heure du matin.

CHAPITRE II

La Cheyenne. — Les *cattle-ranchs*. — Un passage de rivière. — *International Hotel*. — Rapid-City. — La justice en Amérique. — *American manners*. — Le premier bivouac. — Mc Donnell's ranch. — Une fermière du Dakota. — *Homestead, preemption* et *treeclaims*. — Le régime forestier. — *Hilly-ranch*.

La seconde journée se passa aussi mal que la première. Les deux voitures voyageaient de conserve, de manière à pouvoir se prêter leurs attelages aux moments les plus difficiles. A chaque instant, nous rencontrions des creeks aussi profonds que le premier. Quelquefois les voitures culbutaient dans la vase, et alors il fallait une ou deux heures de travail pour les retirer. Nous commencions à prendre en horreur l'éternelle prairie. Pour comble de malheur, nous étions décidément à couteaux tirés avec le conducteur Stuart, qui, absolument captivé par les charmes de miss Sally Rodgers, ne songeait qu'à prolonger le voyage. Nous passâmes la seconde nuit dans un tas de foin à moitié pourri. Le troisième soir, pendant qu'on dételait les chevaux à une station, nous nous étions éloignés un peu pour tirer des loups qui se montraient à l'horizon, quand, en revenant, nous trouvons les chevaux du relais dégarnis et toutes les dispositions prises pour la nuit. Stuart, qui flânait dans les environs, nous raconte tranquillement que nous attendrons au lendemain pour traverser la Cheyenne, dont nous ne sommes plus qu'à douze milles. Du coup, la patience nous échappe, et nous lui faisons une telle scène qu'il finit par se décider à faire atteler, tout en jurant qu'il nous rendra responsables des malheurs qui vont arriver. La Cheyenne est très-grosse, et c'est une imprudence capitale d'en essayer le passage de nuit.

Ce qui gâtait son affaire, c'est que l'autre voiture étant partie, il ne pouvait guère refuser d'en faire autant, mais au fond il avait raison. Ce sont les anciens trappeurs français qui ont donné son nom à la Chienne, dont les Américains ont fait depuis la Chayenne ou Cheyenne. Cette rivière est formée de deux affluents, la Belle-Fourche, ou Fourche du Nord, et la Fourche du Sud, qui, prenant leur source tout près l'une de l'autre, dans l'ouest des Black-Hills, contournent le pied du massif montagneux, et viennent se rejoindre de l'autre côté sur le même parallèle pour courir de là dans l'est et rejoindre le Missouri. Recevant en route toutes les eaux que lui apportent les rivières de la Montagne, elle est sujette à des crues subites qui la font grossir de plusieurs mètres en quelques heures. Aussi les gués sont toujours dangereux.

Nous arrivâmes sur le bord vers minuit. Heureusement un clair de lune superbe éclairait comme en plein jour le courant large de trois cents ou quatre cents mètres. Dans la discussion, le postillon avait pris parti pour nous et s'était fait fort de traverser. Mais ici, il semble moins sûr de son affaire, et descend pour aller reconnaître le gué. D'ordinaire, les hommes de la station construite sur l'autre rive établissent, avec des fanaux, des alignements qui servent à se conduire, car les bancs de sable et de gravier qui constituent le gué changent souvent de place. Mais ce soir, malgré nos cris et nos coups de revolver, personne ne paraît. A la fin, le postillon trouve un endroit où une plage caillouteuse semble indiquer de très-petits fonds. Nous y entrons. Effectivement, l'eau a tellement baissé qu'elle n'arrive même pas jusqu'aux siéges, mais le courant est si violent que deux ou trois fois la voiture, prise en travers, est entraînée au fil de l'eau. Heureusement nos braves chevaux tiennent bon, et nous finissons par arriver sans encombre de l'autre côté.

Nous voici enfin sortis du territoire indien. Nous espérions que les buffets seraient un peu mieux fournis. Malheureusement il n'en est rien. L'éternel *bacon* (lard salé) reparaît sur la table, suivi des inévitables pommes de terre. Impossible d'obtenir même une bouteille de bière. On nous répond gravement que les boissons fermentées sont interdites par la Compagnie. Les Américains connaissent la fragilité de la nature humaine en général, et de la leur en particulier; aussi, dès que deux d'entre eux se trouvent investis d'une autorité quelconque, leur premier soin est de rédiger des lois draconiennes pour empêcher les malheureux qui ont soif de boire à leur guise. Il y a quelques années, il ne s'en est fallu que de dix ou douze voix que l'État de l'Illinois passât une loi qui déclarait délictueux et passible d'une grosse amende le seul fait d'avoir bu, en public, une boisson fermentée quelconque. Ce sont les catholiques qui sont parvenus à la faire repousser. Si elle avait passé, un prêtre célébrant la messe aurait chaque fois été passible d'une amende de cent dollars.

Les Américains partent du principe que tout homme qu'on laisse libre de boire se grise. Il faut reconnaître que c'est peut-être vrai chez eux ; à New-York, ils vont encore plus loin dans un autre ordre d'idées. Quand, dans un restaurant, on demande un cabinet particulier, le garçon vous répond d'un air sévère qu'il est interdit d'en donner à moins de cinq personnes. Faut-il que ces Américains soient folâtres et se sentent de vertu chancelante, pour être obligés de prendre de telles précautions ! Et comme ils se moralisent en venant en Europe ! car, à Paris, il m'est souvent arrivé de dîner, au restaurant, en cabinet particulier avec des Américains des deux sexes, et, je me plais à le reconnaître, ma pudeur n'a jamais eu à s'alarmer.

27 juin. — Vers une heure du matin nous quittons les bords inhospitaliers de la Cheyenne. Pour aller à Deadwood, nous avons encore cent milles à faire. Depuis quatre jours que nous sommes en route, nous n'en avons fait que cent quatre. La perspective de rester peut-être trois autres jours enfermés dans cet infernal véhicule, ou obligés de le suivre à pied, nous semble si peu attrayante, que nous convenons de l'abandonner à Rapid-City, la première ville de Black-Hills dont nous ne sommes plus qu'à quarante-cinq milles, et d'où nous pourrons nous mettre en relation par téléphone avec la personne que nous venons voir, M. Gifford F. Parker.

D'ailleurs, depuis nos observations d'hier soir, nos relations avec le conducteur sont devenues si aigres, que, si nous ne voulons pas débuter dans le pays par une querelle ouverte, ce qui, étant données les habitudes locales, pourrait être assez grave, nous ferons bien de nous observer.

Nous nous faisons part de ces réflexions au milieu

d'une nuit intense. Les cahots sont tels qu'à chaque instant nous allons éprouver aux dépens de nos têtes la solidité du toit de la voiture. Pour comble de malheur, nous sommes assaillis par une nuée de moustiques. Aussi, en relisant nos notes, je trouve cette portion du voyage constellée de croix tracées rageusement qui dénotent un état mental inquiétant.

A Shoon's, où nous arrivons au petit jour, on nous annonce qu'il n'y a rien à manger, mais que, un peu plus tard, on doit trouver un ranch, où nous déjeunerons. Le pays est moins laid. Quelques peupliers se montrent le long des creeks. Au bout d'une heure de nouveaux cahots, on nous arrête au milieu d'une plaine pelée. A la porte d'une masure qui s'y élève, un homme déjà âgé fume sa pipe. Nous entrons dans une chambre bien pauvrement meublée, mais propre, où une femme prépare des pommes de terre bouillies, et le *bacon* grillé dont l'infernale odeur nous poursuit depuis trois jours. Tout en mangeant du bout des dents, je demande à Morgan s'il sait qui sont ces gens dont la mine distinguée, malgré leur misère évidente, m'intrigue singulièrement. Il me raconte que le mari est un ancien major aux gardes de S. M. la reine d'Angleterre, qui, à la suite de nombreuses aventures, est venu échouer dans ce taudis avec sa femme et sa fille. Il vit en faisant quelque trafic de fourrures avec les Indiens ! Déjà, dans ma vie errante, j'ai rencontré un grand nombre de ces hommes, épaves de la société, qui, après avoir roulé de chute en chute, souvent sans qu'il y eût beaucoup de leur faute, achevaient à l'étranger, dans la misère, une existence brillamment commencée. Aucun ne m'a inspiré plus de compassion que le pauvre ermite de Shoon's Ranch.

Un nouveau passager vient nous rejoindre au moment où nous partons. C'est un homme d'une cinquantaine d'années, à la figure énergique, dont les yeux bleus regardent bien en face, et qui fait tout de suite notre conquête. Il porte le costume des riches ranchmen, avec une paire de revolvers et un bowie-knife garnis en argent. Il nous arrive monté sur un assez beau cheval, qui disparait à moitié sous une énorme selle mexicaine. En mettant pied à terre, il attache la bride au pommeau et donne un coup de cravache à l'animal, qui détale immédiatement au galop et va rejoindre le troupeau dont il fait partie.

Notre nouvelle connaissance, qu'on appelle le colonel W..., est évidemment un homme considérable, à en juger par la manière dont on l'accueille. Morgan nous raconte qu'il a gagné à différentes spéculations une grosse fortune, et qu'il est propriétaire de plus de dix mille bœufs. Il passe sa vie à courir de troupeau en troupeau, surveillant ses cow-boys.

La chaleur ne tarde pas à devenir étouffante. De plus, un de nos chevaux peut à peine se traîner. Il a, je crois, reçu un coup de soleil. Le postillon descend de son siége et lui enfonce dans le palais près d'un pouce de son bowie-knife. Je ne connaissais pas cette manière de soigner, mais elle me semble très-efficace. Il sort à peu près un verre de sang mêlé d'écume, et le soulagement de l'animal est tel qu'il peut recommencer à marcher. Naturellement, nous n'avançons qu'au pas, on nous invite même bientôt à mettre pied à terre. Nous en profitons pour tirer quelques-uns de ces oiseaux que les Américains appellent bécasses (*wood cocks*), et qu'on sert sous ce nom dans les restaurants de New-York. En réalité, ils n'ont de la bécasse ni le bec, le leur est recourbé, ni surtout le fumet, car c'est un gibier très-médiocre. Ils n'en ont du reste pas non plus la sauvagerie. Les malheureuses bêtes courent par couples sur le bord de la route et se laissent tuer au posé.

Après avoir travaillé en vue du dîner, je me mets à causer avec le colonel, qui, par parenthèse, m'a du premier coup appelé capitaine. Ce n'est guère flatteur pour ma mine. Il me parle de cette production de bestiaux qui, depuis quelques années, prend un développement tel, qu'elle soulève de véritables problèmes d'économie politique, car, si elle est une source de profits incalculables pour l'Amérique, elle constitue dès à présent un danger qui nous menace sinon de mort, du moins de pertes formidables pour la seule branche de notre industrie agricole qui soit encore debout.

Depuis la fin de la guerre de Sécession, les vastes prairies du Texas sont devenues la terre nourricière d'un nombre considérable de bêtes à cornes, mais c'est seulement depuis l'ouverture de l'Union-Pacific qu'on a eu l'idée d'utiliser pour l'élevage les plaines dont il a donné l'accès, et qui jusqu'alors n'avaient nourri que des troupeaux de buffalos et de chevaux sauvages. Quelques chiffres peuvent donner une idée de l'importance du mouvement qui s'est produit et de sa rapidité.

En 1868, il n'y avait pas sur les terrains concédés à la Compagnie de l'Union-Pacific 20,000 têtes de bétail. En 1883, les relevés officiels y constataient la présence de 700,000 bœufs, 30,000 chevaux et 45,000 moutons.

En 1876, tout l'espace compris entre les deux fourches de la Cheyenne, les Black-Hills, étaient uniquement habités par les Indiens, dont les seuls animaux domestiques consistaient en quelques chevaux.

En 1878, il y avait 100,000 bœufs dans les montagnes, et surtout dans les prairies qui sont à leurs pieds.

En 1882, il y en avait 500,000.

Au printemps de 1883, ce chiffre a été porté à 800,000.

Je ne parle que du Dakota. Dans le Nebraska et les États ou territoires circonvoisins, le Montana, le Colorado, le Wyoming, la proportion est peut-être encore plus considérable.

Quand deux ou trois associés, disposant généralement de quelques 20,000 dollars, veulent se lancer dans une spéculation de ce genre, l'un d'eux se rend dans le Texas pour y acheter un millier d'animaux de deux ans. On a soin d'avoir un taureau pour cinquante vaches. Le prix est généralement de 16 dollars par tête (70 francs), le vendeur se chargeant d'amener le troupeau par étapes dans le Nord [1].

Pendant ce temps, les autres associés se mettent à la recherche d'un ranch [2] vacant. Il faut que la plaine soit couverte d'une herbe abondante et de bonne qualité. Il est très-important notamment qu'une partie notable contienne du *buffalo-grass* (herbe à buffles), qui a la propriété de sécher sur pied sans pourrir, et constitue pour l'hiver un excellent fourrage que les bêtes mangent même à travers la neige. Il faut aussi que le ranch

---

[1] Ces chiffres ne seraient déjà plus exacts maintenant. Il faudrait compter 25 dollars par tête. (Juillet 1884.)

[2] Ce mot, d'origine mexicaine, et qui revient à chaque instant dans la conversation, a plusieurs significations. Généralement, il signifie une plaine où paissent des bestiaux, mais il s'applique aussi à la petite maison qu'on a construite dessus.

soit coupé de quelques petites vallées, pour mettre le troupeau à l'abri des tourmentes de neige. C'est pour cela que les ranchs situés au pied des montagnes sont si appréciés. Enfin, naturellement, il faut de l'eau en abondance.

Quant à l'étendue, on calcule qu'il faut environ 20,000 acres ou 8,000 hectares de prairie moyenne pour nourrir 1,000 bêtes. C'est à peu près huit fois ce qui serait nécessaire en France avec de bons herbages, mais il faut penser que dans ce pays, où le travail de l'homme n'a en rien aidé la nature, il y a bien des endroits où l'herbe ne pousse pas. En réalité, j'ai souvent vu des portions de prairie égales aux meilleurs *fonds* de Normandie.

Une fois le ranch choisi, on peut s'en rendre acquéreur en en faisant la demande au gouvernement, qui le fait payer sur le pied de 1 dollar 25 l'acre, environ 15 francs l'hectare. On prétend même que quelques libéralités, judicieusement distribuées, procurent de très-fortes réductions de prix. Presque personne n'emploie ce moyen, considéré comme trop coûteux.

Il arrive souvent que la disposition des sources et des cours d'eau permette une autre combinaison, qui consiste à se rendre acquéreur seulement d'une bande de terre de chaque côté des ruisseaux, de manière à être maître de tous les abords. On est alors propriétaire de fait de toute la plaine, puisque les troupeaux qu'un étranger y amènerait n'auraient plus d'abreuvoir.

Mais les Américains, qui sont gens pratiques et ennemis des longueurs, trouvent ce moyen encore bien compliqué. Le plus souvent, jusqu'à présent, on se contente d'occuper la terre par droit de premier occupant, en annonçant dans les journaux, qui sont pleins de ces sortes d'annonces, que telle association s'est établie à tel endroit et a pris telle marque pour ses bestiaux. Naturellement aussi, des droits aussi élémentaires occasionnent bien des disputes. Les difficultés se règlent alors à coups de revolver entre les intéressés. Quelquefois, cela prend la proportion d'une petite guerre. Dernièrement, dans la Montana, deux ranchmen se disputaient une source : leurs cow-boys ont pris fait et cause pour leurs patrons respectifs. Il y a eu des charges de cavalerie, six ou sept hommes jetés sur le carreau tués ou blessés, et les vaincus ont disparu avec leurs troupeaux. Sauf les revolvers, qui n'étaient pas inventés, les choses se passaient de même du temps d'Abraham ; ce qui prouve une fois de plus qu'il n'y a rien de neuf sous le soleil.

Une fois le troupeau établi sur son ranch, il n'y a plus qu'à le laisser croître et multiplier, ce qu'il s'empresse de faire avec le zèle le plus louable : il faut cependant le garder. C'est ici qu'apparaît le héros favori des romanciers modernes de l'Amérique, l'inévitable cow-boy. Un disciple de M. Le Play, égaré dans le Far-West, sera peut-être un jour tenté de faire la monographie du cow-boy. Cela serait sans doute intéressant, mais offrirait quelques difficultés, car, pour des raisons à lui connues, le cow-boy circule généralement dans le monde sous un nom de haute fantaisie. Beaucoup sont originaires du Texas ; quelques autres viennent d'Europe. On m'en a cité un qui était membre du clergé de l'église anglicane. En général, leur origine est assez nuageuse, et ils n'aiment guère les questions à ce sujet.

Toujours est-il que ces pauvres diables, s'ils ont

quelques peccadilles sur la conscience, les expient bien par le genre de vie qu'ils mènent. On calcule qu'il en faut cinq par troupeau de 1,000 à 1,500 têtes. On leur fournit à chacun six chevaux pour leur usage. Constamment à cheval depuis le matin jusqu'au soir, ils n'ont que trois nuits bonnes sur cinq, car il y en a deux qui veillent toute la nuit; et souvent quand le voisinage d'un autre troupeau ou quelque orage rend les animaux inquiets, il faut que tous restent sur pied. Ils ne se réunissent guère qu'au matin auprès d'un chariot qui sert à transporter les vivres. Chaque jour on change de place pour ménager les pâturages. Constamment, ils circulent sur les flancs du troupeau, ramenant, à grands coups de leur *stock-whip,* les bêtes qui s'écartent, toujours au petit galop, s'arrêtant seulement de temps en temps pour changer de monture. Quand on voit la vie que mènent ces hommes, et cela pour un maigre salaire de 40 dollars (200 francs) par mois, on comprend un peu les orgies par lesquelles ils célèbrent les jours de paye.

Tous les ans, vers l'automne généralement, on réunit le troupeau dans une vallée étroite. Les veaux de l'année sont marqués au fer rouge et castrés s'il y a lieu; puis on met à part tous les bœufs portant une marque étrangère qu'on peut trouver et tous ceux qui ont eu trois ans au printemps. Les premiers sont conduits dans un endroit central désigné par le syndicat, où chaque ranchmen vient reconnaître ses bêtes. Les seconds sont acheminés vers la gare la plus voisine, d'où les chemins de fer les conduisent aux grands marchés de l'Est, Saint-Louis et Chicago.

Jusqu'à présent, les bénéfices ont été prodigieux, quoique pendant les trois premières années ils soient

nuls, car on ne vend que les bêtes qui prennent
quatre ans. Mais une fois ce terme dépassé, le revenu
est, comme entrée de jeu, d'environ 40 pour 100 du
capital, et il va toujours en augmentant, puisque le
troupeau se double à peu près tous les trois ans. Les
pertes provenant du froid ou des accidents ne s'élèvent pas à 8 pour 100. En somme, un bœuf de
quatre ans, qui pèse vivant de 11 à 1,600 livres,
ne revient pas à plus de 5 dollars et se vend en
moyenne 50.

Toutefois, les bénéfices ne tarderont pas à diminuer, par suite de l'occupation des ranchs, qui commencent à devenir rares sur certains points. Il faudra
bientôt songer à les payer quand on voudra les avoir.
Certaines grandes compagnies entrent déjà dans cette
voie. Ce sont surtout des Anglais qui font cette spéculation. Plusieurs grands seigneurs de ce pays sont
devenus, dans ces derniers temps, acquéreurs d'immenses domaines qu'ils louent ensuite à des ranchmen.
On parle notamment du duc de W..., qui a acheté d'un
seul coup six cent mille acres.

Toute cette viande sert à la consommation de l'Est,
mais elle est surtout employée à la préparation de ces
conserves qui inondent le monde entier. Ces années
dernières, l'exportation des bœufs, soit vivants, soit
morts, à destination de la France et de l'Angleterre,
a été tentée sur une très-grande échelle. En tenant
compte des pertes, on estime qu'en vendant la viande
à soixante centimes la livre, on fera de très-beaux bénéfices[1]. Cependant les gouvernements qui sentent le

[1] En 1883 seulement, le port de Glasgow a reçu 49,000 bœufs
américains, dont la viande, apportée dans de la glace, a été con-
sommée dans les environs.

danger, en Angleterre surtout, ont employé tant de moyens détournés pour paralyser ce commerce, qu'il est un peu ralenti maintenant; mais il est certain qu'il va reprendre au premier jour, et dans des proportions telles, qu'il faudra adopter un parti définitif pour ou contre. Peut-être, cependant, serait-il possible de prendre un moyen terme, qui consisterait à ne permettre que l'introduction de bestiaux maigres qu'on engraisserait ensuite en France. Les herbagers, achetant leurs bêtes beaucoup moins cher, pourraient alors laisser tomber le prix de la viande sans rien y perdre.

Grâce à notre incroyable ignorance de ce qui se passe à l'étranger, ces questions pourtant si graves ne semblent préoccuper personne chez nous. On ne s'y fait pas une idée exacte des chiffres sur lesquels on opère là-bas. Un seul boucher de Chicago, M. Armour, dont nous avons visité l'établissement au mois de juin, avait déjà tué et préparé depuis le commencement de l'année 450,000 cochons. On tue chez lui 300 bœufs par jour.

Dans les premiers temps, les vols de bestiaux étaient assez communs. Grâce aux précautions prises, ils sont à peu près inconnus maintenant. Tout voleur pris sur le fait est immédiatement pendu sans formes de procès. De plus, les syndicats entretiennent dans toutes les gares principales des agents qui, informés par télégraphe des envois, vérifient au passage toutes les marques et font saisir immédiatement les animaux portant des marques suspectes. Les frais de poursuite sont couverts par une souscription annuelle de 10 dollars par 10,000 de capital. Enfin, les ranchmen prennent une dernière précaution très-effective, mais dont les conséquences sont bien désagréables pour le public. Ils se refusent absolument à fournir la boucherie locale, de peur que la vente légitime d'une de leurs bêtes ne serve d'excuse au vol de plusieurs autres : car une fois que leur marque serait dans le commerce, il serait bien difficile de prendre les voleurs. C'est ce qui explique que dans ce pays la viande de boucherie soit une rareté. On ne mange que des conserves.

M..., ayant fini par se lasser, lui aussi, de la chasse aux pseudo-bécasses, vient me rejoindre, et comme, par une chaleur pareille, la marche en plein soleil manque véritablement de charme, nous nous laissons dépasser par nos compagnons et remontons sournoisement dans la voiture, nourrissant la pensée ambitieuse d'y faire un petit somme. Malheureusement, le conducteur Stuart, nous ayant vus, s'avise de vouloir nous faire des remontrances, en se plaignant de la fatigue de ses chevaux. Il en résulte une nouvelle scène, au cours de laquelle nous maintenons si énergiquement nos droits, qu'il finit par s'en aller en grognant rejoindre le colonel, qui, lui, continue héroïquement son chemin à pied.

Il nous faut, du reste, bien vite reconnaître la futilité de nos essais de sommeil. Dès que l'un de nous s'assoupit, un cahot le lance en l'air, et le fait retomber au fond de la voiture. La tête appuyée contre la toile de la bâche, nous regardons d'un œil ahuri la plaine qui verdoie et la route qui poudroie.

— Voyez donc, me dit tout à coup M..., comme Stuart et le colonel rient ensemble en nous regardant. On dirait qu'ils complotent de nous jouer un tour quelconque.

A ce moment, la voiture s'arrête brusquement,

nous sommes sur les bords d'un creek de belle largeur.

— Allons, capitaine, me crie le colonel, il faut descendre. Venez avec nous un peu plus bas, nous avons un bateau, je vous ferai passer.

Nous sommes si mal dans la voiture que, trop heureux de trouver un prétexte de la quitter sans avoir l'air de céder, nous nous empressons de descendre. Stuart et le colonel nous conduisent à quelques centaines de mètres et nous exhibent un canot caché dans les roseaux. C'est un tronc de sapin creusé, de deux mètres de long.

— C'est là dedans que nous allons passer? dis-je.

— Certainement, dit le colonel, et c'est moi qui vais vous servir de pilote.

— Bien obligé, donnez-moi la pagaye, et je passerai tout seul, mais je n'ai pas envie d'aller à deux là dedans.

— Laissez donc, dit le colonel en riant, vous allez voir.

Je suis assez niais pour céder, je m'installe à l'arrière, lui se met à genoux à l'avant : en huit ou dix coups de pagaye, nous sommes de l'autre côté. En arrivant, il se lève brusquement et s'élance à terre en donnant au canot une secousse qui le fait chavirer. Heureusement je me défiais, car je l'avais vu lancer un coup d'œil à Stuart, en riant. D'une main, j'attrape la branche d'un saule; de l'autre, je l'empoigne par une jambe, et je l'envoie rouler au milieu du courant, après quoi je me hisse à terre sans presque être mouillé.

J'étais dans la joie. Sur l'autre rive, je voyais M... secoué par un accès de rire formidable. Je ne pus résister au désir peu généreux de gouailler mon ennemi vaincu.

— Voilà, ô mon colonel, lui dis-je, en m'asseyant sur la rive, ce que c'est que de vouloir jouer de petites farces aux gens. Buvez de cette belle eau, mon colonel, buvez-en beaucoup, cela vous fera tous les biens du monde.

Il n'en buvait que trop, le malheureux, car, embarrassé de ses bottes, de ses éperons et de ses pistolets, il fut deux ou trois fois roulé par le courant. Il paraissait s'en tirer si mal, que j'avais déjà retiré ma jaquette et je me disposais à sauter à l'eau pour le sauver; mais il put attraper une branche d'arbre, et un instant après il était sur la rive. Il courut tout de suite à moi la main en avant.

— Ma foi! c'est bien fait, major, me dit-il en me donnant une poignée de main à me la décrocher. *You are a good un!* Je n'ai que ce que je mérite. Nous boirons un milk-punch ensemble en arrivant à Rapid-City.

— Tiens, cria de l'autre côté M..., voilà qu'il vous appelle major maintenant. Ce petit bain lui a donné de l'estime pour vous.

— Défiez-vous de Stuart, il va vous jeter à l'eau aussi.

— Bah! s'il essaye, nous verrons bien qui rira le dernier.

A peine au milieu du courant, comme nous nous y attendions, Stuart fit chavirer le canot, puis se jetant à l'eau, il se mit à nager vers la rive; mais M..., lui appliquant tout à coup les deux mains sur les épaules, par derrière, l'envoya au fond. A dix mètres plus bas, sa figure rouge et convulsée reparut sur l'eau; mais l'impitoyable M..., qui l'attendait, recommença l'opération sans lui laisser le temps de se reconnaître. Après quoi, fendant le courant par une coupe magistrale, il vint me rejoindre, laissant notre conducteur courir après son immense chapeau, qui était déjà loin, dérivant au fil de l'eau.

Le colonel tordait ses vêtements pour les sécher. Stuart vint nous rejoindre de très-méchante humeur.

— Il faut partir, dit-il, en se secouant comme un chien de Terre-Neuve, nous sommes en retard.

— C'est possible que nous soyons en retard, dit M..., mais cela m'est égal. Toujours est-il que nous ne partirons pas avant que j'aie changé des pieds à la tête. Dites-leur donc de me décharger ma valise.

Ce fut un grand spectacle. On raconte que Gœthe, le cygne de Weimar, fit un jour promener un de ses amis tout nu dans un pré, désirant se rendre compte de l'aspect du paradis terrestre. Stuart, le cocher, le colonel et moi, nous sommes aussi avancés que cet illustre Allemand. Seulement cette contemplation ne semblait pas du goût de Stuart, qui jurait comme un Pandour. Il finit par déclarer qu'il allait partir, laissant M... à son malheureux sort.

— Oh! oh! dit celui-ci quand je lui répétai ce dont il s'agissait, nous allons voir cela. Dites-lui que s'il bouge, j'envoie une balle dans le ventre d'un de ses chevaux.

Il était si drôle brandissant son revolver dans le costume d'Ajax, fils de Télamon, que le colonel et moi nous nous tordions de rire. Celui-ci prenait du reste tout à fait notre parti. Au bout d'une demi-heure, M..., pomponné, vêtu de linge blanc, la moustache en croc, se déclara prêt à partir, et le mail-coach se remit en route.

Bientôt nous voyons se dessiner à l'horizon une série de montagnes couvertes de sapins qui s'étagent les unes derrière les autres, se profilant sur le gris bleuâtre du ciel. C'est absolument l'aspect d'une île rencontrée au milieu de l'Océan. Ce sont les Black-Hills. Vers sept heures, après avoir traversé une jolie rivière qui est le Rapid-Creek, nous faisons notre entrée dans la ville de Rapid-City, et la voiture vient s'arrêter à la porte de l'*International-Hotel*.

Le coup d'œil est caractéristique. Le dîner vient apparemment de finir. Tous les habitués, de grands gaillards à longues barbes emmêlées, sont assis, par petits groupes de six ou sept, autour des piliers qui supportent la varangue, fumant et chiquant avec une gravité admirable. Tous les pieds sont en l'air, appuyés contre les colonnes de bois à une hauteur inquiétante. Ces gens parlent peu. De temps en temps un nez, — car ici on ne parle qu'à travers cet organe, — laisse échapper quelque phrase commençant invariablement par *I guess* (je devine)! d'autres y répondent : *You bet* (vous pouvez le parier), d'un ton convaincu, puis il se fait un silence. Tous ces « gentilshommes de la nature », comme ils s'appellent, se déridènt cependant un peu à la vue du colonel, qui est évidemment « un de nos concitoyens proéminents », et lui font un accueil chaleureux.

Comme nous sentons que nous sommes de trop dans cette petite fête intime, nous commençons par informer Stuart de notre décision, en l'invitant à faire décharger nos bagages, puis nous nous mettons à la recherche du maître de l'hôtel. C'est un grand Irlandais, qui répond au nom de Mac Carthy, et qui, soit dit en passant, est bien le plus brave homme qu'on puisse rencontrer. Il me regarde des pieds à la tête sans mot dire pendant un instant, puis tout à coup :

— Colonel, me dit-il, ne seriez-vous pas le baron français qu'attend Parker?

— Comme on avance vite dans ce pays! murmure M..., vous voilà colonel maintenant!

— Est-ce que Parker est ici?

— Non, mais il y était ce matin, et reviendra cette nuit. Colonel, vous êtes le bienvenu. Venez boire quelque chose.

Tels ont été nos débuts dans la vie du Far-West. J'écris ces notes dans une chambre assez propre, à côté d'un lit de bonne apparence où je vais me reposer avec délices des cahots de cet infernal mail-coach. Quant au dîner, il vaut mieux n'en pas parler. Rendons cependant hommage au milk-punch que nous a offert notre digne hôte : il était parfait.

28 *juin*. — Ce matin, j'ai été réveillé par deux coups frappés à ma porte, et puis j'ai vu entrer un gaillard chemisé de bleu, botté jusqu'aux genoux, que je n'ai reconnu qu'au bout d'un instant. C'était ce brave Parker.

Je l'ai tout de suite présenté à M..., avec lequel il ne s'est guère entendu, car quatre ou cinq années de séjour à Saïgon et autant à Paris lui ont laissé toujours le même français fantaisiste; mais cela ne les a pas empêchés de devenir excellents amis.

Après que j'ai eu fait ma toilette, on a parlé d'affaires. Parker se trouve à la tête de deux groupes de propriétés : l'une, le « Little-Rapid-Creek », ainsi nommée d'un affluent de la rivière que nous avons traversée hier au soir, est une exploitation de mines et de forêts; l'autre, tout au sud de Black-Hills, est de nature plus complexe. Il s'agit de bestiaux, d'une ville qu'on fonde, d'un chemin de fer qu'on veut construire. Nous verrons cela quand nous y serons.

En attendant, nous faisons notre plan de campagne. D'abord, il va falloir acheter des chevaux, puis nous irons à Deadwood, le centre de tous les intérêts du pays. Nous y resterons le temps nécessaire pour visiter les principales usines; puis, traversant le pays dans toute sa longueur, du nord au sud, nous irons successivement nous établir à Little-Rapid-Creek et à Cascade, pour de là regagner la ligne de l'Union-Pacific à Sydney, en traversant le désert d'Alcali. Parker nous supplie de ne prendre avec nous ni guide ni domestique. La loi du pays est telle, que le premier venu qui découvre un gisement métallique dans une propriété quelconque en devient propriétaire sur une simple réclamation. On n'amène donc un étranger chez soi qu'à bon escient.

Une fois ce programme arrêté, nous nous mettons en devoir de l'exécuter, et, sous la conduite de Parker, nous battons la ville pour nous procurer des montures. Au bout de cinq minutes, on nous en amène de tous les points de l'horizon. Ce sont presque tous des poneys qui viennent, dit-on, de l'Orégon; de bonnes petites bêtes d'environ 1^m,40 de hauteur, admirablement faites et entre lesquelles il n'y a guère que l'embarras du choix. Sur vingt-cinq ou trente que nous voyons, pas une n'est tarée. On a bien raison, en France, de dire que ce sont les routes dures qui ruinent les jambes des chevaux. Ici, Dieu sait le métier que les cow-boys font faire aux leurs. Cependant, je n'ai pas encore vu une molette ou un vésigon. On prétend aussi, mais ceci me semble bien fort, qu'il n'existe pas dans le pays un seul cheval poussif, et que tous ceux qui étaient dans cet état en

4

arrivant se sont guéris. Beaucoup sont rétifs ; au moment où l'on s'y attend le moins, ils mettent leur tête entre leurs jambes, joignent les pieds, font avec leur dos une espèce de bosse à laquelle il n'y a pas de sangle qui résiste, et puis se mettent à sauter sur place jusqu'à ce que le cavalier soit par terre, ce qui n'est qu'une question de temps. Cette aimable habitude s'appelle *buck jumping;* elle existe chez les chevaux d'Australie, mais je ne l'ai vue pratiquée nulle part ailleurs.

M... a du premier coup jeté son dévolu sur une petite jument jaune qui, de fait, est une des plus jolies petites bêtes qu'on puisse voir, malgré les horribles tatouages qui la défigurent, car ici on marque les chevaux comme les bœufs au fer chaud. Nous l'achetons 50 dollars à son propriétaire, un vieux fermier qui lui fait des adieux si touchants que je me sens pris de défiance, me rappelant les démonstrations des maquignons normands quand ils se séparent d'un animal dont ils n'espéraient plus se débarrasser.

Comme je ne trouve pas de monture qui me semble de taille à transporter sans trop de peine les 85 kilogrammes d'os et de chair qui constituent ma dépouille mortelle, sans compter les kilogrammes supplémentaires que représentent ma selle, mes sacoches et mon fusil, je me décide à aller dans l'après-midi visiter un troupeau de chevaux qu'on me dit être dans les environs. Nous revenons à l'hôtel en flânant.

La ville de Rapid-City, qui compte quatre cents habitants, commence à entrer dans la seconde période, c'est-à-dire qu'il y a deux maisons en briques. Les autres sont des baraques en bois, les plus anciennes en troncs de sapin, non équarris, des *log houses,* les

autres en planches. Parmi ces dernières, quelques-
unes appartiennent à des gens qui se piquent d'architecture. Elles ont sur la rue un étage postiche, c'est-à-
dire une simple cloison dans laquelle sont percées de
fausses fenêtres. Il paraît que cela ajoute beaucoup au
crédit du propriétaire. Il y a toujours aussi un trottoir
en bois.

L'hôtel est comble. Outre que dans le Far-West
tous ceux qui n'ont pas de ménage, et c'est l'immense
majorité, y prennent leurs repas, il paraît que nous
sommes au moment des assises. Nous dînons avec le
juge qui les préside, M. M..., et une vingtaine d'avocats qui le suivent. En France, cela nous semblerait
un peu extraordinaire de voir un président d'assises
dînant à table d'hôte avec les avocats et les juges. Ici,
cela ne choque personne. Tous ces gens se traitent,
du reste, les uns les autres de colonel avec le plus
aimable abandon.

Après déjeuner, nous prenons une voiture que conduit un M. H..., un des « citoyens proéminents » de
la ville, qui, avec une bonne grâce parfaite, veut bien
nous piloter dans notre recherche de chevaux. Nous
parcourons un ou deux petits vallons ravissants où
nous admirons des eaux splendides, des sapins admirables, une brasserie bien rudimentaire ; mais partout
les chevaux que nous cherchons ne brillent que par
leur absence.

A la fin, nous apprenons que le troupeau a été
emmené dans le Nord. Celui qui nous donne ce renseignement, un *cow-boy* que nous rencontrons en
chemin, a une allure tout à fait caractéristique : un
feutre gris troué, élimé, retroussé à la don César de
Bazan, avec une cordelière d'or rongée par la dureté

des temps, une chemise rouge et un pantalon indien de cuir fauve avec de longues franges sur toutes les coutures. Ces pantalons ont cela de particulier qu'ils sont totalement dénués de fond et ne tiennent à la ceinture que par la pièce de devant et par une sorte d'écharpe qui passe entre les jambes. Les Indiens montent comme cela, à cru; je me hâte d'ajouter que notre homme d'aujourd'hui avait un caleçon.

Pendant qu'il nous parle, j'examine sa monture, un cheval gris de 1^m,45 ou 50 avec des membres superbes, qui a l'air de porter avec une aisance parfaite le poids énorme d'une selle mexicaine, d'un lasso en cuir tressé et du cavalier orné de ses revolvers et de ses cartouches. Il a déjà fait dans sa journée 75 milles et ne paraît pas fatigué. Malheureusement le propriétaire refuse absolument de s'en séparer.

Nous revenons dîner à l'hôtel; puis, malgré les instances de Parker qui soutient que ce n'est pas prudent, nous allons dans le *saloon* de l'hôtel. Le barkeeper, en bras de chemise, se tient derrière son comptoir. Une grande auge, remplie de glace, lui sert à confectionner tous les *drinks* à noms extravagants qu'on vient lui demander : *gum tickler* (qui pique les gencives, *corpse reviver* (qui ranime les cadavres), etc. Mais la majorité des consommateurs demandent simplement du wisky, qu'ils avalent verre sur verre sans s'asseoir ni dire un mot. Tous ces gens ont des figures patibulaires, mais sont parfaitement polis. Beaucoup nous abordent. Les uns, Canadiens, nous parlent du « vieux pays »; les autres veulent nous vendre des mines, car chacun a quelque échantillon de minerai dans ses poches. Le vieux qui nous a vendu la jument jaune nous traite en vieilles connaissances.

Il me raconte qu'il est ici pour un procès ; un cochon, valant 2 ou 3 dollars, a pénétré dans une de ses clôtures et s'y est blessé, fortuitement, prétend-il. Le propriétaire lui a fait un procès ; il y a trois mois que cela dure. Enfin il a trouvé un avocat qui, pour 50 dollars, s'est chargé de l'affaire à forfait. C'est pour les lui donner qu'il m'a vendu son cheval.

Un autre, à moitié gris, nous raconte qu'il est Anglais. Il regrette bien la bière et le gin de la vieille Angleterre, mais il a émigré parce qu'il fallait trop saluer les nobles! Il y a quarante ans de cela! Depuis, il a fait tous les métiers en gagnant bien juste de quoi vivre ; mais enfin il va être riche, car il a trouvé une mine! Suit le boniment obligé avec exhibition du spécimen.

En somme, ces gens ne nous témoignent aucune hostilité. Ceux qui nous parlent sont polis et même sympathiques. On ne voit pas beaucoup de revolvers. Les assassinats sont cependant fréquents, mais je crois que presque toujours ils surviennent à la suite de querelles entre gens ivres et armés. Le juge nous raconte que Rapid-City est une ville admirablement tenue. Les règlements de police y sont si sévères, que le simple fait d'avoir tiré dans la ville une arme à feu quelconque est puni d'une amende de 10 dollars ; mais quand je lui demande qui est chargé d'arrêter le coupable, il m'avoue que le seul personnage qui ait qualité pour cela est le shérif, lequel demeure à 100 kilomètres d'ici, à Deadwood. Je suis tout de suite édifié.

29 juin. — Vendredi !!! J'ai souvent entendu conter qu'un armateur, esprit fort, voulant protester contre la superstition du vendredi, fit mettre un navire sur les chantiers un vendredi; on attendit un vendredi 13 du mois pour le lancer; on l'appela le *Vendredi;* il eut treize hommes d'équipage, partit un vendredi pour son premier voyage et... n'en revint jamais; ce qui vexa l'armateur, d'abord comme armateur, à moins qu'il ne l'eût fait assurer pour une grosse somme, mais surtout comme libre penseur.

Je me remémore cette véridique histoire en constatant que c'est un vendredi que nous nous sommes définitivement lancés hors des sentiers frayés, et que jusqu'à présent nous n'avons pas marché de succès en succès.

Cette nuit, le *poker* (jeu favori des Américains) n'aura probablement pas été favorable au *cow-boy* que nous avons rencontré hier; car ce matin, dès l'aube, il est venu offrir son cheval gris pour 75 dollars à Parker, qui a tout de suite accepté en mon nom. Je vais voir ma nouvelle acquisition au *livery stable,* où on l'a mise. C'est probablement la première fois que cela lui arrive d'entrer dans une stalle. Il s'y tient immobile au bout de sa longe, d'un air consterné très-amusant. On lui donne de l'avoine. Encore une nouvelle connaissance : mais dès qu'il s'est décidé à y toucher, il semble y prendre goût.

Après cela, nous allons de *store* en *store* faire nos dernières acquisitions. Heureusement nous avons emporté nos selles de France. Mais il nous faut des brides et des éperons, et quels éperons! Ce sont des œuvres d'art qui viennent du Mexique et sont ornées de molettes d'un bon pouce de diamètre. Nos amis les Canadiens continuent à nous couvrir de civilités. Il en arrive de tous les côtés pour nous dire bonjour. L'un d'eux est allé à sa ferme hier au soir chercher son frère jumeau pour me le présenter.

— Je sons été cheux nous quérir mon besson : je voulions vous l'introduire.

A chaque instant, les mots français pris dans un sens anglais viennent se mêler au patois normand; on dirait un acteur anglais jouant le rôle d'un paysan de Molière.

— La mère, quand elle a su qu'il était venu des gentilshommes français du vieux pays, alle nous a ben recommandé de vous dire de venir cheux nous.

— Merci bien; s'il y a moyen, nous n'y manquerons pas; où demeurez-vous? Est-ce loin d'ici?

— Ah! mais non! j'avons pris une ferme sur le *creek*, pas loin; c'est des terres bien valuables.

— Ça va-t-il bien? Êtes-vous mariés?

— Mariés! ah! ben sûr non que je sommes pas mariés. Avec qui que vous voulez qu'on se marie dans ce pays-« cite »? D'abord c'est encore plus court de s'y démarier que de s'y marier. Quand je voudrons nous marier, j'irons chercher une femme dans notre paroisse, près de Montréal, et puis je la ramènerons dans les États. Ici, il n'y a de catholiques que les Irlandais, et j'aimons guère les Irlandais.

Nous rentrons à l'hôtel, je demande à Mac Carthy un endroit où je puisse écrire quelques lettres en attendant le déjeuner. Très-obligeamment il me conduit dans une sorte de salon sur la porte duquel est écrit *Ladies-Room*. Là, nouvelle aventure. Au bout d'un instant, j'ai la sensation que quelqu'un lit par-dessus mon épaule. Je me retourne brusquement, et je vois une grande fille blonde, une des deux ou trois *ladies* qui veulent bien servir quelquefois à table.

— Eh bien! ma chère, cela vous amuse-t-il, ce que j'écris là?

— Mais je ne peux pas bien lire, me répond-elle d'un air vexé, vous écrivez si fin !

— Ah! si j'avais su, je me serais certainement fait un devoir d'écrire plus gros. Et puis, vous ne savez peut-être pas le français?

— Non, je ne sais pas le français. C'est en français que vous écrivez là?

— Oui.

— Ah! moi, je ne sais que le suédois et l'anglais.

Là-dessus elle s'en va; au fond, je crois qu'elle trouve que je suis un peu indiscret en me servant d'une langue qu'elle ne comprend pas.

A déjeuner; nous retrouvons un de nos amis canadiens. C'est un peintre en bâtiments. Il paraît si fier d'un certain faux acajou dont il a barbouillé les portes du *court-house* (tribunal) et semble si désireux de faire juger son œuvre, que nous y allons bras dessus bras dessous après une réfection fort insuffisante.

En Amérique, les deux premières dépenses que s'impose une ville naissante sont une école et un *court-house*. La première forme les avocats et les politiciens qui encombrent la seconde. Les *Rapid-Citiens* n'ont pas encore d'école, mais ils ont un *court-house* de quinze mille dollars, lesquels, du reste, ne sont pas encore payés; il est même, à la rigueur, possible qu'ils ne le soient jamais, ainsi que l'a avoué mon ami le peintre, auquel on en doit encore cinq ou six cents. C'est un grand bâtiment en briques avec un *french roof* ou toit mansardé, ce qui est le dernier mot de la science architecturale dans l'Ouest. Au moment où nous arrivons, la cour siège. Le juge, notre ami d'hier, est assis sur un *rocking-chair*, derrière une table verte. A sa droite se tiennent les jurés en bras de chemise, parce qu'il fait un peu chaud. A gauche, debout à son banc, un avocat explique son affaire en ânonnant. Juge, jurés et avocats ont chacun devant eux une cruche d'eau glacée et en avalent de grands verres toutes les cinq minutes.

Je me fais expliquer ce dont il s'agit. C'est une scène de mœurs assez curieuse. Dans une rixe de cabaret, un homme en a battu comme plâtre un autre. Le lendemain, un peu dégrisé, il se fait poursuivre par un ami complaisant devant un juge du voisinage. L'ami se plaint d'avoir été légèrement bousculé ; le juge condamne à deux dollars d'amende, et chacun s'en va de son côté.

Deux jours après, le vrai battu se traîne devant un autre juge et dépose sa plainte. Citation du coupable, qui arrive, reconnaît de fort bonne grâce les faits, mais exhibe l'extrait du jugement qui l'a déjà condamné et s'en va, fort de son bon droit, car on ne peut être condamné deux fois pour la même chose : *non bis in idem*. C'est le seul latin qu'on apprenne en Amérique, mais on sait s'en servir.

Il paraît que ce Normand du Dakota n'a pas le mérite de l'invention. Le même coup a été fait dernièrement avec un plein succès à New-York. C'était même encore plus joli en ce sens que l'ivrogne était lui-même juge. Dans la cité impériale, le plaignant n'a pas insisté et a bien fait. Le Dakotien, rageur, a voulu en appeler, mais il en sera sûrement pour ses frais.

Tout cela paraît très-naturel aux Américains. Dans les vieux États, les juges sont nommés à l'élection pour une période qui varie de deux à cinq ans. Ils ont un salaire très-minime ; de plus, ils sont obligés de renoncer, au moins ostensiblement, à leur profession pendant la durée de leur office. Enfin leur élection leur coûte toujours assez cher, et ils s'engagent, comme tous les autres fonctionnaires, à abandonner à la caisse du parti une année de leurs appointements. Il faut donc qu'ils fassent fortune en quatre ans. Les plaideurs s'en aperçoivent bien.

Dans les territoires comme le Dakota, les juges sont nommés directement pour quatre ans par le président des États-Unis. Aussi les choix sont généralement beaucoup moins mauvais. Tout au plus leur reproche-t-on d'être la récompense de services électoraux.

Notre ami le peintre ne nous a pas fait grâce d'un panneau. Pendant qu'il nous fait parcourir la maison de la cour au grenier avec un sans gêne parfait, nous ne pouvons nous empêcher de rendre hommage à la bonne humeur inaltérable de tous ces fonctionnaires. Nous pénétrons dans le bureau du *recorder* sans crier gare. Il nous secoue la main à nous la démolir et nous demande si le pays nous plaît, la phrase inévitable. Un peu plus loin nous rencontrons le shérif. Encore un fonctionnaire élu. C'est une sorte de magistrat qui remplit une foule de fonctions, depuis celles d'huissier jusqu'à, et y compris, celles de bourreau. Au fond, c'est l'entrepreneur de la police d'un comté, et il est payé au prorata des services qu'il rend : tant pour l'arrestation d'un meurtrier, tant pour sa pendaison, tant pour assigner un témoin. S'il tient à avoir des sergents de ville ou des bourreaux à gages, il les paye de sa poche ; aussi cette envie ne lui prend-elle jamais et fait-il son ouvrage à lui tout seul. Ce n'est du reste pas un métier de paresseux. Dans ce pays-« cité », comme disaient nos amis les Canadiens, bien que les tarifs ne soient pas fort élevés, l'année dernière, le shérif de Deadwood s'est fait 375,000 francs.

C'est d'un juge qu'on me présente que je tiens ces détails, du moins l'inconnu qui me le présente l'appelle juge, mais un nouvel arrivant l'appelle colonel, et puis un troisième professeur. Toujours ces diables de titres! Ce matin j'ai failli avoir une affaire avec le décrotteur de l'hôtel. Comme il me semblait occuper le dernier échelon de l'échelle sociale, je me suis avisé de l'appeler caporal, mais il a réclamé et m'a déclaré qu'il était capitaine.

Enfin, vers midi, nous faisions sortir nos coursiers du *livery stable*, pour nous essayer à l'art difficile du paquetage. Quand on a été toute sa vie gentleman *farmer* ou officier de marine comme M... et moi, cela ne va pas tout seul, surtout quand il faut mettre en équilibre, sur le dos de deux animaux à peu près sauvages, des objets aussi anguleux qu'un appareil photographique et deux carabines Winchester. Nous y arrivons cependant sans trop exciter la verve de tous les *boulangers* qui nous entourent. En Amérique, on appelle *boulangers* les flâneurs de profession. Je laisse à un linguiste plus savant que moi le soin de découvrir s'il n'y a pas là une allusion ironique à la façon dont est fait l'exécrable pain qu'on mange partout ici. Parker, qui, lui, voyage à la mode du pays, c'est-à-dire sans aucun bagage, est déjà perché sur sa selle mexicaine, que nous nous escrimons encore contre des ardillons récalcitrants. Enfin il nous donne le signal du départ que nous faisons, de la façon la plus majestueuse, au petit galop, fendant la foule des colonels qui nous admirent.

Aujourd'hui nous devons aller coucher au *Fort-Meade,* pour le commandant duquel j'ai une lettre de recommandation du général Sherman.

Nous nous engageons au galop dans une des trois ou quatre vallées qui aboutissent à Rapid-City. Le pays est ravissant. Le fond du vallon est occupé par un affluent du Rapid qui coule à travers de magnifiques prairies naturelles, où de belles vaches, qui ressemblent beaucoup à notre race normande, enfoncent jusqu'au ventre dans le sainfoin. De beaux taillis de bouleaux, de chênes et de saules forment des massifs de verdure qu'on dirait dessinés pour un parc anglais. Des collines sont recouvertes d'une magnifique futaie de pins d'Écosse. Ce qu'on appelle la route est simplement la trace qu'ont laissée quelques voitures sur le sol ferme et élastique de l'herbage. Nous voyons deux ou trois fermes. Dans un coin, une *log-house,* basse et enfumée, qui sert maintenant de grange et d'étable, rappelle les humbles commencements du *squatter.* Il y a quatre ou cinq ans, il a bâti cette masure pour abriter sa famille qui venait de traverser la prairie dans le grand chariot couvert. Une fois installé, il a passé bien des nuits, la main sur son winchester, écoutant les hurlements des loups, et, quand ils cessaient, se demandant anxieusement si ce n'étaient pas les Peaux-Rouges qui les avaient fait fuir. On nous montre, à mi-côte, une pierre blanche qui indique l'endroit où cinq hommes furent scalpés par les Sioux en 1879.

Et puis, au bout de deux ans, l'aisance est venue; le fermier a abandonné la *log-house* à moitié pourrie déjà, et devant, il a fait construire, notez le progrès, une jolie petite maison en planches, peinte en blanc, avec une vérandah et un *bow-window.* A travers les fenêtres ouvertes nous distinguons le tapis qui couvre le parquet; un piano, l'inévitable piano. On nous reproche de n'être pas colonisateurs. Si nos colonies montraient souvent des spectacles de ce genre, je crois que nous le deviendrions.

J'ai décidément fait une bonne acquisition en achetant Jean-Leblanc, c'est ainsi que nous avons baptisé mon coursier. Il prend tout de suite une avance énorme sur les autres, malgré le poids qu'il porte sur son dos. M. de Lancosme-Brèves, mon ancien maître de manége, aurait eu certainement une attaque d'apoplexie en voyant les allures sans nom de nos quadrupèdes. Ce n'est pas tout à fait du galop, mais cela y ressemble plus qu'à du trot; il y a aussi des moments où l'on se figure aller l'amble : en somme, on fait huit ou neuf kilomètres à l'heure, et c'est l'important.

A peine avons-nous dépassé la dernière ferme, que la jument jaune de M... me rattrape, filant comme le vent, sans son cavalier : un caoutchouc et le pied de l'appareil photographique lui battent entre les jambes. Je pars immédiatement après elle. Elle s'enfonce dans les sapins, et nous voilà lancés dans une course folle au milieu des grandes feuilles de schiste qui couvrent le sol. Jean-Leblanc a l'air si sûr de son affaire et de s'intéresser tellement à la chose, que je le laisse faire, tout en me demandant à chaque instant si nous n'allons pas culbuter. Enfin je perds de vue la jument, qui, selon l'aimable habitude des chevaux échappés, m'a deux ou trois fois laissé approcher jusqu'à la toucher. Je regagne péniblement la lisière du bois, où je retrouve M... et Parker. Ce dernier repart à la poursuite de la jument; il parait que c'est pendant que le pauvre M... refaisait son paquetage que son cheval a filé. Il est arrivé à pied, recueillant d'un air mélancolique tous ses bibelots qu'il a trouvés épars le long de la route. Cela ne l'empêche pas, avec son optimisme habituel, de déclarer que nous avons bien de la chance que l'accident soit arrivé avant que nous soyons trop loin de tout endroit habité.

Enfin au bout d'une heure Parker revient. Ses manières insinuantes avec le beau sexe en général paraissent avoir eu une certaine influence sur la jument jaune, qui s'est laissé rattraper. Mais cet animal est vraiment d'une humeur par trop farouche; il nous causera encore sûrement des ennuis.

Enfin nous repartons. Parker nous fait marcher à travers la forêt, affirmant que, malgré nos malheurs, nous arriverons encore ce soir à quelque lieu habité. Je ne me charge pas de dire combien de côtes à peu près verticales nous escaladons, ni surtout combien de ruisseaux nous traversons; le paysage est du reste toujours charmant; nous coupons une série de petits vallons, très-étroits, encaissés entre des collines couvertes de sapins.

Ce pays n'a nullement le caractère sauvage et grandiose qu'on s'attend, je ne sais pourquoi, à lui trouver. Il a l'aspect riant et bonhomme des petits vallons de la Suisse et de la Savoie. Un peintre y mettrait au premier plan un petit berger avec un chapeau pointu, jouant le *Ranz des vaches,* bien plutôt qu'un Sioux en peinture de guerre avec un anneau dans le nez.

Vers sept heures, le bon Parker finit par avouer qu'il est perdu. Nous sommes sur les bords d'une rivière qui, à en juger par son importance, doit être le Rapid-Creek ou, du moins, l'un de ses principaux affluents. Les eaux sortent bouillonnantes d'un passage étroit qu'elles se sont frayé au pied d'un rocher qui, de notre côté, barre complétement la vallée. Les rayons du soleil n'éclairent plus que le sommet des sapins. Cependant il nous semble distinguer que de l'autre côté de la rivière nous trouverons un passage pour remonter la vallée; seulement il s'agit de traverser le creek, et cela ne paraît pas facile. Elle a au moins quinze mètres de large, il est difficile de juger de sa profondeur; mais le courant est d'une rapidité inquiétante au point de vue du passage. Les chevaux, bons juges d'ordinaire en cette matière, paraissent se prononcer énergiquement pour la négative. Jean-Leblanc, qui est décidément un animal inestimable, consent bien à s'avancer d'un ou deux pas, mais l'eau lui arrive tout de suite plus haut que le ventre, et, presque emporté par le courant, il se retourne brusquement et paraît bien décidé à ne plus tenter l'épreuve. Je me décide à employer un procédé que j'ai vu réussir dans nos expéditions du Cambodge. Je m'attache autour du corps le lasso de Parker; M... et lui, debout sur une roche en saillie, me retiennent de toutes leurs forces. Suspendu à l'extrémité de cette longue corde, j'oscille à la surface de l'eau un peu comme le poids d'un pendule. Enfin je parviens à m'accrocher à une branche qui pend de l'autre côté. J'y attache l'extrémité du lasso. Pour revenir, je n'ai qu'à me haler dessus. Puis en prenant les chevaux d'une main par la bride, me tenant de l'autre à la corde, nous venons à bout, à force de coups, de faire passer nos malheureuses bêtes, qui cependant, moitié nageant, moitié s'accrochant aux rochers du fond, se tirent assez bien d'affaire. Parker et M..., qui ne savent guère nager, ne sont pas bien rassurés, mais passent sans encombre sur le dos de leurs montures sans même être par trop mouillés.

Une fois de l'autre côté, je me rhabille grand train, car il commence à faire froid, et l'eau était glaciale ; nous repartons à travers une toute petite plaine marécageuse ; mais à peine avons-nous fait cinq cents pas qu'il faut nous arrêter : nous sommes dans une boucle du cours d'eau complétement fermé à notre gauche par un mur de rochers, qui est la reproduction exacte de celui qui nous a déjà forcés de traverser la rivière. Il faut donc la retraverser. Mais la nuit est tombée tout à fait ; impossible de songer à recommencer nos exploits de tout à l'heure avec des chevaux fatigués. Il n'y a plus qu'à camper.

Au-dessus de nous, au pied des grands rochers, s'étend un petit plateau où une herbe peu épaisse pousse à l'abri d'énormes sapins. Quelques prospecteurs ont même dû séjourner en ce lieu, car nous y trouvons les débris d'un *log-house* tombé en ruine. Si nous avions quelque chose à manger, nous ne serions vraiment pas mal. J'ai passé bien des nuits à Madagascar ou en Cochinchine dans de pires conditions. Nous commençons par prodiguer quelques injures à Parker, ce qui nous soulage un peu sans beaucoup l'émotionner. Ensuite je fouille dans mes poches pour chercher des allumettes ; impossible d'en trouver ; je finis par me rappeler que je les ai oubliées à l'hôtel. Heureusement M... est homme de ressources, je l'appelle pour lui en demander.

— Des allumettes ! mais je n'en ai pas ; — je croyais que vous en aviez.

— Bon ! nous sommes dans de beaux draps ; possédez-vous bien votre *Robinson Crusoé* au moins ?

— Pourquoi cela?

— Il me semble que Vendredi avait un certain talent pour faire du feu en frottant deux morceaux de bois l'un contre l'autre.

— Oh! je n'ai pas confiance! Ah! mais voilà des allumettes! Seulement, je les avais dans une poche quand je suis tombé à l'eau l'autre jour, j'ai bien peur qu'elles ne partent pas. Enfin! elles ne sont pas de la régie. Il y a encore un peu d'espoir!

J'avais déjà préparé un gros tas de bois mort ; nous nous mettons à plat ventre, nous frottons, l'allumette part, la petite flamme passe du bleu au jaune clair, une brindille de sapin prend feu, puis une seconde, la flamme commence à s'élever, et tout d'un coup de longues flammèches rouges apparaissent en éclairant brusquement les longs troncs noirs des sapins, la cabine effondrée qui est derrière nous et nos chevaux qui, tout bridés, broutent mélancoliquement l'herbe peu succulente qui pousse entre les pierres schisteuses.

— Eh bien, dit M..., je n'ai pas encore trouvé beaucoup de bonnes choses chez les Américains, mais ils peuvent se vanter d'avoir de bonnes allumettes; voyons donc si les autres partiront.

Il en frotte une, puis une seconde, et puis des douzaines, pas une ne prend.

— Quelle chance nous avons, hein! Il y a décidément quelque saint qui nous protége. Au fait, Parker, vous avez une rude veine d'être avec nous. Ce n'est pas pour un hérétique comme vous qu'ils en feraient autant.

— Oh! dit Parker, qui se réchauffe méthodiquement sous toutes ses faces, mais je suis catholique, moi aussi.

— Vous! allons donc!

Suit une interminable discussion théologique qui

dure encore au moment où j'écris ces notes à la clarté de notre grand feu. Les conversations de Parker et de M... font toujours ma joie. Le premier a passé six ans à Saïgon et deux à Paris, et n'en parle pas moins le français le plus invraisemblable. Le second ne sait pas un mot d'anglais. Cela ne les empêche pas de discuter constamment ensemble sur tous les sujets imaginables. Seulement il arrive souvent que, chacun suivant sa pensée sans comprendre les répliques de l'autre, leurs arguments prennent des routes divergentes qui les amènent insensiblement à d'invraisemblables coq-à-l'âne. Alors on m'appelle, et je suis chargé de débrouiller les choses.

Mais, ce soir, je suis bien loin de leur conversation. Me voilà de nouveau couchant au pied d'un arbre près d'un feu de bivouac. Je me rappelle toutes les nuits passées de la sorte ; les campements sous les grands *ravenals* dans les bois de Madagascar, auprès de quelque lagune, les porteurs accroupis un peu à l'écart, mangeant leur riz, ou dansant avec les grandes filles brunes accourues des villages voisins ; et puis, plus tard, la scène change ; je poursuis quelques bandes de rebelles dans les jungles de l'Indo-Chine. Les *matas* m'ont disposé une paillotte pour me mettre à l'abri de la rosée ; les mouches à feu scintillent dans les buissons, les arecquiers profilent leurs bouquets de feuilles sur le bleu sombre du ciel, je vois sur le bord de l'arroyo mes factionnaires le fusil sous le bras, glissant comme des ombres, sans que leurs pieds nus fassent le moindre bruit : au loin retentissent les petits abois rauques du tigre en chasse ou la trompette sonore d'un éléphant qui s'en va au gagnage dans les rizières.

Les pays ressemblent à leurs habitants, ou plutôt

ils les font à leur image. Là-bas, toutes ces populations indolentes se laissent vivre sans souci du lendemain, sûres de trouver au jour le jour ce qu'il faut pour satisfaire à leurs besoins, sans trop s'inquiéter des maladies mortelles qui les guettent du fond des lagunes. Ici, la nature offre un climat admirablement sain, mais c'est tout ce qu'elle fournit gratuitement ; elle récompense au centuple le travail, mais sans un travail incessant on meurt de faim, car les productions spontanées sont nulles. Les Peaux-Rouges, que les Américains traitent de paresseux, ne vivent, au contraire, qu'au prix d'un travail incessant. Quoi de plus pénible que ces longues chasses à travers la neige ou sous le soleil de juillet ! et si elles ne réussissent pas ou si le guerrier disparaît dans quelque aventure sanglante, les enfants meurent de faim dans le wigwam. Les récits de trappeurs citent à chaque instant des faits de ce genre.

30 juin. — Ce matin, malgré les soins de Parker, qui a passé toute la nuit à empiler du bois sur notre feu, nous avons été réveillés par le froid et un peu aussi par les tiraillements de nos estomacs. Nos pauvres chevaux, que nous n'avions pas osé débrider à cause des velléités d'indépendance manifestées la veille, ne paraissent pas non plus avoir passé une bonne nuit. Il n'y a qu'au point de vue du pittoresque que notre campement ne laisse rien à désirer. Nous sommes sur une petite boucle de la rivière qui a été brusquement déviée de son cours par les deux murailles de rochers auxquelles nous devons notre mésaventure. Quelques chercheurs d'or ont séjourné ici avant nous. Comme trace de leur passage, ils ont laissé la *log-house* effondrée près de laquelle nous avons passé la nuit, une douzaine de beaux sapins jetés par terre par simple besoin de détruire, mais qui nous ont du moins procuré du combustible en abondance, enfin quelques restes de lavage de sables qui n'ont pas dû être bien productifs. Le soleil éclaire, à une centaine de mètres au-dessus de nos têtes, les troncs des sapins qui poussent énormes dans les moindres fentes des grandes lames de schiste dressées verticalement par le soulèvement qui a fait sortir ces montagnes du fond de la mer. Devant nous s'étend la vallée, moins profonde, mettant dans le paysage la note riante de ses beaux prés verts inondés de rosée. A cinq ou six cents mètres, nous voyons une daine mouchetée suivie de son faon. Elle sort lentement des fourrés de saules et de bouleaux qui bordent la forêt, et va boire dans un petit étang formé par une digue de castors.

Pendant que M... s'occupe à faire une photographie de tout cela, je cherche à me rendre digne de la confiance de mes compagnons et du titre de passeur de l'expédition qu'ils m'ont décerné. Je commence à m'apercevoir que ces fonctions sont plus glorieuses qu'agréables. Ma nuit de bivouac et mon estomac creux me font trouver l'eau de la rivière horriblement froide. De plus, elle est bien plus large et tout aussi profonde qu'à l'endroit où nous avons passé hier; aussi le courant m'entraîne bien plus loin et me fait faire trois ou quatre fois une connaissance trop intime avec les gros blocs de rochers qui sont éparpillés dans son lit. Pour comble d'infortune, la jument de M... casse sa bride, fait une nouvelle fugue et n'est rattrapée qu'au bout d'une heure. Enfin vers neuf heures tout le monde, bêtes et gens, est de l'autre côté sans accident grave. Je me rhabille en claquant des dents, et nous partons au grand trot en suivant le vallon.

Le paysage est toujours ravissant, quoiqu'un peu monotone ; d'ailleurs, je ne pourrais trop le décrire, ventre affamé n'ayant guère plus d'œil que d'oreille. Tout en marchant derrière moi sur sa jument jaune, ce bourreau de M..., qui affirme avoir un talent remarquable sur la cuisine, m'énumère toutes les bonnes choses qu'il va faire pour notre déjeuner. Il parle si éloquemment d'une omelette au lard que j'en ressens de petits frémissements voluptueux. Mais la triste réalité est là. Le plus grand homme du monde ne ferait pas une omelette au lard sans œufs et sans lard, et malgré toutes les assurances de Parker, nous ne voyons poindre à l'horizon ni l'un ni l'autre de ces éléments. Il a beau nous affirmer qu'il y a quelque part une ferme, ou un *ranch*, comme on dit ici, répondant au nom de Mac Donnell's ranch, où nous devons trouver toutes ces bonnes choses ; le corps expéditionnaire, rendu méfiant par la déconvenue d'hier, ne témoigne qu'une confiance des plus modérées.

Cependant vers onze heures, Jean-Leblanc, qui trottine toujours à la tête de la colonne, juge à propos d'escalader un petit contre-fort qui coupe la vallée. Ses performances pendant la journée d'hier m'ont donné une si haute opinion de sa sagacité, que je me garde bien de m'opposer à ce caprice, et j'en suis bien récompensé, car, d'en haut, j'aperçois à mes pieds un petit *log-house* entouré d'un *corral* dans lequel paissent une douzaine de belles vaches. Je dégringole au galop de mon observatoire sans me casser le cou, grâce aux aptitudes acrobatiques de ma monture, et j'arrive comme un ouragan devant une petite cahute dans l'intérieur de laquelle un grand Américain était en train de remplir sa baratte. Sans lui dire un mot, je prends le seau et me mets à boire le meilleur lait que j'ai avalé de ma vie, ou, du moins, celui qui m'a fait le plus de plaisir. Heureusement j'avais affaire à un bon diable que ma gloutonnerie paraissait amuser beaucoup. M... était occupé de la même façon aux dépens d'un autre seau. Pendant ce temps-là, Parker, toujours galant, faisait des phrases à la fermière, une grosse fille joufflue, qui laissait son mari s'occuper de la laiterie, mais semblait fort occupée d'une de ses vaches, dont les pis tuméfiés paraissaient l'inquiéter beaucoup. M... lui ayant déclaré qu'il n'y avait là qu'un superbe cas de *cow-pox*, et qu'elle pouvait se donner le luxe de vacciner tous ses amis et connaissances, elle parut tout à fait consolée et alla immédiatement se rasseoir sur un *rocking-chair*, dont l'état attestait les bons et loyaux services, et qui, avec un grabat sale à faire frémir et un vieux poêle de fonte, faisait tout le mobilier de la maison.

L'absorption de quelques litres de lait ayant rendu quelque calme à nos estomacs, nous accueillons sans trop de malveillance une explication de Parker d'où il ressort que le lieu de délices qui a nom Mac Donnell's ranch n'étant plus qu'à sept ou huit milles, ce que nous avons de mieux à faire est de nous y rendre. En conséquence nous disons adieu à ce couple hospitalier qui se contente de nous demander deux dollars pour notre réfection (au Pré-Catelan, nous en aurions eu pour nos vingt-cinq sols), et nous invitons nos pauvres chevaux à escalader la montagne qui se trouve devant nous, car il nous faut changer de vallée, ce qui semble établir que, malgré ses affirmations, Parker s'est bel et bien trompé de route hier.

Ce pays-ci doit être bien humide, car même les

petits plateaux que nous traversons sont couverts d'une herbe fine et épaisse partout où les sapins ne poussent pas. Du reste, on rencontre à chaque instant des sources d'une eau claire comme le cristal et excellente. Nous en buvons des quantités colossales, car il fait chaud. Le thermomètre marque 32 degrés, et le baromètre indique une hauteur de 720 mètres au-dessus du niveau de la mer. Nous sommes en plein printemps; les fraisiers et les framboisiers sauvages qui abondent sont encore en fleur. Nous traversons de véritables fourrés de petites roses sauvages rouges et blanches. Le sol est du reste couvert de fleurs charmantes. Il y a notamment une multitude de superbes lys orange à tige très-courte.

Enfin nous descendons, par un sentier que des couvreurs européens trouveraient dangereux, dans une large vallée au beau milieu de laquelle s'élève le ranch tant espéré. Le fait est que M. Mac Donnell ne paraît pas aussi insensible que ses voisins aux séductions de l'architecture. Sa maison est en planches et à un étage. Du premier coup, il a laissé loin derrière lui l'âge du *log-house*.

Nous commençons par desseller nos chevaux et les lâcher dans le corral pour y manger un peu d'herbe, car dans ce pays-ci on se figure, je ne sais pourquoi, que rien n'est funeste pour un cheval comme de manger de l'avoine après une longue course; puis nous entrons dans la maison. L'éloquence de Parker nous est tout de suite expliquée. La fameuse omelette au lard est encore incertaine, mais la fermière est très-jolie. M..., homme pratique avant tout, s'en effraye au point de vue de notre déjeuner. Le fait est que les apparences ne sont pas engageantes. Quel est le Français qui n'a pas conservé le souvenir de quelque déjeuner de ferme : l'accueil de la fermière, le joyeux tapage des armoires à vaisselle qui s'ouvrent, des œufs qui grésillent dans la poêle, les cris déchirants du poulet auquel on tord le cou pendant que ses compagnons de basse-cour se sauvent effarés à travers les tas de fumier? Ici, rien de tout cela. La fermière est revêtue d'un peignoir en calicot jaune, ou plutôt qui a dû être jaune, car il est tellement taché, passé et déguenillé, que la couleur est indécise; elle est étendue sur un *rocking-chair* pendant que son mari, un affreux petit homme qui ne lui arrive pas à l'épaule, fume sa pipe sur l'unique chaise de la maison. Cependant elle daigne se lever pour allumer du feu dans son poêle et donner à M... six œufs. Il y a bien aussi du lard qu'elle sort d'une boîte à conserves de Chicago, mais il est si rance et mal odorant que nous aimons mieux nous en passer. Après cet effort, elle se rassoit et recommence sa conversation avec Parker.

Cette grande belle fille, si sale, ressemble si peu à une fermière, que je m'amuse à mon tour à la faire causer. Il y a un an qu'elle est mariée et qu'elle habite ici. Son père, un capitaine quelconque, pourvu de huit enfants, est aussi venu s'établir dans les environs. Mais il s'occupe moins d'agriculture que de chasser des buffalos, des loups et des ours dont il vend les peaux. L'année dernière, il a tué deux cents buffalos.

Son mari, Écossais d'origine, mais né en Amérique, est venu des États de l'Est avec quelque argent; il a maintenant une centaine d'acres de blé; je vois le champ par la fenêtre; la récolte est un peu moins avancée qu'elle ne le serait chez nous, cependant la moisson se fera en juillet. Elle n'a pas une merveilleuse apparence, mais, dans un pays où la livre de farine s'est vendue jusqu'à vingt-cinq cents (1 fr. 25) et jamais moins de quinze, on se tire toujours d'affaire. Il a aussi une vingtaine de vaches laitières. C'est le mari qui les trait et qui fait le beurre, qu'on vend 3 fr. 75 la livre en hiver et un peu moins en été. Mais on n'en fait pas beaucoup, parce que c'est trop fatigant; cependant la vente est assurée, les mineurs achètent tout ce qu'on leur apporte. Les vaches sont superbes; elles donnent jusqu'à vingt-huit litres de lait (sept gallons). Je la plaisante sur sa fainéantise.

— Est-ce que c'est votre mari qui fait la cuisine?

— Oh! les Écossais sont si difficiles! Il veut manger de la soupe : ma foi, je la lui laisse faire. Les Américains se contentent de pommes de terre bouillies et de tranches de lard frites : c'est tout de suite fait.

— On nous a dit à Rapid-City qu'il venait d'arriver dans le pays des missionnaires mormons. Est-ce que vous n'avez pas peur que votre mari ne se convertisse et ne prenne une seconde femme pour lui faire la cuisine? Justement la maison est grande, et il gagne de l'argent.

— Ah! je voudrais bien voir cela; ils n'ont qu'à venir; il n'y a pas de maison trop grande pour moi. Quand mon mari aura gagné beaucoup d'argent, il me mènera à Paris, et alors j'en aurai une encore bien plus grande.

— Au fait, de quelle religion êtes-vous? (*What church do you belong to?*)

— Moi! je ne suis d'aucune. (*I aint of no church.*)

Et tout en causant, l'aimable enfant décroche une natte de faux cheveux pendue à la porte et la peigne avec un adorable abandon.

Nous avons avalé nos six œufs; comme c'est tout

ce que nous pouvons espérer, nous sellons nos chevaux, qui, eux, du moins, ont eu un peu d'avoine, et nous nous disposons à repartir après avoir payé la note, six dollars (trente francs)! Décidément l'hospitalité écossaise n'est pas comme le vin de Bordeaux : elle ne gagne pas à voyager.

En fidèle historiographe, je dois reconnaître qu'à partir de ce moment une légère mélancolie s'est emparée du personnel de l'expédition. Nos estomacs, déplorablement lestés, protestent énergiquement. Le chemin est exécrable, nous remontons le cours d'une petite rivière. Elle décrit dans la vallée des méandres gracieux sans doute, mais qui ont le tort grave d'intercepter la route tous les cent mètres. Nos chevaux depuis vingt-quatre heures n'ont pas eu beaucoup plus à manger que leurs bons maîtres; ils perdent courage et ne marchent plus qu'excités par de vigoureux coups d'éperons. Le passage de chaque gué est signalé par une péripétie nouvelle; M... lui-même est sur le point de se démoraliser! Il signale à son thermomètre 32 degrés, et se contente de remarquer sans conviction que cette température-là est bien utile pour nous sécher après chaque bain.

Parker a perdu beaucoup de son autorité comme guide. On lui reproche amèrement, d'une part, son erreur d'hier, qui nous a valu une nuit à la belle étoile; de l'autre, certaines tendances par trop chevaleresques à l'endroit du beau sexe, qui ont eu pour résultat le long détour de ce matin et le funeste déjeuner qui en a été la conséquence. Cependant un interrogatoire sévèrement conduit nous ayant révélé que nous sommes encore à une quarantaine de kilomètres du fort Meade, il est décidé à l'unanimité que nos chevaux étant manifestement incapables de nous mener jusque-là, il est urgent de changer notre itinéraire, si nous ne voulons pas avoir le sort des naufragés de la *Méduse*. Il y a, paraît-il, dans une vallée voisine une ferme dont nous ne sommes guère qu'à une vingtaine de kilomètres et où nous trouverons quelque chose à manger. M... se fait décrire la fermière. Il paraît qu'elle est laide. Parker, qui est la bienveillance même, ne peut lui accorder qu'un son de voix d'une douceur infinie. Cela nous rassure. Nous nous mettons en route pour Hilly-ranch.

Quatre ou cinq heures douloureuses. De temps en temps la rivière devient marais. Les malheureux chevaux, enfoncés jusqu'au ventre dans une tourbe noire, n'avancent que par bonds convulsifs, et puis il faut grimper des côtes à pic à travers une forêt de sapins brûlés. Les gros troncs, à moitié carbonisés, sont couchés en travers; d'autres, presque entièrement brûlés du pied, ne tiennent plus en l'air que par un miracle d'équilibre. J'en fais tomber deux ou trois en les poussant avec la main.

Au point de vue de la sylviculture, il se passe ici un fait intéressant. D'ordinaire, quand une forêt de résineux est brûlée, ou bien il ne repousse rien, ou bien elle est remplacée par d'autres essences; mais c'est une règle générale que les mêmes essences ne se succèdent pas immédiatement. Dans les pays tropicaux, cette règle est absolue. Toutes les fois que le sol d'une forêt vierge est mis à nu par un incendie, c'est un taillis de bambous, et rien que des bambous qui repoussent. Ici, la repousse est de même essence que l'ancien bois; ce sont des pins d'Écosse qui poussent vigoureusement.

— A en juger par leur âge, l'incendie, survenu probablement dans quelque guerre indienne ou simplement par accident, doit remonter à une quinzaine d'années.

Je me fais expliquer par Parker quel est le régime forestier du Dakota. Il est admirable de simplicité et atteindra, dans un avenir relativement peu éloigné, son but, qui semble être la destruction de toutes les forêts. L'État est propriétaire de tous les terrains boisés et ne les aliène jamais : mais il autorise tout venant à prendre ce qui lui est nécessaire comme bois de construction, de charpente, de mine ou de combustible. C'est le communisme mis en pratique. Le résultat ne s'est pas fait attendre. Une noble émulation s'est mise de la partie : chacun tient à honneur de couper plus de bois que son voisin. Le gaspillage est prodigieux. Je regardais ce matin les clôtures de notre ami Mac Donnell. Elles se composent d'un véritable mur fermé de trois gros sapins de cinquante à soixante centimètres de diamètre, séparé par des billots de bois de même dimension qui leur servent de coussinets. Ces clôtures durent fort peu de temps : à moins qu'on ne les écorce, ce qui ne se fait presque jamais, les arbres sont complétement pourris au bout de trois ou quatre ans : souvent avant, s'ils ont été coupés dans un mauvais moment.

Le gouvernement fédéral, se reconnaissant impuissant à empêcher cette destruction des forêts qui va s'accélérant chaque année, s'est avisé d'un moyen qui a une certaine efficacité.

Chaque citoyen américain qui n'a pas encore épuisé ce droit peut prendre, parmi les terres vacantes appartenant au gouvernement, 160 acres (environ 70 hectares), à titre de *homestead* (terre à bâtir une demeure) ; il peut encore en prendre 160 autres comme *préemption*, mot assez difficile à traduire. Pour exercer ce double droit il faut :

1° Être Américain ou déclarer l'intention de se faire naturaliser ;

2° Construire une maison sur le *homestead* et y résider d'une manière effective pendant cinq ans, ou du moins produire à toute réquisition un certificat des voisins attestant qu'on y demeure, ce qui n'est pas la même chose.

Le titre définitif donnant le droit de vendre n'est délivré qu'au bout de cinq ans. Si l'émigrant veut le faire avant ce temps, il lui faut, au préalable, acheter au gouvernement au taux officiel, soit 1 fr. 25 l'acre. Du reste, en cela comme en beaucoup d'autres choses, il existe des accommodements avec le ciel. Des milliers de *homesteads* changent de main sans que l'oncle Sam voie un cent de l'argent qui devrait lui revenir.

Aux trois cent vingt acres que l'émigrant a reçus de la sorte, il peut encore en ajouter cent soixante, à la condition de prendre l'engagement d'en planter dix, dans le cours des deux premières années, en arbres de haut jet. Ceci n'est applicable, bien entendu, qu'à la prairie ; cela s'appelle *Tree claim*. Cette mesure a eu des résultats incontestables. Quand on quitte Chicago, pendant des centaines de kilomètres les lignes de chemins de fer traversent des prairies complétement nues il y a trente ans. Maintenant elles sont couvertes de fermes, car toute la terre est occupée depuis longtemps, et l'on voit très-distinctement que chaque maison est au centre d'une futaie de trois ou quatre hectares, qui modifie de la façon la plus heureuse non-seulement l'aspect du pays, mais encore les conditions climatériques. Ce sont généralement des peupliers du Canada, des aunes, quelquefois même des chênes, qui ont été plantés ainsi; ils viennent admirablement, mais leur plantation exige quelques précautions.

Pendant que Parker nous donne toutes ces explications, nous continuons notre interminable route à travers la forêt. Jean-Leblanc est plongé dans le marasme. Dès qu'il rencontre une touffe d'herbe, il la dévore avec une voracité inouïe. A la fin, nous débouchons sur une vallée beaucoup plus large que les autres, de l'autre côté de laquelle nous distinguons quatre ou cinq baraques. Il paraît que c'est cela *Hilly-ranch*. L'aspect n'est pas engageant. De plus, il faut pour y arriver traverser un pré tellement vaseux que nous craignons un instant de n'en pas sortir; mais l'appétit nous donne des forces, et nous usons à l'égard de nos pauvres animaux d'arguments si persuasifs que nous finissons par gagner l'autre côté.

Nous allons tout droit à l'écurie. Nos malheureuses bêtes y trouvent quelques brassées de foin auxquelles elles font un accueil enthousiaste; ensuite nous entrons dans la maison, où, selon l'usage du pays, Parker nous présente cérémonieusement à tous les membres de la famille. Nous voyons d'abord un vieux à tournure minable; de grands cheveux blonds grisonnants lui tombent dans le dos; il a sur la tête un feutre troué; quant à son pantalon et à sa chemise de laine, ce sont de telles loques, qu'elles défient toute description.

— Capitaine, dit Parker gravement, ceci est le baron de Grancey.

Je salue d'un air aimable. L'homme, qui a ses deux mains dans ses poches, ne bronche pas. A la fin, il tire un petit brûle-gueule de l'horrible trou noir qui lui sert de bouche, crache, se mouche dans ses doigts, et puis, sans qu'un muscle de sa figure ne bouge :

— Ah! dit-il, comment dites-vous qu'il s'appelle? Je n'ai pas bien entendu son nom.

— Grancey, le baron Edmond de Grancey.

— Oh! baron de Grancey, enchanté de vous voir.

— Moi aussi; mais pourrions-nous avoir quelque chose à manger?

— Demandez aux femmes, je ne fais pas la cuisine!

Cette gracieuse réponse me remplit d'espoir. Nous passons dans une autre pièce; nouvelle présentation. Cette fois-ci, à deux femmes très-sales, assises dans des *rocking-chair,* comme madame Mac Donnell. La première ouvre la bouche et semble dire quelque chose, mais je n'entends qu'un petit son vague.

— N'est-ce pas? elle a un bien joli voix! me dit Parker, en français, d'un air d'extase.

La malheureuse est complètement aphone; enfin je finis par comprendre que le vieux auquel j'ai parlé d'abord et qui est, paraît-il, son beau-frère, a tué ce matin un daim, et qu'on va nous en donner un morceau. M..., auquel je communique cet heureux événement, s'épanouit aussitôt.

Hélas! trois fois hélas! au bout de dix minutes on nous apporte quelque chose de fumant dans une écuelle en fer-blanc qu'a précédé une odeur infecte. Ce sont, vérification faite, des morceaux de daim coupés au petit bonheur, à la hache, frits dans une poêle avec du lard rance fondu. M... se fait donner immédiatement la recette; il compte publier un livre qui fera suite au grand ouvrage de M. Gouffé, ancien chef de cuisine du Jockey-Club, et le complétera. Ce sera intitulé : Collection de recettes « bonnes à éviter ». Il affirme que chaque repas qu'il fait en Amérique lui fournit la matière d'un chapitre entier pour cet ouvrage, qui sera pour la cuisine de l'avenir ce qu'est en théologie le recueil des cas de conscience.

Au risque de déflorer cette grande œuvre, je me vois obligé de signaler le daim au lard rance comme une des plus exécrables choses qu'un voyageur affamé ait jamais été dans la nécessité de se mettre sous la dent.

Après le dîner et même pendant, intermède musical organisé par les moustiques du pays. Le vieux vit au milieu d'eux comme une salamandre dans le feu. Cela semble même l'exciter à la conversation. Il paraît qu'il a servi dans l'armée confédérée. Parker a porté également l'uniforme gris. Ces deux grands débris se racontent leurs campagnes pendant que j'écris mes notes au coin du feu, dans un endroit où il vient beaucoup de fumée, ce qui me fait pleurer, mais chasse un peu les moustiques.

A huit heures, le maître de la maison arrive à cheval je ne sais d'où. Il rapporte un journal qu'il vient lire à la table où j'écris, sans dire un mot à personne.

Aimable pays! plus aimables gens!

CHAPITRE III

La mercuriale des denrées dans les Black-Hills. — Les percherons en Amérique. — Uncle Sam's mine. — Galena. — Les *fighting-men* du colonel. — Les femmes américaines. — Les sirènes de Deadwood. — Wild-Bill.

Dimanche 1ᵉʳ juillet. — Hier, vers neuf heures et demie, le vieux débris des armées confédérées a tiré d'un coin un paquet de loques qui avaient bien pu être, dans le temps, des couvertures, s'est enveloppé dedans sans même retirer ses bottes, et puis s'est couché en travers de la porte après avoir pendu à deux clous, bien à portée de sa main, une carabine Winchester et un énorme revolver Colt. Cet hommage rendu à la sécurité du pays, il s'est endormi du sommeil de l'innocence. Nous commencions à nous demander s'il ne nous faudrait pas en faire autant et dans les mêmes conditions, quand Parker, qui avait disparu depuis le dîner pour aller flirter un brin avec la dame aphone, est revenu nous dire que nous aurions deux lits. Quand il a ajouté qu'il y aurait aussi des draps, nos visages se sont éclairés d'un rictus d'incrédulité (réminiscence du regretté Ponson du Terrail). C'était cependant la pure vérité, et cinq minutes après nous ronflions les poings fermés.

Ce matin, je suis réveillé d'assez bonne heure par un rayon de soleil indiscret. Le temps est splendide.

Une cinquantaine de vaches à lait sont éparpillées dans la prairie, sous ma fenêtre, mangeant à pleine goulée, comme on dit en Normandie, la bonne herbe qui pousse sur les bords de la petite rivière. L'idée d'un plongeon dans ladite rivière se présentant à mon esprit, je m'habille tout doucement pour ne pas réveiller M..., dont les ronflements font vibrer la maison. Heureusement que le vieux confédéré est déjà debout. Son grand corps maigre a l'air d'une vieille machine mal graissée, dont toutes les articulations jouent péniblement. Il est perclus de rhumatismes, comme tous les gens de ce pays. Je lui ai raconté hier que j'avais vu à Cherbourg, il y a quelque vingt ans, le combat du *Kearsage* et de l'*Alabama,* et que j'avais serré la main du capitaine Semmes. Cela paraît l'avoir bien disposé pour moi. Il ne me dit pas bonjour, mais m'adresse un petit grognement évidemment bienveillant qui doit en tenir lieu.

Je descends dans la vallée. Il y a là quatre ou cinq cents hectares de terres encloses au moyen d'abatis de sapins. Ces gens-ci doivent gagner énormément d'argent. Ils ne sont qu'à une quinzaine de milles de Deadwood, grande agglomération de six ou sept mille mineurs, qui payent leurs denrées sans regarder à l'argent. Les chiffres que j'entends citer sont stupéfiants. Le blé se vend 10 francs le bushel (35 litres), l'avoine 5 francs, les pommes de terre 5 francs, les oignons 12 fr. 50, la farine 25 francs les 100 livres, les œufs 2 fr. 50 la douzaine.

D'un autre côté, malgré la culture si sommaire, la terre rapporte beaucoup. On récolte à l'acre (40 ares) 50 bushels de froment, 60 d'orge, 110 d'avoine, 400 de pommes de terre ! Leur foin, qui ne leur coûte que

LE *CORDUROY ROAD* EST UNE INSTITUTION QUI PARAIT
SPÉCIALEMENT DESTINÉE A CASSER LES JAMBES DES CHEVAUX.

la peine de le couper et de le transporter à Deadwood, se vend de 15 à 20 centimes la *livre!* Il y a quatre ans, quand ils se sont installés ici, ils l'ont vendu jusqu'à 60 centimes, 12 cents! Il est vrai qu'officiellement, la guerre indienne venait de finir, mais des bandes couraient encore la montagne à la recherche des chevelures. L'homme qui avait construit la ferme quelques mois auparavant a pris peur, et la leur a vendue pour une paire de poneys.

Je suis obligé de renoncer à mon bain; les bords du ruisseau sont trop marécageux. Pour le traverser, on a établi ce qu'on appelle un *corduroy road,* institution qui paraît spécialement destinée à casser les jambes des chevaux. Cela consiste en rondins de la grosseur du poing qu'on place l'un contre l'autre dans un marais. Ils s'incrustent dans la boue et fournissent aux pieds une surface résistante. Voilà la théorie; elle est assez juste en ce qui concerne les hommes; quant aux chevaux, cela constitue pour eux la plus ingénieuse des chausse-trapes.

Je remonte vers la ferme, du toit de laquelle s'élève maintenant une fumée bleue, qui me fait penser au ragoût d'hier. Nos chevaux ne sont plus dans l'écurie. On les a lâchés dans le *corral :* c'est un petit enclos attenant à toutes les habitations de ce pays-ci. Jean-Leblanc m'accueille bien, malgré la nuit que je lui ai fait passer hier tout bridé; il ne me paraît pas avoir trop mauvaise opinion de moi, car il se laisse prendre sans la moindre difficulté, tandis que ses deux compagnons se sauvent à toutes jambes. Flatté de cette marque de confiance, je m'avise de vouloir le panser. Je fais un tortillon de foin artistement contourné en huit, et puis je reviens au pauvre animal; mais à peine a-t-il senti sur ses reins les débuts de cette opération extraordinaire, qu'il se met à trembler de tous ses membres. Il n'a évidemment jamais été à pareille fête. Le confédéré m'observe de son côté avec stupeur. Il est presque aussi surpris que si on lui proposait à lui-même un bain. Un voyageur expérimenté ne doit jamais choquer les idées des gens au milieu desquels il est appelé à vivre. Renonçant donc à la mienne, je jette le bouchon de foin, qui est immédiatement happé par le pauvre Jean-Leblanc, complétement rassuré.

Une douzaine de juments accompagnées de poulains de différents âges, qui vaguent en liberté autour de la maison, sont venues suivre la scène avec intérêt. Ce sont d'assez belles bêtes de demi-sang, ayant de bons membres, mais le rein trop long, comme tous les chevaux américains; en somme, d'un modèle beaucoup trop léger pour des travaux de ferme et surtout pour des charrois. J'en fais l'observation à leur maître, qui paraît plus en train de causer qu'hier. Il retire sa pipe de la bouche, et, après m'avoir regardé attentivement des pieds à la tête :

— Vous êtes Français, me dit-il.
— J'ai cet avantage.
— Vous n'êtes pas Anglais? (*You aint a Britisher?*)
— Apparemment.
— Je vais vous montrer un cheval de votre pays.

Là-dessus il me conduit dans un *paddock* séparé, d'où il fait sortir avec un orgueil non dissimulé un étalon assez mauvais, mais qui est bien réellement un demi-sang percheron. En France, la Compagnie des omnibus n'en voudrait pas; on se gausserait dans une foire du Perche d'un gars qui l'achèterait plus de huit cents francs. Là-bas, il a sailli l'année dernière cinquante juments à cinquante dollars. Il a donc rapporté quelque chose comme douze mille cinq cents francs.

La vogue des chevaux percherons est très-grande en Amérique. Les premières importations datent de 1831[1]. Mais pendant longtemps elles ne se firent que sur une toute petite échelle : les chevaux légers de race américaine étaient parfaitement appropriés aux routes rocailleuses des États de l'Est ; mais quand la colonisation se transporta dans l'Ouest, et que la culture de la prairie prit un grand développement, on reconnut bien vite qu'ils étaient absolument insuffisants. On peut affirmer qu'en Amérique il n'y pas de routes. En fait, personne n'étant chargé de leur entretien, il est aisé de se figurer ce que deviennent pendant l'hiver des chemins non empierrés, tracés au hasard à travers la vase molle des prairies. Un fermier des environs de Chicago, demeurant à cinq milles d'une station, m'a dit qu'il lui était souvent arrivé d'avoir bien de la peine à en rapporter un petit baril de *wisky*, dans un chariot attelé de deux chevaux.

Les Américains ont donc été obligés de s'adresser à l'Europe pour se fournir des chevaux de gros trait. Pendant longtemps ce fut la race écossaise du Clydesdale qui eut la faveur du public ; mais petit à petit on reconnut que ces animaux lourds, lymphatiques, chargés de graisse, sans être plus forts que nos percherons, étaient infiniment moins rapides. Aussi depuis 1870 l'importation d'étalons du Perche a pris une importance qui s'accroît chaque année et qui n'est

---

[1] Quelques importations isolées remontent même à une date bien plus ancienne. Il est à peu près prouvé que la fameuse race des trotteurs américains, connue sous le nom de *Mac Nitt's horses*, provient d'un étalon percheron amené en Amérique vers 1816.

encore qu'à son essor. En 1881, les fermiers des arrondissements de Mortagne, Alençon, Condé et lieux circonvoisins en ont vendu pour 3 millions environ ; en 1882, pour près de 7 millions. Cette année, je ne serais pas étonné qu'on arrivât à 10 millions. Une seule maison de Chicago en a apporté l'année dernière cent qui, achetés en France 4,000 francs en moyenne, lui revenaient au moins à 6,000 francs rendus en Amérique, où ils se vendent communément 3 ou 4,000 dollars. Ce mouvement est vivement secondé par une puissante association d'importateurs, qui compte déjà plusieurs centaines de membres et publie chaque annnée un *Stud-book* parfaitement tenu, qui en est à son troisième volume.

Pendant que je regarde le pseudo-percheron de mon hôte, je m'entends appeler par M..., qui a surveillé les apprêts, hélas! bien sommaires, de notre déjeuner. Nous mangeons sans conviction les restes du daim d'hier au soir, nous avalons une tasse de ce que les Américains appellent du café, nous rattrapons assez difficilement nos montures, et nous partons après avoir réglé notre dépense, qu'on veut bien n'évaluer qu'à dix dollars. C'est pour rien.

Le programme de la journée est assez chargé ; nous sommes attendus à Galena, pour y visiter deux mines d'argent dont on nous a parlé ; puis de là nous irons coucher à Deadwood. C'est encore une trentaine de milles, quelque chose comme quarante-cinq kilomètres, que nos pauvres chevaux auront dans les jambes ce soir.

La nuit et l'avoine semblent, du reste, leur avoir fait du bien ; ils nous font traverser au petit galop les taillis dont la vallée de *Hilly-ranch* est enserrée. Pendant deux heures, nous avançons d'un bon pas à travers un pays idéalement joli. Des petites *combes*, au fond desquelles coulent des ruisseaux qui se laissent à peine voir sous l'épais fouillis de rosiers en pleine fleur qui les recouvre, puis des espaces découverts, des petits coins d'herbe avec quelques arbres isolés plantés là comme dans un jardin anglais. De temps en temps, nous faisons une courte halte au sommet d'une colline plus élevée que les autres, d'où l'œil distingue les rangées de montagnes qui s'étagent les unes derrière les autres. Dans le lointain, des pics isolés se détachent en bleu ardoisé sur le ciel. Plus près, les grandes forêts de sapins recouvrent l'horizon de leur puissante végétation. Le sol particulier des forêts de résineux, ce sol élastique formé de l'accumulation de leurs petites feuilles pointues et jaunes, assourdit les pas. Nos chevaux cheminent en se faufilant entre d'énormes troncs de pins. Pour la première fois, en entrant plus loin dans une vallée un peu marécageuse, nous voyons le flanc de la montagne qui se dresse à notre gauche couvert de magnifiques *épicéas*.

Au bout de quelques instants le spectacle change; nous apercevons à nos pieds quelques maisons. C'est Brown's ville, la tête de ligne d'un chemin de fer que les propriétaires des mines de Deadwood ont construit pour amener le bois nécessaire à leur exploitation; car, dans un rayon de dix milles, ils ont déjà tout détruit; il ne reste plus un arbre, paraît-il. De fait, du point élevé où nous sommes, nous voyons distinctement en face de nous les pauvres montagnes dépouillées de leur chevelure de sapins, toutes pelées et comme honteuses de leur nudité. Elles se vengeront à leur manière. Aux premières pluies, l'eau s'écoulera en torrents entraînant les terres dans les vallées et les maisons dans la Chayenne. C'est ce qui s'est déjà passé il y a quelques semaines à Deadwood.

Au moment où nous traversons la voie étroite de ce chemin de fer, nous apercevons un train qui part dans la direction du nord. Malgré son œuvre néfaste, on ne peut s'empêcher d'admirer la somme de travail acharné et de ténacité vraiment incroyable qu'il représente. Tout ce matériel, depuis la petite locomotive jusqu'au rail, est venu à travers quatre cents milles de prairies et de montagnes en voitures à bœufs !

Trois vallées s'ouvrent devant nous : la première, à gauche, conduit à Deadwood, dont nous ne sommes plus qu'à une douzaine de milles; la suivante nous mènera à Galena; mais avant d'y aller nous remontons la troisième pendant deux kilomètres, nous dirigeant sur une jolie cascade que nous voyons briller au soleil à droite. C'est là que se trouve *Uncle Sam's mine,* une des mines que nous devons visiter. Son histoire est bien curieuse.

Un jeune Américain, nommé Weber, était venu, il y a trois ans, des États de l'Est, attiré comme bien d'autres par les histoires qu'on racontait partout de la richesse des terrains miniers dans les Black-Hills. Comme tout le monde, il arriva sans autre bagage qu'un pic, une pelle et un petit mortier à broyer le quartz. Il courut de côté et d'autre pendant deux ou trois mois, trouvant partout quelques paillettes d'or, mais nulle part rien de sérieux. Au bout de ce temps, à moitié mort de faim et de misère, il se décida à entrer aux mines de Homestake. Là, au moins, il gagnait trois ou quatre dollars par jour, de quoi vivre; mais le démon du *prospect* l'avait empoigné et le tenait ferme. Il économisait tout ce qu'il pouvait, et au bout de cinq à six semaines, dès qu'il avait de quoi acheter une grosse tranche de lard et un sac de farine, il repartait. Il recommença ainsi quatre ou cinq fois, revenant au Homestake quand il n'avait plus rien à manger.

Un soir, il rentrait de la sorte au bercail après une expédition aussi infructueuse que les précédentes, quand, se sentant trop loin de Deadwood, il prit le parti de camper sous un sapin, au pied d'un rocher, comptant repartir le lendemain de grand matin. Quand le jour vint, il ramassait déjà ses outils pour se remettre en route, lorsqu'en levant les yeux sur le rocher qui l'avait abrité, il crut distinguer une mine de quartz qui venait affleurer entre deux murailles de schiste. Un coup de pic lui prouva bientôt qu'il ne s'était pas trompé. Au bout d'une heure de travail, en abattant le schiste à droite et à gauche, il avait mis à découvert un gros bloc de quartz, à moitié translucide, dur et compacte comme du fer. Son expérience de mineur lui disait qu'il y avait là sûrement une mine sérieuse. Retournant à Deadwood, il décida son frère et deux amis à venir avec lui, et ils attaquèrent le quartz à la mine.

On était alors au milieu de l'été 1880. Les quatre hommes acharnés au travail détachaient le quartz, l'écrasaient au marteau et puis lavaient la matière dans le ruisseau. Ils gagnaient comme cela soixante-dix et quatre-vingts dollars par jour. Quand l'hiver vint, il fallut renoncer au travail du lavage, l'eau était gelée, mais ils continuèrent à amonceler des morceaux de quartz. La veine s'était enfoncée, on se trouvait au fond d'un puits de quelques mètres de profondeur. Un jour, au printemps, on venait de donner un coup de mine ; les deux Weber redescendus dans le puits envoyaient en haut des morceaux souillés de boue et de fumée qui encombraient le fond, quand un des hommes qui étaient restés à la bouche leur cria :

« Mais ce n'est pas du quartz que vous nous envoyez, c'est du schiste ! »

Les deux frères tout émus allument une bougie ; la flamme, au lieu de leur montrer les cassures blanches et nettes du quartz, n'éclaire plus que des parois lamelleuses d'un gris d'ardoise ; le schiste se montre partout, la mine est interrompue.

Pendant toute la saison, ces hommes travaillèrent ; poussant des galeries de recherche à droite et à gauche, de tous côtés, mangeant jusqu'au dernier sol ce qu'ils avaient gagné, serrant leur ceinturon quand ils avaient trop faim, mais ne se décourageant pas.

Un jour, au mois d'octobre 1880, la pioche du plus jeune rendit un son métallique. Depuis quelques semaines on poussait une galerie descendant obliquement. La bienheureuse veine était retrouvée, et les premiers échantillons amenés à la lumière la signalèrent comme plus riche que jamais. Pendant quelques jours, elle donna une proportion d'or inouïe, cinquante, soixante et soixante-dix dollars à la tonne !

Dès lors les capitalistes se montrèrent. L'un d'eux, M. Miller, de Deadwood, vint un jour leur proposer cent mille dollars et une part. Mais les quatre associés avaient foi dans leur mine. Après un moment d'hésitation, ils refusèrent. Ils parvinrent à monter eux-mêmes un moulin, utilisant la cascade qui jusqu'alors leur avait fourni l'eau pour laver. Ce moulin faisait mouvoir un pilon. C'est la seule dépense qu'ils pouvaient faire, et encore, le jour où le moulin commença à fonctionner, les quatre associés étaient endettés de quatorze cents dollars. Heureusement la chance ne les abandonna pas. La moyenne du premier mois de travail fut de cent trente dollars par jour. Il y eut même plus tard des journées de quatre cents dollars. Maintenant ils économisent sou à sou pour acheter une batterie de vingt pilons, et surtout un moteur à vapeur; car leur chute d'eau, à sec en été, gelée en hiver, ne leur donne que quatre mois de travail effectif dans l'année.

C'est l'aîné des frères Weber qui nous raconte lui-même cette histoire. C'est un grand beau garçon de trente à trente-deux ans, à la figure calme et énergique. Cet homme gagne déjà vingt ou vingt-cinq dollars par jour. Il est sûr, absolument sûr, d'avoir, dans un an ou deux, une superbe fortune qu'il pourrait escompter tout de suite. Nous l'avons trouvé en bras de chemise, pelletant les morceaux de quartz dans la cuve en fer où se meut le pilon. Une abominable masure en troncs de sapin pourris leur sert de maison; ils n'ont pas de lit et ne se nourrissent exclusivement que de lard rance qu'ils cuisinent eux-mêmes.

Axiome. — L'Américain est une merveilleuse machine à faire de l'argent, mais il ignore absolument l'art de s'en servir.

Nous descendons dans la mine où les trois autres associés sont au travail. L'installation est sommaire. Dans un coin du puits, on a placé un sapin dans lequel sont enfoncés de distance en distance des bâtons plus ou moins longs et souvent pourris. L'ours Martin, ce vieil ami de mon enfance, se plaindrait certainement à l'administration du Jardin des Plantes, ou même se mettrait en grève, si son échelle était aussi mal assurée. Nous descendons verticalement une cinquantaine de pieds, et puis encore autant par une galerie inclinée. On vient de donner un coup de mine, de sorte que l'air n'est pas trop respirable. Mais la fumée se dissipe vite, et nous voyons à nos pieds les blocs de quartz qui viennent d'être détachés.

Toutes les fois qu'on vient proposer une mine d'or à un Européen, sa première demande est toujours : « Donnez-moi un échantillon pour le faire analyser. » C'est seulement maintenant que nous comprenons l'embarras dans lequel cette question met un mineur consciencieux.

Lorsque l'or vaporisé au sein de la terre par la chaleur centrale a été projeté vers la surface par quelque convulsion intérieure, analogue à l'explosion d'une chaudière, cette vapeur a rencontré une couche solide de quartz qui l'a arrêtée. Elle a pénétré dans toutes les petites crevasses irrégulières de cette couche et s'y est solidifiée : devenant ici paillette, quand elle n'avait rencontré qu'une fissure, d'une ténuité extrême; plus loin pépite, si par hasard un défaut existait dans la couche de quartz. Plus tard, sur certains points, de nouvelles convulsions ont brisé à leur tour ces couches de quartz, les ont redressées et les ont projetées jusqu'à la surface de la terre. Ce sont ces débris qui constituent les mines d'or que nous exploitons.

D'après cette théorie, on comprend facilement que le métal soit très-inégalement réparti dans la masse cristalline qui l'enserre. Ce n'est que sur de grandes quantités qu'on peut prendre une moyenne. On dit alors : Telle mine contient deux, trois, dix, trente dollars à la tonne; mais un échantillon isolé ne signifie absolument rien. En faisant analyser un morceau de quartz dans lequel on voit une petite pépite, et en voulant conclure de la quantité trouvée le rendement de la mine, on arriverait à un chiffre extravagant.

Le mode de traitement est des plus simples : les morceaux de quartz réduits au préalable à une grosseur moyenne sont projetés à la main ou mécaniquement dans une auge en fer, dans laquelle se meut un pilon également en fer du poids de sept ou huit cents livres. Généralement une auge contient cinq de ces pilons.

Un courant d'eau, continu, qui y arrive également aide à transformer le quartz en une boue liquide qui, à travers une toile métallique recouvrant une rainure ménagée à la base de l'auge, vient couler en nappe très-mince sur une plaque de cuivre légèrement inclinée et dont la surface est rendue visqueuse par la présence du mercure versé dans l'auge à la dose de trois ou quatre cuillerées par jour. L'or mis en présence du mercure se transforme en amalgame adhérent à la plaque de cuivre, laquelle, raclée matin et soir avec une brosse en cuir, donne un produit jaunâtre et pâteux qui est un amalgame d'or. Il n'y a plus qu'à le soumettre à une haute température pour séparer de nouveau l'or du mercure et retrouver les deux métaux rendus parfaitement purs par la volatilisation du second.

Il est déjà dix heures quand nous sortons couverts de boue de l'unique galerie qui doit faire la fortune de la famille Weber. Nous serrons la main des propriétaires qui, par leur économie et leur travail, nous semblent se distinguer singulièrement de leurs voisins, et nous allons rejoindre nos chevaux, que nous avons laissés de l'autre côté de la rivière. Nous sommes attendus à Galena, et nous en sommes encore à six milles. Le pays est toujours charmant. Par bonheur, les montagnes sont si escarpées de ce côté-ci que les bûcherons de Deadwood les ont jusqu'à présent respectées. Nous passons à côté de pins qui, mesurés à 1 mètre de hauteur, nous donnent 2 mètres à 2^m,50 de tour. A chaque pas nous trouvons des traces de prospecteurs ; un puits creusé sur le sommet d'un rocher, avec son treuil tout pourri ; un tunnel effondré ouvrant sa bouche noire sur le flanc d'une montagne, et, à côté, les débris de la misérable hutte où quelque malheureux mineur venait chaque soir se coucher en sortant tout humide du trou où il espérait trouver la fortune et où, neuf fois sur dix, ou plutôt quatre-vingt-dix-neuf fois sur cent, il n'a récolté que désappointement et ruine.

Le succès d'un mineur heureux comme Weber décide des milliers d'hommes à abandonner leurs fermes ou des professions lucratives pour mener la vie des prospecteurs, et, quand une fois ils en ont tâté, ils ne la quittent plus.

Enfin vers midi nous nous trouvons à la tête d'un tout petit vallon tellement étroit qu'on pourrait presque jeter une pierre d'une montagne à l'autre. C'est là qu'est Galena : nous suivons un ruisseau qui s'y rend de cascade en cascade. Il fait un bruit argentin si appétissant, les petits bassins qu'il s'est creusés dans le roc jaune sont pleins d'une eau si claire et qui brille si bien au soleil, que, laissant nos chevaux s'ébattre dans l'herbe verte d'un pré grand comme la main qui se trouve là tout à point, nous nous mettons le plus modestement possible dans le costume de notre premier père et nous prenons le plus délicieux bain qui se puisse rêver. Après quoi, frais et dispos, nous faisons une entrée triomphale dans la ville de Galena, qui se compose d'une trentaine de maisons en planches, dont un *livery-stable*, trois ou quatre *saloons* (lisez cabarets) et deux hôtels.

En route, Parker m'a fait la leçon, car il va falloir user d'une diplomatie dont la profondeur me donne le vertige. Nous avons besoin de visiter deux mines d'argent qui sont en exploitation ici ; or voici la situation, elle est typique, elle est même épique.

Un certain colonel (qui n'est, bien sûr, pas plus colonel que moi, est-il besoin de le dire ?) a découvert sur le sommet de la montagne qui s'élève à notre droite une mine d'argent d'une richesse extraordinaire. Il a rempli les formalités nécessaires pour se l'approprier, a construit une usine fort importante pour traiter ses minerais et a trouvé moyen depuis dix-huit mois environ de leur faire rendre la modeste somme de deux mille dollars (10,000 francs) par jour. En certains mois, la moyenne s'est même élevée à trois mille dollars.

C'est alors qu'une idée lumineuse, je dirais profondément canaille, si je ne songeais pas plus tard à l'Académie, a traversé la cervelle de certains capitalistes new-yorkais. Constatant que les galeries du vaillant colonel (*the gallant colonel*), c'est le terme consacré, allaient s'épanouissant autour d'un puits central creusé au milieu de sa concession, ils se sont arrangés pour acquérir à petit bruit une zone de terrains faisant sur les flancs de la montagne le tour complet de ladite concession. Cela fait, ils ont mis des hommes à l'ouvrage et en quelques mois ont creusé une galerie circulaire destinée à enserrer le galant colonel chez lui. Au fond, c'était une opération de chantage conduite sur une grande échelle, et les New-Yorkais ne demandaient qu'une chose, c'est un arrangement qui eût amené dans leurs poches une dérivation de cette jolie cascade argentine qui coule tous les jours dans celles du colonel. Mais celui-ci était à la hauteur des circonstances. Il ne céda pas d'un pouce. Un point de droit assez obscur donne au propriétaire d'une veine *inclinée* la facilité de la suivre partout, quand il est possesseur du point où elle affleure. C'est le cas, paraît-il, du colonel, qui a déclaré avec force jurons dans tous les cabarets du lieu qu'il saurait bien faire valoir ses droits. Là-dessus il s'est occupé de recruter cinq chenapans ayant chacun à leur passif une demi-douzaine d'assassinats. Dans le pays cela n'a pas dû lui offrir de bien grandes difficultés. Ces braves gens, qu'on nourrit comme des coqs de combat, sont depuis trois mois dans la mine, jour et nuit, armés de winchesters et de revolvers. Au fur et à mesure que la galerie avance, ils établissent des traverses, épaulements et autres travaux de fortification passagère, familiers aux sapeurs-mineurs du génie, mais d'ordinaire inconnus à leurs confrères civils. Il est entendu que, dès que les galeries se croiseront, les ouvriers démasqueront la réserve et les *fighting-men* ouvriront le feu immédiatement.

Les New-Yorkais, de leur côté, n'ont pas perdu la tête. Ils ont adressé une chaleureuse allocution à leurs hommes, et ceux-ci, enthousiasmés par l'éloquence de leurs patrons, une forte distribution de wisky et la promesse d'une haute paye qui accompagnait le tout, ont déclaré qu'ils ne laisseraient à aucun étranger l'honneur de combattre les myrmidons du colonel. En conséquence, depuis ce temps-là, ils ne travaillent plus que le revolver au côté, les carabines sont déposées dans un coin, et les *fighting-men* sont prévenus qu'ils trouveront à qui parler.

Je me rappelle une réflexion qui me vint à l'esprit il y a quelques années, un soir que j'assistais à la première représentation des *Amants de Vérone*, le bel opéra de mon ami le marquis d'Ivry. Après une scène de tapage nocturne qui a dû joliment les empêcher de dormir, une foule de bons bourgeois de Vérone apparaissent sur la place abandonnée par les combattants et se font, sur un très-joli air, des confidences dont la substance est ceci : « Bon Dieu ! que ces Capulets et ces Montaigus sont donc ennuyeux ! Quel bonheur sera le nôtre quand ils se seront tous embrochés et que nous n'entendrons plus parler d'eux ! » Il me semblait qu'effectivement c'était là un côté du sujet que l'histoire avait trop négligé, et que, dans une ville aussi malheureusement divisée, la situation d'un brave homme indifférent à la querelle doit être bien désagréable. Par suite de la spéculation des New-Yorkais Montaigus et de la résistance du colonel Capulet, les citoyens paisibles de Galena, s'il y en a, se trouvent précisément dans la situation des bourgeois de Vérone. Les salons ont dû prendre parti, les auberges aussi. Le *livery-stable*, étant seul de son espèce, a pu rester neutre, mais par un miracle d'équilibre. Pendant longtemps le colonel et son fils ne sortaient qu'accompagnés d'un *fighting-man :* pas un de ceux de la mine ; ceux-là ne bougent jamais, mais un autre, engagé spécialement à cet effet. Il arriva même un jour que M. Capulet junior ayant été faire une station prolongée au cabaret et y ayant abreuvé son écuyer plus que de raison, celui-ci prit pour un Montaigu un bonhomme qui avait une discussion amicale avec son bon maître, et, voulant faire du zèle, lui envoya deux balles de revolver dans les reins. Cette affaire fit du reste un certain bruit, et, comme l'affirmait gravement la personne qui nous a conté la chose, « l'indignation du public a été telle, qu'il n'en a pas coûté moins de dix mille dollars au colonel, pour acheter le jury qui a acquitté l'homme ! »

Nous sommes reçus en entrant dans la ville par M. R..., charmant jeune homme de vingt-sept ou vingt-huit ans, qui remplit les fonctions d'ingénieur en chef, de surintendant, comme on dit ici, des travaux new-yorkais. Il nous conduit immédiatement à son auberge, où nous faisons, bien entendu, un exécrable déjeuner.

Je relève un petit fait qui peint bien le caractère des gens de ce pays. M..., après avoir exploré consciencieusement les sept ou huit soucoupes qu'on a mises devant lui et dégusté les ratatouilles sans nom qu'elles contiennent, s'est déclaré aussi affamé qu'avant l'opération. Nous avons alors timidement demandé si l'on ne pourrait pas cuire un poulet : je ne dis pas rôtir, la broche étant un instrument qui n'est usité dans ce pays que par les Sioux, quand ils ont à la fois un « visage pâle » prisonnier et le temps de le torturer à loisir. Immédiatement on nous a apporté une boîte de conserve de poulet venant de Chicago. C'était du reste fort mauvais.

Plus nous allons, et plus nous sommes surpris de l'absence complète, chez les Américaines, de goût pour les soins du ménage, notamment de ce sentiment si vif chez les Françaises, qui consiste à vouloir préparer de leurs mains toutes les conserves et menues friandises qui doivent être consommées dans la famille.

L'exécrable éducation qu'elles reçoivent en est sans doute cause. Nous voyons constamment, en Europe, des Américaines que nous savons avoir eu une origine des plus modestes et qui (après fortune faite) font bonne figure dans le monde, beaucoup meilleure que des Françaises dans la même situation. Nous en faisons honneur à l'instruction qu'elles ont reçue dans l'école de leur village, et nous avons raison. Mais nous ne voyons pas toutes celles dont les maris n'ont pas fait fortune, et que cette même éducation a rendues absolument impropres aux soins du ménage ou de la basse-cour. Elles aiment mieux acheter une boîte de poulet de conserve, ce qui est malsain d'abord et mauvais ensuite, que de se donner la peine d'avoir des poulets. Elle font venir du lard rance de Chicago, plutôt que d'élever un cochon. J'ai déjà visité sept ou huit fermes, pas une n'a de jardin ! Hier, pendant que Parker faisait l'aimable avec les femmes de Hilly-ranch, j'ai fureté dans la maison. La cuisine était d'une saleté abominable ; du linge jeté dans un coin était en loques. Les femmes elles-mêmes étaient vêtues de peignoirs en toile qui n'avaient jamais été lavés et qui étaient de véritables guenilles ; les nippes du mari étaient dans le même état. Cette petite inspection faite, je suis rentré au « salon ». Il y avait dans un coin cinq ou six livres, Tennyson, *Évangéline* de Longfellow et quelques autres du même genre. Ces dames m'ont dit que décidément elles préféraient « Marmion » au « Song of Hyawatha ». Tout en leur répondant que j'étais de leur avis, je regardais les lamentables solutions de continuité que présentaient les culottes du mari. Quand il sera millionnaire et qu'il aura un hôtel aux Champs-Élysées, sa femme tiendra peut-être fort bien son salon, mais en attendant elle ne lui rend pas beaucoup de services.

Aussitôt après déjeuner, nous nous engageons, sous

la conduite de M. R..., dans le sentier de chèvres qui conduit aux travaux. En longeant le flanc de la montagne, nous passons précisément au-dessus de la maison du colonel. Nous avons été évidemment signalés, car six ou sept individus des deux sexes sont réunis sous la varangue, et deux grosses longues-vues qu'on se passe de main en main sont braquées sur nous. Comme il entre dans les plans de Parker de nous mener tout à l'heure dans l'antre du farouche colonel, nous défilons sous le feu de ces regards en prenant une attitude modeste, également éloignée d'une forfanterie blâmable et d'une timidité exagérée, priant Dieu et notre saint patron qu'il leur plaise d'éloigner de l'esprit de ce vindicatif guerrier l'idée d'ouvrir les hostilités en ce moment, car nos personnes se détachant sur le fond gris du rocher offriraient à ses satellites un but d'une netteté déplorable. Notre prière est sans doute exaucée, car nous atteignons l'orifice du puits sans qu'aucune balle de Winchester soit venue siffler à nos oreilles, et nous y descendons le cœur reconnaissant par une échelle moins primitive que celle de nos amis d'*Uncle Sam*.

Les New-Yorkais ont bien fait les choses et ne ménagent pas l'argent ; cinquante-cinq mille dollars ont déjà été dépensés sans un sou de revenu bien entendu, car on n'a pas encore trouvé un kilogramme de minerai. Et jusqu'à présent, il semble qu'il n'y a guère de chances pour couper la veine du colonel en dehors de la verticale, passant par les limites de sa concession, bien qu'on soit déjà à cent pieds de profondeur. Cependant nous entendons très-distinctement les coups de pic de ses ouvriers, mais le rocher de gneiss dans lequel nous nous trouvons est si compacte que la distance qui nous sépare est peut-être assez grande encore. En tout cas, nous ne serons pas témoins du combat épique qu'on annonce pour le jour de la rencontre et auquel semblent se disposer de très-bonne grâce les trois mineurs qui travaillent en ce moment. Ce sont des gaillards à la mine truculente; et j'estime que les spadassins du colonel trouveront à qui parler. Selon l'usage, on nous présente à eux; ils nous serrent la main vigoureusement, après quoi nous allons jeter un coup d'œil à la galerie tortueuse qui contourne la mine d'argent, hélas! sans la rencontrer, et nous escaladons les quatre énormes échelles qui nous ramènent des ténèbres et aussi de la fraîcheur intérieure au clair soleil et aux trente-cinq degrés qu'il entretient à la surface.

Avant de redescendre, nous nous arrêtons un instant pour souffler; les beaux sapins qui nous entourent s'agitent doucement à la brise; l'air est embaumé du parfum des roses; une foule de petits écureuils noirs, appelés *wood-chucks* dans le pays, gambadent autour de nous. Une petite cascade coule à nos pieds, allant rejoindre le cours d'eau de la vallée presque devant la maison blanche du colonel qui sort toute brillante de l'ombre des grands arbres. Comme tout cela est joli, et quel vilain métier que celui de ces pauvres diables de mineurs dont nous entendons les coups sourds venir à nous par le puits!

Nous disons adieu à M. R..., au moins pour quelques instants, car il est décidé que nous allons rendre visite au colonel, où, naturellement, il ne nous accompagnera pas. Pour arriver chez ce dernier, nous n'avons que vingt minutes de marche par un sentier à pic que nous dégringolons moitié marchant, moitié roulant, précédés par tous les cailloux du chemin auxquels nous donnons la volée. Aussi notre marche est bien vite signalée. Les femmes disparaissent, et, quand nous arrivons devant la varangue de la maison, nous n'avons plus devant nous que le redoutable colonel et son inévitable *fighting-man*, qui, assis dans des fauteuils en bois, les pieds à cinquante centimètres au-dessus du niveau de leur tête, chiquent avec l'air solennel et emprunté de gens qui ne veulent pas avoir l'air de s'attendre à une visite peu agréable.

Le colonel est un petit homme d'une cinquantaine d'années, dont la sociabilité ne semble pas le défaut dominant. Le peu de cheveux qui lui restent et les quelques poils roux teintés de blanc qui constituent sa moustache paraissent avoir les mêmes dispositions, car ils se séparent les uns des autres et se hérissent chacun à sa place d'une manière vraiment inquiétante. Quant au *fighting-man*, que je contemple avec une certaine curiosité, il a une énorme moustache comme sa profession l'exige, mais, au demeurant, il a l'air d'un brave homme. Je ne sais si c'est celui qui a coûté si cher à son patron, mais j'incline à croire, sur sa mine, que l'autre aura été cassé aux gages, et que celui-ci n'est qu'un successeur qu'on aura choisi trop pacifique, car une sage moyenne est difficile à trouver dans le choix d'un *fighting-man* comme en autre chose.

C'est Parker, l'homme des formes insinuantes, qui porte la parole. Il commence par faire une présentation en règle, qui n'est accueillie que par un grognement de mauvais augure. Voyant qu'on ne m'en offre pas, je prends une chaise; le petit œil du colonel ne me quitte plus. Sans se décourager, Parker revient à la charge.

— Ces gentlemen, visitant le pays, désirent voir toutes les mines principales. M. R...

— M. R... est le fils d'une chienne ! rugit le colonel.

Il faut être Anglais ou Américain pour comprendre l'énormité d'un pareil propos. Un grand silence se fait.

— ...Et il ne restera pas longtemps dans le pays, continue l'irascible guerrier.

Il me semble qu'il est temps de s'interposer :

— Nous non plus, colonel, dis-je d'un air aimable; c'est pourquoi avant de partir nous aurions été désolés de ne pas présenter nos devoirs à un homme dont tout le monde nous a parlé comme du pionnier de la civilisation dans ces montagnes.

Il faut toujours dire à un Américain qu'il est le pionnier de quelque chose ou le citoyen « proéminent », *prominent citizen,* de quelque part. La recette est infaillible. Au bout de cinq minutes, le colonel et moi, nous bavardons comme de vieux amis. Je lui dis, ce qui est vrai, que je trouve au moins léger le tour qu'on veut lui jouer, que M. R... me fait l'effet d'un charmant jeune homme fort instruit et très-bien élevé, qui n'est pas responsable des procédés de ses patrons, et que d'ailleurs tout ce qu'ils feront n'arrivera qu'à mettre encore en lumière l'indomptable énergie de l'homme qui a découvert *Spotted-Tail's mine;* c'est le nom de la mine.

Le colonel devient de plus en plus aimable. Il nous montre sa recette de la semaine, représentée par un nombre respectable de lingots d'argent qui viennent de sortir du four. Malheureusement, il ne peut pas nous mener dans sa mine, car on a mis bas le travail pour cause de réparations au puits; mais il nous exhibe tous ses échantillons, qui sont des plus curieux. L'argent se présente sous forme de sulfure, par couches énormes dans lesquelles il n'y a qu'à creuser. Certains blocs sont si riches, qu'ils ont une apparence cristalline. La moyenne du rendement est de 1,070 onces à la tonne de minerai, quelque chose comme 8,000 francs. Certains échantillons ont donné jusqu'à 8,170 onces.

Il nous mène ensuite visiter l'usine fort bien montée où se traite le minerai. Nous voyons les broyeurs, les fours à griller; mais le temps nous presse, et il faut nous arracher des bras de l'excellent colonel qui est devenu notre meilleur ami.

Il fait encore très-chaud; aussi, avant de nous laisser partir, il veut absolument nous emmener un instant chez lui, et là, cordialement, il nous offre à chacun un grand verre d'une excellente eau très-claire et très-fraîche, il insiste même pour que nous y revenions. C'est le dernier mot de l'hospitalité dans ce pays du *teetotalism*. Il faudra que j'essaye un jour avec un fermier normand de ce genre d'accueil.

Nous rejoignons bien vite notre auberge, où nous retrouvons M. R... La société est augmentée d'un journaliste de Deadwood qui est venu faire une promenade à cheval en compagnie de la maîtresse d'école. Ils repartent après un petit lunch. Je ne sais si l'équitation fait partie du programme d'instruction des demoiselles du pays; leur professeur ne me semble pas de première force.

Trois quarts d'heure après, nous prenons le même chemin, après avoir vidé, par principe, mais sans plaisir, six ou sept des petites soucoupes qu'on a placées devant nous, et qui sont de tous points dignes de fournir à M... le sujet d'un nouveau chapitre.

Il est plus de six heures quand nous nous mettons en route, accompagnés, un bout de chemin, par M. R..., auquel nous disons adieu en le remerciant de la façon toute cordiale dont on nous a fait les honneurs de Galena ; puis nous pressons le pas ; il nous a prévenus que la route, ravinée par les dernières pluies, est particulièrement mauvaise, ce qui ne laisse pas que de nous inquiéter, car nous avons quelque dix milles à faire.

Au bout de deux heures, il fait noir ; nous sommes au fond d'un vallon, dont nous sortons pour grimper une montagne toute droite, et puis nous retombons dans un autre vallon ; mais il fait tellement sombre qu'il nous est impossible de voir où nos chevaux mettent leurs pieds. Les braves bêtes marchent cependant le nez par terre avec une sûreté admirable. Souvent elles entrent dans l'eau jusqu'au ventre. Enfin, vers onze heures, nous arrivons sur un petit plateau d'où Parker nous montre au-dessous de nous une masse de lumières ; nous sommes à Deadwood, ou plutôt nous allons y être ; mais l'entrée n'est pas facile.

D'abord il nous faut gagner la vallée. La côte est tellement à pic, que je prends le parti de descendre de cheval et de lui prendre la queue, lui laissant le soin de me conduire. Nous marchons ainsi quelque temps. Tout à coup j'entends un bruit de planches résonner sous ses sabots ; il fait un bond en arrière en me bousculant ; je me baisse, et avec ma main je tâte pour me rendre compte de ce que peut faire là cette planche.

— Faites donc attention! me dit Parker, qui est à côté de moi; vous êtes sur un toit!

C'est la pure vérité. Je suis arrivé sur le toit d'une sorte de magasin adossé au mur. Nous le contournons et nous arrivons sur le bord d'une rivière. Parker inquiet cherche un pont et hèle un homme qui passe de l'autre côté.

— Le pont? répond celui-ci; il a été enlevé avant-hier!

Par bonheur, on a installé pour les piétons une passerelle. Elle se compose d'une planche épaisse, qui repose sur deux tréteaux. Nous sommes si fatigués, et l'idée d'un passage à gué, compliqué d'un bain froid, nous séduit si peu, que l'un de nous propose d'essayer de faire passer les chevaux sur la passerelle. Jean-Leblanc, dont les talents acrobatiques commencent à faire l'admiration de tous, comprend ce qu'on lui demande, mais hésite un peu. Il met un pied, puis flaire le bois humide, souffle bruyamment; enfin il se décide, et les autres le suivent.

Brusquement, de l'autre côté, nous nous trouvons dans une rue large, brillamment éclairée. Je me crois un instant dans une ville chinoise. A toutes les maisons pendent des écriteaux recommandant au public Ah-Chin comme blanchisseur, ou Wan-Loo-Ting comme tailleur; à toutes les portes, malgré l'heure avancée, on voit des « Célestes » criant, gesticulant ou bien prenant le frais, assis sur leurs talons, la queue enroulée autour de leur crâne jaune. Une vague odeur d'opium parfume l'air. Un peu plus loin, la scène change. Nous quittons le faubourg chinois pour entrer dans la ville. Sur trois des maisons en planches qui bordent la rue, il y en a deux qui sont occupées par des bars; les trottoirs en bois sont encombrés de mineurs ou de cow-boys en grandes bottes, assis les pieds en l'air. Par les fenêtres, on en voit d'autres debout devant le comptoir, buvant sans mot dire les verres de wisky que leur verse un *bar-keeper* en chemise blanche, bien coiffé, des bagues au doigt. Çà et là des femmes, qui boivent aussi. Aux fenêtres du premier étage il y en a une foule d'autres qui interpellent les passants. L'une d'elles nous crie :

— *Hollo! boys! stop a bit, shall I throw you my key?* (Arrêtez donc! voulez-vous que je vous jette ma clef?)

Nous serions désolés de priver cette pauvre demoiselle d'un objet dont elle semble faire un si bon usage; aussi nous pressons le pas, tout en nous remémorant quelques déclamations vertueuses du *New-York-Herald* sur les scandales des boulevards de Paris. Enfin nous arrivons à Wentworth-house, où le propriétaire, M. Cornell, qui nous attend, nous accueille comme de vieux amis.

2 juillet. — C'est au printemps de 1876 que l'existence de l'or dans les trois ou quatre vallons qui aboutissent à Deadwood fut officiellement constatée. L'émigration y accourut, et vers le mois de juillet la ville comptait déjà sept mille habitants. Elle n'en a plus guère que six mille.

Comme toutes les villes de la frontière, celle-ci a eu une enfance orageuse. La marée montante de la civilisation a, comme celle de la mer, une écume, et c'est par cette écume que toutes les deux signalent leur arrivée. Les nouveaux venus, mineurs que le juge Lynch avait chassés des placers californiens, trafiquants indiens ou cabaretiers en rupture de créanciers, tous gens aimant les aventures, ne pouvaient pas se plaindre de trouver ici une vie trop monotone. Il n'arrivait guère de convois qui n'eussent échangé quelques coups de fusil avec les partis indiens qui couraient la prairie. Les Sioux pénétraient même constamment jusque dans les montagnes, et des hommes furent scalpés près des premières maisons. En 1876, il y eut trente-cinq ou quarante victimes officiellement constatées, mais on ne saura jamais le nombre de ceux qui, surpris isolément, devraient grossir cette funèbre liste. On ne fut complétement à l'abri des Indiens qu'à partir de 1879.

La présence de l'ennemi commun n'empêchait pas, bien entendu, les amateurs d'émotions fortes de s'entretenir la main par des menus massacres entre amis, sur une petite échelle. Quelques duels à la carabine ont laissé un brillant souvenir. C'est encore à Deadwood qu'une fin prématurée arracha à l'estime de ses compatriotes un des personnages les plus sympathiques de la frontière. Ce galant homme s'appelait de son vrai nom J. B. Hicock; mais il était plus connu sous celui de Wild Bill. Chasseur d'Indiens de son métier, il se chargeait, à forfait, de la destruction des Sioux : tant pour une chevelure d'homme, tant pour une femme, tant pour un enfant. D'autres fois, aidé de quelques associés, il tombait sur quelque village d'Indiens amis, et, profitant du moment où les hommes étaient absents, prenait les chevaux et allait les vendre. Comme toutes les autres, cette profession a ses moments de morte saison. Ces moments-là, Wild Bill les passait à Deadwood, racontant ses hauts faits aux auditeurs sympathiques qu'il rencontrait dans chaque *bar-room*.

Un jour, il entra dans un cabaret nouvellement ouvert tenu par un Californien nommé Jack Mac Call. Celui-ci se tenait derrière son comptoir, contre lequel vint s'appuyer Wild Bill déjà à moitié ivre.

— Un verre de wisky, demanda-t-il.

— Montrez d'abord votre argent, répondit l'autre.

— Mon argent, je n'en ai plus, mais tenez, voilà une chevelure de squaw qui vaut dix dollars.

Et il jeta un paquet de cheveux noirs adhérant à une peau encore sanguinolente qu'il tira de sa poche.

— Je veux de l'argent, reprit Mac Call froidement.

Tout le monde regardait; on sentait qu'il allait se passer quelque chose d'intéressant. Wild Bill semblait cependant de bonne humeur. Il partit d'un grand éclat de rire.

— Vrai, mon petit Tenderfoot (pied tendre)! vous ne voulez pas donner un verre de wisky au pauvre Wild Bill?

— Non.

Il se pencha en avant, attrapa Mac Call par les cheveux, et, lui mettant le bout de son revolver sous le nez :

— Allons, dit-il, il faut donc employer les grands moyens.

Mac Call le regarda un instant, puis il prit un verre et le poussa devant Wild Bill. Celui-ci, le voyant céder, lâcha sa tête, mais gardant le revolver à la main, il fit un signe de triomphe du côté des spectateurs. Ceux-ci riaient.

Mac Call s'était baissé pour prendre la bouteille de wisky sous le comptoir; on ne le voyait plus. Tout à coup on entendit trois détonations, puis un hurlement. Wild Bill fit un tour sur lui-même et tomba roide.

Mac Call avait pris un revolver sous le comptoir et, à travers la planche de la devanture, lui avait envoyé trois balles dans le ventre.

Wild Bill faisait peur, mais il n'était pas aimé. Séance tenante, on forma un jury; deux avocats amateurs se trouvèrent également parmi les consommateurs. Les rôles se partagèrent à l'amiable. L'un parla au nom de la victime, l'autre servit de défenseur à Mac Call, qui, toujours derrière son comptoir, fumait un cigare. Jurés et avocats expédièrent les choses lestement. Une demi-heure après le meurtre, le président du jury sortait de l'arrière-boutique où il s'était retiré avec ses collègues et déclarait Mac Call blanc comme neige; après quoi celui-ci fut invité à abreuver toute l'honorable société, ce qu'il fit d'ailleurs de fort bonne grâce, et la quantité de *gum ticklers*, d'*eye openers*, de *corpse revivers* et autres boissons chères aux Yankees, qui fut absorbée ce jour-là, eût suffi à faire flotter une embarcation de belle dimension.

Les légistes du pays admirèrent beaucoup la régularité avec laquelle les choses s'étaient passées, et tout le monde estimait l'incident clos, lorsqu'au mois de mars 1877 on apprit une nouvelle si étrange, que pendant longtemps personne ne voulut y croire. Mac Call, passant à Yanktown, y avait rencontré un juge fédéral qui l'avait fait arrêter. Il s'était trouvé, pour comble de malheur, tomber sur un jury farouche et un shérif incorruptible, et avait été pendu haut et court. Le plus singulier de l'affaire, et quelque invraisemblables qu'en fussent les détails, la nouvelle se trouva être vraie.

Ces souvenirs sont maintenant bien vieux. Les Sioux ne viennent plus guère rôder dans les environs. De temps en temps un cow-boy ou un mineur ivre tire, en signe de joie, quelques coups de revolver dans la rue, et la balle attrape un passant, mais c'est sans malice et uniquement par manière de passe-temps. On a aussi lynché cinq ou six hommes ces années dernières, et c'est avec un sincère regret que les lyncheurs ont reconnu, une fois le coup fait, qu'ils s'étaient trompés d'homme, la chose s'étant passée de nuit. Mais, au demeurant, de l'avis général, la bonne ville de Deadwood est maintenant une des plus tranquilles et des mieux gouvernées qu'on puisse trouver à cent lieues à la ronde. Elle a seulement eu ses maladies de croissance comme toutes les autres villes américaines, dont elle a du reste passé par les épreuves ordinaires. Les premières constructions étaient des *log-houses*; un violent incendie ayant tout brûlé, on a rebâti en planches; au prochain, qui ne tardera probablement guère, la brique remplacera le bois. C'est toujours ainsi que les choses se passent.

La première impression que nous avons eue, en descendant de nos chambres ce matin, a été bonne. La ville est tellement resserrée entre deux collines, qu'elle ne se compose que d'une rue unique. Il y a sept ou huit grands hôtels dont les varangues ont déjà, à neuf heures du matin, leur contingent habituel de flâneurs qui fument leur pipe les pieds en l'air. Nous avisons un établissement de cireur de souliers indiqué par un beau fauteuil installé en face d'une boîte de décrotteur. M..., dont les instincts d'élégance souffrent cruellement du désordre de nos toilettes, ne résiste pas à cette invite et s'installe dans le fauteuil, attendant patiemment le décrotteur. Un des fumeurs, d'aspect bienveillant, retire sa pipe, crache à dix pas avec une habileté extraordinaire, et puis :

— *All right! stranger!* Attendez un peu, le gentleman va venir.

Au même moment, un monsieur plus élégant que les autres apparaît à la porte d'un *saloon*, un journal à la main.

— Bob! crie notre nouvel ami, voilà un homme (*a man*) qui vous demande.

— Tiens, dit M..., qui depuis quelques jours fait des progrès extraordinaires en anglais, moi qui croyais que tout le monde était égal en Amérique!

Bob arrive avec son journal, le plie négligemment, allume un cigare, regarde un instant les nuages qui passent sur nos têtes et puis un chien qui circule dans la rue, après quoi il saisit le pied de M... d'une main, sa brosse de l'autre, et opère tant bien que mal son office : vingt-cinq sols, c'est vraiment pour rien.

Ce matin, nous avons affaire dans les banques. Il y en a deux principales : *The first National Bank of Deadwood* et *The merchants National Bank*. Toutes les deux ont été fondées, il y a quatre ans, au capital de dix mille dollars, mais bientôt il a fallu doubler et puis encore augmenter ce chiffre. Maintenant elles en sont toutes deux à cent mille dollars de capital, avec des réserves qui s'élèvent, pour la première, à sept mille cinq cents dollars, et la seconde, à quatre mille dollars. Elles ont constamment donné de 35 à 42 pour 100 de dividende à leurs actionnaires, en opérant avec la plus grande prudence.

Ces chiffres, qui nous semblent fabuleux, s'expliquent facilement. *This is not poor man's country* (un homme pauvre ne peut rien faire ici) est un dicton favori qui ne renferme qu'une stricte vérité; sans capital, un homme ne peut rien; mais le moindre capital rapportera des intérêts invraisemblables à celui qui saura l'employer. Prenons, par exemple, un *ranch-man*. Il a employé une centaine de mille francs à l'acquisition d'un troupeau et s'est établi dans un *ranch* à sa convenance. Il n'est pas propriétaire de la terre qu'il occupe, elle appartient au gouvernement. Un beau jour, il voit arriver un convoi d'émigrants qui viennent exercer leurs droits et prendre les meilleures terres de son *ranch* pour les mettre en culture. Il lui faut déguerpir et aller quelquefois à trois ou quatre cents milles choisir un autre *ranch*, d'où il sera encore chassé à bref délai par la marée montante de l'émigration. C'est donc pour lui une affaire de vie ou de mort. Il n'a qu'une manière de se tirer d'affaire : c'est de se rendre acquéreur au moins de toutes celles des terres qu'il occupe, qui peuvent être bonnes pour la culture; mais, pour faire cette opération, il lui faut aller trouver le banquier, qui lui avancera l'argent à 3 pour 100 par mois en prenant hypothèque sur la terre achetée d'abord, sur le troupeau ensuite. Les deux font une excellente affaire.

Ce qui nous confond, c'est que ces énormes profits ne tentent pas la concurrence. Le Far-West est étonnamment peu connu à New-York. Nous l'avions déjà remarqué quand nous étions dans cette ville il y a quinze jours. Nous avions toutes les peines du monde à avoir les renseignements les plus simples, et nous constatons tous les jours que la plupart de ceux qu'on nous donnait de la meilleure foi du monde et avec la bonne volonté la plus évidente étaient absolument faux. Il y a bien décidément deux peuples en Amérique qui sont séparés par les Alleghany; tous les jours ils deviendront plus étrangers l'un à l'autre.

Le directeur du *First national,* ce qu'on appelle ici le *cashier,* M. Alvin Fox, nous reçoit avec une cordialité extrême, dans un beau bureau qu'orne une splendide tête naturalisée du grand élan des Montagnes Rocheuses. Sur la table, un sac rempli de pépites laisse ruisseler son contenu au milieu des registres; c'est le produit du travail d'une semaine d'un placer du voisinage. L'achat de l'or est encore une des sources de revenu des banques, et ce n'est pas un des moindres.

CHAPITRE IV

Les grandes mines de Deadwood. — Ce que coûte l'absence de gendarmes. — Caledonia. — Une soirée à Deadwood. — Les Jésuites en Amérique.

Nos affaires terminées, nous rentrons à l'hôtel en flânant. Deadwood a vraiment bon air. Les boutiques sont grandes, bien fournies; les clients ne manquent pas, même à cette heure matinale, à en juger par les groupes de chevaux tout sellés qui stationnent devant les varangues. Dans les *saloons* il y a foule. M... me fait remarquer combien tous ces gens se ressemblent. Même barbe longue et mal peignée, des chemises de laine et des pantalons qui suffiraient pour composer un musée de minéralogie, car on pourrait retrouver dans leurs plis des échantillons de crotte venant de toutes les mines du voisinage. Tous ces hommes ont l'air fatigué et vieux avant l'âge; leurs grands corps maigres flottent dans leurs vêtements. A les voir avaler silencieusement d'un geste automatique leurs verres de *wisky*, on devine de longues nuits passées dans la prairie sous la pluie ou au fond d'une mine humide, la nourriture insuffisante et, comme conséquence, les estomacs délabrés et l'ivrognerie périodique pendant les séjours dans les lieux habités.

Le propriétaire de Wentworth house, M. Cornell, se met en quatre pour nous être agréable. Son hôtel a déjà brûlé une fois et a failli dernièrement être emporté par les eaux ; mais il paraît se soucier peu de ces minimes incidents, et nous recommande surtout de parler de son hôtel à nos amis de Paris. Voilà la commission faite.

Vers dix heures, nous allons au *livery-stable* chercher nos chevaux pour visiter les mines. Nous y sommes rejoints par M. Dickerman, un jeune ingénieur qui, avec une bonne grâce parfaite, a voulu nous faire les honneurs du pays où il habite avec sa famille depuis deux ans.

Nous nous mettons en route en longeant la rivière. C'est le Deadwood creek que nous avons traversé cette nuit sur une passerelle. Les montagnes dénudées de leurs forêts ne conservent plus les eaux de pluie ; aussi cette petite rivière, dont le débit était autrefois presque uniforme, devient maintenant un vrai torrent dès qu'il tombe une averse un peu forte. C'est ce qui est arrivé il y a trois ou quatre semaines ; elle en a profité pour culbuter tout un quartier de Deadwood que nous traversons. J'admire de nouveau l'incroyable habileté des charpentiers américains. Toutes ces maisons, faites uniquement en planches et en madriers de sapin, sans un clou, sont tellement bien ajustées, les écarts sont tellement solides, que, renversées sur le côté, elles demeurent absolument intactes ; et je ne parle pas de toutes petites baraques, je parle de maisons ayant un étage et une douzaine de mètres de façade.

Nous traversons successivement trois villages, Gay Ville, Central City et Lead City. Ce sont des rassemblements de maisons groupées autour des quatre principales mines : Homestake, Deadwood terra, de Smet et Highland. Nous allons tout de suite à la première, qui est à la fois la plus éloignée et la plus importante.

M. Gregg, le superintendant, nous accueille à merveille. Après avoir fait mettre nos chevaux dans une écurie de la Compagnie, il nous emmène dans son bureau pour nous montrer les plans de sa mine, ou plutôt de ses mines, car c'est maintenant lui qui dirige les quatre grandes mines. Primitivement il était seulement l'ingénieur de Homestake; mais depuis, un arrangement étant intervenu entre les différents conseils d'administration, il a pris la direction des autres, bien que les Compagnies restent tout à fait distinctes. C'est encore là une combinaison qui aurait peu de chance de réussir chez nous. Mais dans ce pays, dans la vie militaire comme dans la vie industrielle, les états-majors sont réduits à leur plus simple expression : ce qui a de très-bons côtés avec quelques inconvénients. Hier, à Galena, je m'étonnais déjà en voyant M. R... chargé à lui tout seul de la direction des travaux, des analyses, de la comptabilité et de la paye. Ici, dans une mine en pleine activité, comportant un immense matériel et un personnel de six cents ouvriers, l'administration se compose seulement de deux personnes, M. Gregg et un secrétaire dessinateur.

La mine de Homestake, découverte en 1876 par deux frères, d'origine française, nommés Emmanuel, fut vendue par eux quarante-cinq mille dollars à des spéculateurs qui la revendirent à des capitalistes californiens moyennant la somme de cent vingt mille dollars. Ceux-ci formèrent immédiatement une Compagnie qui émit cent mille actions sur chacune desquelles on appela un capital inférieur à deux dollars. En réalité, tant en dépenses de première installation qu'en perfectionnements de tous genres, on a dépassé cinq cent mille dollars ; mais les premiers bénéfices ont été employés à rembourser partiellement les avances faites ; le capital à rétribuer ne s'élève pas à deux cent mille dollars.

Au moment où j'écris ces lignes, la Compagnie a distribué cinquante-deux dividendes mensuels s'élevant à trois cent quarante mille dollars. Les premiers étaient de trente sous par mois ; depuis un an, ils s'élèvent à quarante sous. Tout fait supposer que le rendement sera encore augmenté. Il y a pour cela trois raisons. Les méthodes d'extraction se perfectionnent constamment ; depuis l'année dernière on a réalisé une économie de 30 pour 100 dans le prix de revient de la tonne de quartz broyé. Les salaires, dont la moyenne est maintenant de quatre dollars par jour, ont une tendance marquée à diminuer, par suite de l'augmentation de la population ; enfin, quand le chemin de fer arrivera à Deadwood, les dépenses de transport diminueront encore dans une grande proportion. Quant à l'approvisionnement de quartz, on en a encore pour une douzaine d'années au bas mot.

Tous ces renseignements nous sont donnés très-obligeamment par M. Gregg. Ils sont d'autant plus intéressants que les Compagnies en sont généralement très-sobres, du moins celles qui font de bonnes affaires. Je ne m'explique pas très-bien ce fait, mais je le constate. Nous demandons si un rapport annuel n'est pas communiqué aux actionnaires ; on nous répond que non. Du reste, on s'explique que des actionnaires auxquels un simple télégramme annonce chaque mois un dividende de quarante sous pour une action de

7 francs 50, se contentent de cette littérature et la trouvent même plus éloquente que le plus beau rapport du monde.

Je comprends aussi que les nombreux soucis de ce bon M. Gregg ne lui laissent pas l'esprit suffisamment libre pour ciseler la prose de ses rapports. Pendant que nous examinons les plans de sa mine qui sont pendus au mur, nous le voyons se précipiter vers sa fenêtre en mettant la main sur une carabine Winchester toute chargée qui est sur le bureau. Je lui demande la cause de cette alerte...

« Ma foi, me dit-il en revenant de notre côté, je dois vous avouer que je suis un peu nerveux dans ce moment. C'est aujourd'hui que nous fondons nos lingots et que nous les envoyons à Deadwood. Or, je sais de bonne source qu'il est question d'enlever le convoi. J'ai pris mes précautions, mais, vous comprenez! tant que je n'aurai pas le reçu du directeur de l'express, je ne serai pas complètement rassuré. J'avais cru entendre du bruit sous les fenêtres, c'était seulement quelques dames qui venaient voir la fonte. Voulez-vous que nous allions les rejoindre?

— Comment donc! cher monsieur, nous vous suivons. »

Nous traversons la rue et pénétrons dans une petite maison isolée, où deux ouvriers retirent d'un four le métal liquide et le versent dans des moules en tronc de pyramide; plusieurs de ces lingots sont déjà sur une table, où un homme les marque du poinçon de la Compagnie. Dans un coin, quatre grands gaillards armés de revolvers et de carabines attendent que l'opération soit terminée. Ce sont les *fighting men* de l'établissement. Ils ont vraiment l'air plus féroce que leur collègue de Spotted Tail. Aussi j'en fais mon compliment à M. Gregg.

« Oh! me répond-il négligemment, maintenant le pays est bien tranquille; aussi nous faisons de grosses économies sur ce chapitre-là. Il y a eu un temps, monsieur, où je dépensais soixante-quinze dollars par jour rien qu'en *fighting men* !

— Avez-vous quelquefois été attaqués?

— Nous, pas; mais les gens de l'express l'ont été.

— Comment donc vous y prenez-vous pour expédier votre or à New-York ?

— Ah! voilà! Il s'est formé une Compagnie qui se charge de cela moyennant une commission de 1 pour 100. Ils ont un bureau à Deadwood; ma responsabilité cesse et la leur commence dès que nos lingots y sont parvenus.

— Eh bien, ils ont été attaqués?

— Oui, il y a de cela quatre ans. C'était en 1878. Sept cow-boys ont enlevé leur convoi qui partait escorté par six de leurs *fighting men*. Il y avait pour cent mille dollars de lingots.

— Comment s'y sont-ils pris?

— Ils ont commencé par s'emparer de la première station de la prairie, de l'autre côté de Rapid City. Il y avait là seulement trois postillons qui ne se méfiaient de rien. On s'est jeté sur eux, on les a bâillonnés et enfermés pieds et poings liés dans l'écurie; après cela, les cow-boys ont fait des meurtrières dans les portes et les volets de la maison. L'express se sert pour transporter l'or de fourgons fermant à clef; les *fighting men* sont assis sur des banquettes placées sur le dessus. Quand ils sont arrivés dans la cour de la station, ne se doutant de rien, ils ont vu tout à coup des canons de fusil braqués sur eux, et on leur a crié de lever les mains en l'air. Deux ont voulu se défendre, mais ils ont été tués roide. Alors les autres se sont rendus. Les cow-boys les ont envoyés rejoindre les postillons dans l'écurie; puis ils ont défoncé le fourgon, pris les lingots, et sont partis dans la direction du sud. Mais ils étaient gênés; nos lingots pèsent près de cent livres, et leur forme les rend incommodes à transporter pour un homme à cheval. En somme, l'express a eu bien de la chance. L'alarme a été donnée, on a couru après les voleurs de tous les côtés, et en moins de six mois ils ont presque tous été repris et pendus.

— Et l'argent?

— C'est ce qu'il y a de plus étonnant. On a retrouvé quatre-vingt mille dollars. En somme, il n'y a eu que vingt mille dollars environ de perdus. »

Les lingots sont tous fondus; il y en a sept en tout, car l'envoi d'aujourd'hui est de cent cinquante mille dollars. Dans les douze derniers mois, la valeur totale de l'or extrait a été de deux millions trois cent mille dollars.

Après avoir vu partir le convoi pour Deadwood, nous nous acheminons, conduits par M. Gregg, vers l'entrée de la mine qui se trouve tout en haut de la montagne. Là, les choses sont montées sur un plus grand pied que chez nos amis de l'Uncle-Sam. Quand nous arrivons à l'orifice du puits, nous trouvons un système de plateaux mus par une machine à vapeur. Ils amènent à la surface les wagonnets chargés de quartz qui, abandonnés ensuite à eux-mêmes sur une voie inclinée en charpente, s'en vont disparaître l'un après l'autre dans l'usine qui se trouve derrière nous à mi-côte. Nous prenons place sur un de ces plateaux, un câble d'acier se déroule sur son treuil, et c'est en quelques secondes que nous atteignons le niveau inférieur de l'exploitation, à 450 pieds de la surface.

La couche de quartz aurifère de Homestake s'enfonce dans la terre presque verticalement. Sa section horizontale figure à peu près un rectangle dont le grand côté serait double du petit, qui a de deux cent cinquante à trois cents pieds ; elle est comprise entre deux couches, deux murs, comme on les appelle ici très-justement, d'ardoise. Sa richesse moyenne est de quatre dollars et demi à la tonne. On n'a jamais trouvé plus de sept dollars. Dans bien des endroits, le rendement n'est même que d'un demi-dollar. Cela ne représente pas les dépenses d'extraction et de broyage, qui sont d'environ deux dollars. Mais ces minerais en recouvrent souvent d'autres plus riches ; il faut les enlever, et cela coûte encore moins de les faire passer au moulin que de les transporter au dehors.

Arrivés en bas, nous nous enfonçons, derrière M. Gregg, dans un dédale de galeries et de salles pour aller rejoindre l'endroit où l'on travaille en ce moment. La direction nous est indiquée par un coup de dynamite dont la détonation sourde gronde encore. Dans ces mines, l'air est toujours parfaitement pur. L'humidité et les brusques passages de l'air chaud du dehors à la fraîcheur du dedans sont seuls à craindre. Mais le mode d'exploitation rend malheureusement les accidents très-fréquents. Dans ce genre de mine, tout étant bon à prendre, tout est pris ; on ne réserve rien sous forme de piliers pour assurer la solidité des voûtes. On fait seulement quelques boisages, et, de loin en loin, dans les endroits les plus exposés, on établit des soutiens formés de piles de bûches de sapin. Tout cela est assez insuffisant. Au fond, on désire plutôt qu'on ne redoute les éboulements qui, disloquant la masse de quartz, la rendent d'une extraction très-facile. M. Gregg nous explique que les piles de bois se pourrissent dans un espace de temps qui varie de deux à cinq ans. Quand elles sont pourries, elles s'effondrent, et si l'on peut arriver à les établir sur une assez grande échelle pour que les quatre cent cinquante pieds de roc qui sont au-dessus de nos têtes soient entraînés, ce sera une magnifique opération, car alors on n'aura plus qu'à pelleter les débris à ciel découvert. Seulement il ne faudra pas se trouver dessous au moment de la bagarre. Il y a trois semaines, un grand éboulement s'est déjà produit. C'était pendant la nuit; personne n'a été atteint; seulement deux ateliers de la Compagnie qui se trouvaient au-dessus ont été entraînés dans un immense entonnoir de soixante ou quatre-vingts mètres de diamètre au fond duquel on nous a montré leurs débris, au moment où nous allions descendre dans la mine.

Quand nous arrivons à l'endroit où a lieu l'explosion, la fumée est déjà dissipée, et les équipes reprennent le travail. A la lueur de nos lampes nous voyons le sol jonché des débris qu'on va charger sur les wagonnets. Trois ou quatre hommes sondent la voûte avec de longues perches, pour faire tomber les morceaux ébranlés. Tout à coup nous entendons un épouvantable tapage, comme si toute la montagne s'écroulait; un nuage de poussière nous entoure, la moitié des lumières s'éteignent. J'aperçois Dickerman et Parker qui prennent leurs jambes à leur cou et s'enfoncent dans une galerie. Quant à moi, je réfléchis qu'à courir de la sorte dans l'obscurité, on risque fort d'aller se jeter dans la gueule du loup. D'ailleurs, le père Gregg doit connaître la meilleure manière de se tirer d'affaire, puisque c'est son métier. Aussi je me blottis avec lui contre une des grandes piles de bois dont j'ai parlé plus haut. Pendant peut-être deux ou trois minutes, qui nous semblent longues, le tapage continue ; on entend comme une cascade de rochers qui viennent s'entrechoquer au-dessus de nos têtes et jusqu'à nos pieds ; quelques-uns passent si près de nous que nous en sentons le vent. Je déclare que c'est une impression parfaitement désagréable. D'ailleurs, je ne suis décidément pas fait pour les métiers souterrains. Cette obscurité absolue des mines a toujours pour moi quelque chose de très-pénible.

Enfin le bruit cesse, la poussière tombe comme par enchantement, nos lampes projettent quelque clarté. Nous distinguons un homme qui s'est abrité comme nous derrière une pile de bois.

— *Well, Sam! where is your mate?* (Eh bien ! Sam, où est donc votre compagnon ?) dit M. Gregg.

— Il a dû se sauver, monsieur.

— *All's right! All's right!* Je le croyais mort !

Les mineurs reparaissent de tous les côtés. L'éboulement a produit une énorme caverne, si haute qu'on ne peut pas distinguer le plafond de l'étage où nous nous trouvons. Par le plus grand des hasards, personne n'a été touché. Les hommes s'en étonnent ; j'en profite pour demander si les accidents sont fréquents.

— Oh ! oui, me répond-on ; il y a beaucoup de bras et de jambes cassés ; mais dans cette mine-ci, nous avons beaucoup de chance ; il y a très-peu de tués.

— Qu'est-ce que la Compagnie fait pour les blessés ?

— La Compagnie ! elle ne fait rien ; mais tous les employés souscrivent un dollar par mois pour l'entretien d'un hôpital où les blessés sont soignés.

Ce n'est pas la première fois que je constate en Amérique cette belle indifférence du capital pour le travail. Dans un pays nouveau comme celui-ci, cela se comprend, à la grande rigueur ; mais dans les États de l'Est, je n'ai jamais trouvé, ni dans les Compagnies de chemins de fer, ni dans les grandes usines, qui cependant ne manquent pas, aucune trace de ces institutions de caisses de retraite que tous nos industriels se font un devoir de fonder dans leurs ateliers, et pour lesquelles ils s'imposent souvent de si lourds sacrifices. Il est possible et même probable qu'il en existe en Amérique, mais je n'en ai jamais entendu parler. Les rapports des ouvriers et des patrons me semblent ici partout réglés strictement par les lois de l'offre et de la demande, sans que, même dans les administrations les plus solidement établies, il soit tenu le moindre compte de l'ancienneté de service, ni d'aucune de ces considérations morales qui, chez nous, ont tant d'influence. De quoi un sceptique pourrait peut-être conclure que la démocratie ne revendique toutes ces choses, excellentes d'ailleurs en elles-mêmes, que lorsque le capital, qui, au bout du compte, doit en faire les frais, est entre les mains d'adversaires politiques.

M. Gregg ayant constaté que son personnel était au complet, nous nous remettons à la recherche de Parker et de Dickerman, qui, de leur côté, venaient voir s'ils n'auraient pas besoin d'excaver une montagne de quartz pour nous retrouver ; puis nous remontons d'étage en étage, admirant les dispositions prises par M. Gregg pour le grand éboulement final qui doit lui fournir, pendant des années, de quoi satisfaire à l'appétit formidable de son moulin, sans préjudice de ce qui lui restera à exploiter en suivant la veine plus profondément. Quand nous arrivons enfin à la surface, c'est avec une certaine appréhension que nous entendons ce terrible homme nous inviter à le suivre à son usine, car nous sommes tellement couverts de boue aurifère des pieds à la tête que nous sentons que ce serait peut-être une opération profitable de nous faire passer nous-mêmes sous les pilons.

Pour y arriver, nous suivons la route des wagonnets; elle nous conduit à l'endroit où, arrêtés par un ressaut des rails, ils viennent culbuter leur chargement sur des grilles formées d'énormes barreaux de fer, destinées à empêcher les morceaux par trop gros de passer.

Trois ou quatre hommes armés de masses réduisent bien vite à la grosseur voulue ceux qui se trouvent dans ce cas. Nous sommes au dernier étage d'un immense bâtiment en bois qui abrite les deux cents pilons de la Compagnie. Comme nous le fait remarquer avec orgueil M. Gregg, c'est la plus grande usine de ce genre qui existe dans le monde entier. Cela doit en être aussi la plus bruyante. Ces deux cents pilons, alignés en deux rangées parallèles adossées l'une à l'autre, font un tapage dont on ne se fait pas d'idée. Il faut renoncer à demander des explications, car on ne s'entend pas. Du reste, le mécanisme est tellement simple, qu'elles seraient superflues. Nous descendons au rez-de-chaussée; les tables de cuivre amalgamé reçoivent régulièrement leur nappe d'eau boueuse qui s'écoule ensuite dans la rivière et lui communique la teinte rouge que nous avons remarquée en venant. Tous ces braves mineurs font comme le bon Dieu que chante le psaume *In exitu* : ils aplanissent les vallées en y jetant des montagnes. Mais leur œuvre est malfaisante. En Californie, ils ont trouvé moyen de transformer en marais pestilentiels des rivières autrefois navigables. Ici, ils font ce qu'ils peuvent pour arriver au même résultat. Tous ces pilons sont mis en mouvement par une belle machine horizontale de cinquante chevaux de Corliss. Ne pas oublier que tout cela est venu en charrettes à bœufs à travers quatre cents milles de prairies. Les chaudières brûlent du bois. Elles ont déjà absorbé toutes les futaies de quarante à cinquante kilomètres carrées, et elles ne font que commencer.

Il est midi quand nous avons terminé notre visite. Nous serrons affectueusement la main de M. Gregg, qui, vraiment, nous a fait les honneurs de sa mine avec une bonne grâce charmante, et nous nous en allons nous lester d'un exécrable déjeuner dans le grand hôtel de Lead City, où nous mangeons à côté d'une cinquantaine de mineurs qui viennent de quitter le travail. Quelles mines ont tous ces malheureux ! mais aussi quelle nourriture ils ingèrent ! Dans nos arsenaux, dans nos grandes usines, j'ai bien souvent assisté aux repas d'ouvriers ; je mets en fait que le plus pauvre des calfats du port de Brest qui, avec une solde de trois francs par jour, fait vivre une famille de trois ou quatre personnes, consomme des aliments plus sains, plus nourrissants et surtout mieux assaisonnés, que ces hommes dont le plus mal payé gagne vingt francs par jour, et cela dans un pays où la viande coûte trois ou quatre sous la livre, et où le blé est si abondant qu'il inonde nos marchés. Seulement, comment un homme qui compte devenir président ou millionnaire consentirait-il à faire la cuisine? Si le peuple américain, qui lit tant la Bible, trouve jamais, comme Esaü, à vendre une bonne partie de ses droits pour un plat de lentilles, surtout si elles sont à la bretonne et qu'on lui donne la recette, je l'engage bien vivement à accepter le marché. Il ne peut qu'y gagner.

La Compagnie du Homestake nous a laissé le soin de nous occuper de notre nourriture, mais, grande et généreuse, elle a pourvu à celle de nos chevaux, qui, largement repus d'avoine, nous emportent au galop dans la direction de *Central-City*, où nous allons visiter la mine du *P. de Smet*. Celle-ci est moins ancienne que le Homestake; elle n'a que quatre-vingts pilons et, sous le rapport financier, a donné des résultats un peu moins brillants que la première. Pour y arriver, nous avons traversé le chemin de fer qui, longeant la crête de la montagne, amène le bois nécessaire aux chaudières des quatre mines. Redescendus dans la vallée, nous apercevons au-dessus de nos têtes un train qu'on décharge. La manière d'opérer est encore bien caractéristique du pays. La voie longe le bord d'un véritable précipice d'une centaine de mètres de profondeur au fond duquel se trouve la route que nous suivons. Précisément au-dessous se trouvent les bâtiments du Highland. Une bûche qui s'échapperait d'un des wagonnets tomberait droit sur le toit. D'un autre côté, le vallon est si étroit qu'une glissière, si peu inclinée qu'elle soit, aboutirait à mi-hauteur de la côte opposée. Les ingénieurs américains ont eu une idée de génie, mais qui ne viendrait certainement à personne chez nous. Ils ont fait aboutir leur glissière juste au-dessus du toit de l'usine. Là, elle est interrompue par un plan formé de gros madriers, faisant un angle aigu avec son axe. Les bûches, abandonnées à elles-mêmes en haut de la côte, arrivent là avec une vitesse vertigineuse. Brusquement arrêtées, elles rebondissent en l'air d'au moins quarante à cinquante pieds, et, épuisant dans ce trajet vertical toute leur force vive, elles viennent s'empiler les unes sur les autres à la porte de l'usine. Il est vrai que la route passe par là, mais dans ce pays on n'y regarde pas de si près. Au moment où nous y arrivons, il pleut littéralement des bûches de sapin grosses comme le corps d'un homme et longues de deux mètres. Dickerman affirme qu'à la condition de serrer de très-près le mur, on passe sans que les accidents soient très-communs, puis il nous donne l'exemple. J'attends une éclaircie, et je passe à mon tour au galop ; les autres viennent après. Par le fait, personne n'est touché, mais c'est bien une chance.

Un peu plus bas, nous allons visiter encore deux mines. D'abord *Smet's mine*. Dickerman, qui a présidé à la construction de l'usine tient à nous faire voir un aménagement particulier dont il est très-fier.

Les tables d'amalgamation, au lieu d'être adossées l'une à l'autre et séparées par les pilons, se font face de telle sorte qu'une allée ménagée au milieu du bâtiment est bordée par elles. Je constate que cette disposition, renvoyant les arbres de couche et les pilons sur les côtés, ébranle d'une manière terrible toute la charpente et doit amener des dénivellements constants. Malgré l'orgueil évident qu'y prend Dickerman, je ne puis m'empêcher de le lui faire observer.

— Oh! me répond-il, c'est vrai : c'est un inconvénient : mais jugez donc quelle économie on réalise d'autre part! Dans les autres usines, il faut pendant la nuit deux *fighting-men* pour surveiller les deux plans de tables, puisque, quand on en voit un, on ne peut pas voir l'autre, tandis qu'ici il suffit d'un seul homme. Voyez! avec un bon winchester, vous pouvez tuer très-facilement quelqu'un qui viendrait enlever l'amalgame.

J'avoue que ce côté de la question m'avait échappé, mais il a bien son intérêt. Il était de mode en France, il y a quelques années, quand les républicains n'étaient pas au pouvoir, de vanter les économies que réalise la forme républicaine en général, et en particulier le gouvernement de la libre Amérique. Il est bien vrai que, dans ce pays, on ne paye ni centimes additionnels ni prestations, mais on n'a pas de chemins; on n'a pas non plus de gendarmes, mais il faut payer des *fighting-men,* qui coûtent assez cher, si j'en juge par un prix de revient officiel que Dickerman vient de me donner et que je transcris dans toute son éloquente simplicité.

PRIX DE REVIENT DU TRAITEMENT D'UNE TONNE DE QUARTZ
(CALCULÉ POUR UN MOULIN DE 120 PILONS).

Les chiffres indiqués sont en dollars.

Écrasement du minerai................	0d.	0372
Ateliers : forge....................	0	0512
fonderie................	0	0162
scierie.................	0	0078
mécanicien.............	0	0148
Routes et voies d'accès. — Entretien...	0	0044
Salaires...........................	0	4603
Fighting-men.....................	0	1179
Total.........	0	7098

Plus du septième des dépenses provient donc du manque de gendarmes! En France, l'armée, la marine, les sergents de ville et les cinq cent mille employés qui nous oppriment ne nous coûtent pas aussi cher.

Et que l'on ne dise pas que c'est là un fait spécial à quelque localité située sur les confins de la civilisation. Dans les États les plus peuplés de l'Est, les choses se passent d'une manière différente, mais le résultat est le même au point de vue de l'économie. Il y a quelque vingt ans, le conseil municipal de New-York s'avisa de construire une mairie. L'apuration des comptes faite plus tard révéla des détails bien édifiants. Les ournisseurs avaient été prévenus qu'ils ne toucheraient qu'environ 8 ou 10 pour 100 de leurs factures, le reste devant être partagé entre les membres du conseil. Il fut calculé notamment que si tous les tapis payés avaient été fournis et mis en place, ils auraient rempli les appartements jusqu'au plafond; tout le reste était à l'avenant.

Il commence à se faire tard; cependant nous ne voulons pas rentrer en ville sans aller voir une nouvelle mine, la *Caledonia,* dont on commence à parler beaucoup. Elle n'a pas encore donné de dividende, et ses actions ne sont guère au-dessus du pair, à un dollar; mais nous savons de bonne source que depuis deux ou trois mois elle a produit assez pour payer toutes les dépenses et rembourser à différents créanciers plus de trente mille dollars. De plus, jusqu'à présent elle était tributaire d'Homestake pour son eau, qu'elle payait la somme énorme de quatre dollars par pilon et par semaine, quelque chose comme cent mille francs par an. Or, on vient d'apprendre que son ingénieur avait trouvé moyen de capter une source considérable trouvée dans sa mine et dont le débit devant lui suffire, il a dénoncé le traité. Tout cela excite au plus haut point la curiosité des bons habitants de Deadwood, et l'on s'attend au premier jour à une fusée de hausse qui amènera probablement les actions de la *Caledonia* à peu près au niveau de celles de Homestake, qui sont à seize dollars environ. Les allures mystérieuses de l'administration semblent confirmer ces bruits. Les étrangers ne sont jamais admis à visiter les travaux; cependant nous nous risquons à envoyer nos cartes par Parker, l'homme des négociations difficiles. Au bout d'un instant, nous le voyons revenir avec M. Allan, le superintendant farouche dont on nous avait parlé. Il nous accueille avec la plus parfaite cordialité et nous fait lui-même les honneurs de sa mine. Fiez-vous donc aux réputations !

Le minerai de la *Caledonia* a un tout autre aspect que ceux que nous avons vus jusqu'ici. Le quartz n'a plus l'apparence d'albâtre et la cassure brillante qui le caractérisent ailleurs. La présence d'une assez grande quantité de fer lui donne une teinte bleuâtre très-singulière, sans du reste rien lui ôter de sa dureté, car il est encore plus difficile à broyer qu'ailleurs. La mine est exploitée à peu près dans les mêmes conditions qu'à Homestake, en vue d'un grand écoulement final. Le rendement est à peu de chose près le même, quatre dollars cinquante-neuf à la tonne.

Au demeurant, de tout ce que nous avons vu aujourd'hui il ressort un fait saillant : ce qu'il y a de remarquable dans le pays, c'est d'abord l'extraordinaire abondance de ses minerais et non leur richesse; mais c'est surtout la perfection extrême des moyens d'extraction. J'ai donné plus haut le prix de revient du travail par lequel d'une tonne de minerai on extrait la quantité d'or qu'elle contient; il est de 0,71 dans les conditions les plus favorables. Les ingénieurs de *de Smet* n'arrivent qu'à 0,86. Voici leur prix de revient :

Extraction du minerai..................	1ᵈ. 29
Moulinage.......................	0 86
Divers.........................	0 65
Total.......	2 80

Or, la richesse moyenne du minerai traité a été, pour 1882 :

En mai........................	3ᵈ. 80
En juin........................	3 75
En juillet......................	3 46
En août....	3 79

Le bénéfice par chaque tonne était donc d'environ un dollar, ce qui a permis à la Compagnie de donner huit dividendes de vingt mille dollars chacun, soit vingt sous par action, qui se vend maintenant environ cinq dollars.

Ce soir, nous avons été dîner chez M. Dickerman. Il nous a présentés à sa femme et à une tante qui, depuis deux ans, partagent sa vie aventureuse dans le Far-West. Ces dames nous racontent leurs malheurs. Il y a quelques jours, ayant été passer la soirée chez des voisins, elles ont trouvé en rentrant deux pieds d'eau dans la maison, qui cependant se trouve sur le flanc de la montagne, aux trois quarts au moins de sa hauteur. C'est encore un résultat du déboisement. Il a suffi de deux heures d'une grosse pluie d'orage pour former une belle cascade qui aboutissait précisément dans la cuisine. Leur pauvre petite fille, une belle enfant de quatre ans, naviguait dans son berceau au milieu de la chambre. Du reste, l'eau s'en allait aussi vite qu'elle venait; une fois la pluie cessée, tout a séché comme par enchantement.

Après dîner, Dickerman nous montre une collection très-intéressante des minerais du pays, et la liste en est longue. Par des clivages successifs, on amène les échantillons à un minimum de volume. Puis à l'aide d'une meule on les réduit à une épaisseur notablement inférieure à celle d'une feuille de papier. Ils deviennent alors complétement transparents, et l'examen microscopique permet de voir avec une netteté merveilleuse la disposition des veines de métal. C'est la chose du monde la plus intéressante. Nous avons vu d'innombrables échantillons de quartz aurifère : l'or s'y distingue admirablement sous la forme d'un lacis d'une ténuité souvent inouïe. On croirait voir des veines courant sous l'épiderme.

Nous rentrons à l'hôtel vers onze heures. Tous les bars flamboient dans l'obscurité profonde d'une nuit sans étoiles. Pendant que j'écris ces lignes, un orage effroyable s'est déclaré ; le tonnerre gronde comme sous les tropiques.

3 juillet. — Nous avons ce matin fait la grasse matinée, pour nous reposer de nos pérégrinations de ces jours derniers. L'orage de cette nuit a rafraîchi l'atmosphère, il fait un temps ravissant. En descendant de nos chambres, nous trouvons l'hôtel et la ville en révolution. C'est demain le 4 juillet, et l'on se prépare à fêter le cent septième anniversaire de la proclamation de l'indépendance. Tous les fermiers de trente milles à la ronde arrivent, qui à cheval, qui en charrette. Au dire des journaux, le programme de la fête est tout à fait affriolant ; il doit d'abord y avoir une procession essentiellement laïque, bien entendu, — un défilé des pompiers, — un char triomphal et puis un grand discours (*fourth of july oration*) prononcé par le juge Mac Laughlin : enfin, pour couronner le tout, lecture de la déclaration d'indépendance par mistress P... Cela nous promet une étude de mœurs complète. Les citoyens de Deadwood paraissent très-décidés à donner un vif éclat à la cérémonie. Le pavillon national est déjà arboré à toutes les fenêtres. De malheureux petits sapins, coupés à la fleur de l'âge, s'élèvent comme par enchantement devant les portes. La table d'hôte, dressée en permanence, est envahie : pourquoi faut-il ajouter qu'on y mange, du reste, toujours aussi mal? Chez le perruquier, on fait queue. Les *stores* font également des affaires merveilleuses. Une foule de *cow-boys* viennent y acheter des chemises blanches, qu'ils jetteront probablement au panier demain soir. Nous entrons dans l'un d'eux pour faire quelques menues emplettes. C'est un jeune Hongrois qui vient au-devant de nous et nous fait ses offres de service en bon français : ce fils d'Arpad était l'année dernière au *Bon Marché*. Un peu plus loin, un armurier reconnaît en M... un compatriote : c'est un Liégeois, qui a fait un congé dans l'armée belge et un autre dans la légion étrangère. Il serait peut-être indiscret de lui demander dans quelles conditions il en est sorti.

Les amateurs d'emblèmes patriotiques font cercle autour d'un industriel qui vend une nichée d'aiglons. Je trouve par parenthèse que cet animal personnifie admirablement la race américaine; il mange constamment et reste toujours maigre. Des Chinois proprets, en veste blanche, la face reposée, le crâne luisant, circulent sans paraître se soucier de la nouvelle loi du Congrès, qui les exile d'Amérique, au nom de la liberté; ne buvant pas un litre de wisky par jour, ils se contentent de salaires moins élevés que les diables occidentaux.

En somme, cette foule a bon air ; pour la première fois, nous lui trouvons une expression de gaieté : les *cow-boys* n'ont pas encore eu le temps de se griser, ils n'ont tout au plus qu'une petite pointe. Évidemment nous excitons assez vivement leur curiosité, mais cette curiosité n'a rien d'hostile, bien au contraire. Un gros homme, qui passe à cheval, nous crie : *Hollo boys! Let us have a drink!* J'ai toujours entendu dire que, dans le Far-West, le refus d'une invitation de ce genre était une injure qui provoquait invariablement un coup de revolver. Au point de vue de la couleur locale, je voudrais pouvoir affirmer que j'ai entendu une balle siffler à mes oreilles, mais, en historiographe consciencieux, je suis forcé d'avouer que je n'ai rien entendu siffler du tout, même pas l'air de *Yankee Doodle*, et que ce gros monsieur ne paraissait nullement sanguinaire : cependant Parker dit que ce soir les rues ne seront pas sûres.

Un peu plus loin, je suis abordé par un grand bonhomme ayant un peu la tournure d'un don Quichotte, en lunettes bleues et en chapeau de paille, qui me remet gravement une carte : *Freiherr von quelque chose en bach.* — Docteur homœopathique : je serre la dextre qu'il me tend d'un air aimable, l'assure que je le ferai demander si j'ai besoin de ses pilules et passe mon chemin : j'ai bien peur que le pauvre homme ne fasse pas de bien brillantes affaires.

Nous revenons par la Banque où nous avons encore quelques affaires à terminer. De retour à l'hôtel, nous

nous cognons contre une dame superbe, vêtue d'une robe rose vif et d'un grand chapeau mexicain, ce qui paraît être le dernier mot du chic à Deadwood. Sous ce costume flamboyant nous reconnaissons Sally Rodgers, avec laquelle nous avons fait le voyage de Pierre à Deadwood : quand on a passé ensemble autant de *creeks*, on est de vieux amis. Elle nous fait des petites mines charmantes ; il paraît que le théâtre de Deadwood va rouvrir, et que tout lui fait croire qu'elle aura un succès fou : malheureusement, il faudra se passer d'une certaine robe de velours rouge, d'un effet aussi foudroyant que sûr. En route, elle a été tellement mouillée qu'il y poussait des champignons à l'arrivée : nous nous expliquons maintenant la teinte rouge du *Plum creek,* quand le *stage coach* y est resté en détresse pendant deux heures, couché sur le flanc : du reste, la Compagnie a noblement reconnu ses torts et promet de rembourser les dégâts.

Ce soir, nous retournons dîner chez ces bons Dickerman : dans la soirée, on nous présente à quelques notables du pays, notamment à M. le juge Mac Laughlin, celui-là même qui doit demain prononcer la fameuse *oration*. C'est un homme déjà âgé, grave, sérieux, possédant, paraît-il, une fortune considérable et une réputation sans tache. Il a passé toute sa vie sur la frontière. Pendant longtemps, il a vécu chez les Mormons, où la rigidité de ses principes religieux — c'est un catholique fervent — lui a souvent fait passer de dangereux quarts d'heure, du temps où les évêques de Joé Smith ne se faisaient pas faute de mettre un *ange exterminateur* aux trousses des *gentils* qui pouvaient les gêner. Il nous raconte avec une bonhomie charmante quelques-unes de ses aventures dans ce délicieux pays. Mais comment un homme de sa sorte allait-il vivre dans cette galère? voilà ce qu'on ne me fera jamais comprendre; et pourquoi, l'ayant quittée, est-il venu ici? c'est ce que je ne me charge pas non plus d'expliquer. Il a avec lui, depuis quelques jours, son fils, charmant jeune homme de vingt ans, qui vient de terminer ses études dans un collège de Jésuites. On nous dit qu'il a été sur le point de se faire lui-même Jésuite. Je ne me représente guère un véritable Yankee prenant ce parti-là. Il y en a cependant quelques-uns, mais pas beaucoup. Du reste, la société américaine, telle qu'elle est constituée, par ses bons comme par ses mauvais côtés, ne me semble pas un milieu social dans lequel la célèbre Compagnie trouve facilement sa place, malgré la merveilleuse aptitude avec laquelle elle a su réussir partout ailleurs. Elle a cependant de nombreux collèges dont le nombre s'accroît constamment, mais je ne me figure pas qu'elle puisse conserver sur ses élèves une grande influence, ni que son recrutement se fasse bien facilement. En revanche, les souvenirs qu'a laissés le P. de Smet dans ce pays prouvent qu'auprès des Indiens, nul ne pourra le remplacer.

Il y a ici un prêtre catholique allemand dont la chapelle est très-fréquentée par les mineurs canadiens, allemands ou irlandais. Depuis que je suis dans le pays, ce n'est même que chez les catholiques que je trouve la manifestation sérieuse de sentiments religieux. Cependant il y a aussi à Deadwood une chapelle protestante; mais le repos dominical, si rigidement observé dans tous les pays de réforme, n'existe absolument pas ici. Je n'ai pas encore vu une usine ou une boutique qui chômât ce jour-là.

CHAPITRE V

Le 4 juillet à Deadwood. — Un discours monarchiste. — Les journalistes de New-York. — Le jury et la loi de Lynch. — La prière du Révérend. — Cow-boy et « damné baron ». — Introduction de la broche dans les Black-Hills. — Little-Gimlet. — L'art de devenir propriétaire au Dakota.

4 juillet. — Il y a aujourd'hui cent sept ans que les treize colonies anglaises de l'Amérique, vexées d'avoir à payer un droit d'un sou par livre de thé, ont proclamé leur indépendance, ce qui leur a valu, pour débuter, une guerre de huit ans; depuis, il leur en a fallu une autre de cinq ans, dans laquelle ont péri un million d'hommes au bas mot, pour se débarrasser de l'esclavage. Mais grâce à ces épreuves, les Américains ont pu devenir sans conteste, de tous les peuples, le plus volé et le plus mal administré, tandis que leurs voisins du Canada ou leurs cousins de l'Australie, bien que toujours sujets de S. M. la reine Victoria (que Dieu garde!) ne payent pas leur thé plus cher, ne sont volés par personne et s'administrent admirablement à eux tout seuls : ce qui pourrait faire croire à quelques-uns, qu'avec toute leur finesse, les Yankees ont pris l'ombre et laissé la proie aux autres.

C'est pour célébrer ce glorieux anniversaire que ce matin, dès six heures, tous les habitants de Deadwood et lieux circonvoisins, réunis dans les bars ou dans les *barbers shops,* inondaient leurs estomacs des alcools les plus pimentés, ou leurs têtes des pommades et des huiles les plus parfumées, car sans ces deux opérations préliminaires, il n'est pas de bonne fête en Amérique. Quand nous apparaissons dans la rue, on s'arrache les journaux qui donnent le programme de la fête : l'édition du matin annonce qu'un élément nouveau va y figurer. Les mineurs du *Caledonia* sont, paraît-il, en rivalité avec ceux des quatre mines réunies sous l'administration de notre ami Gregg. Jusqu'à présent cela s'était traduit par quelques coups de revolver échangés après boire, et personne n'y avait fait grande attention. Mais voici qu'aujourd'hui les *Calédoniens* ont fait encarter dans les journaux une proclamation annonçant qu'ils défient tous les autres, non pas à un combat singulier, mais à un simple concours. Il s'agit de savoir quelle est l'équipe qui abattra le plus de minerai dans un temps donné. L'enjeu est de trois cents francs par tête. Ceci est tout à fait du goût américain, et des paris de proportions s'engagent de tous côtés. Le premier *cow-boy* que je rencontre, légèrement inébriolé, veut absolument me donner les Calédoniens à trois contre un.

La procession ne doit se former qu'à neuf heures, mais les premiers rôles sont déjà sur le terrain. Il y a d'abord les *marshalls*. Ce sont des messieurs à cheval, en redingote noire, avec une grande épée à poignée en forme de croix et une chaîne autour du cou ; ils galopent frénétiquement du haut en bas de la rue, gourmandant les uns, essayant de faire ranger les autres, sans que l'effet produit soit bien appréciable. Ils nous rappellent un peu Auguste, du Cirque. Il y a aussi des pompiers en chemise rouge ; quelques chasseurs d'Indiens ; de grands gaillards à figures peu rassurantes, les che-

LE 4 JUILLET A DEADWOOD.
LES MARSHALLS SONT PARVENUS A OBTENIR UN SEMBLANT D'ORDRE.

veux tombant dans le dos, vêtus de jaquettes en peau de daim et de mocassins préparés par leurs femmes indiennes; car ils sont tous, paraît-il, mariés à deux ou trois *squaws* de tribus différentes, pour multiplier leurs relations; aussi les appelle-t-on indifféremment *indians-scouts* ou *squaw-men;* ils semblent, du reste, jouir d'une assez chétive considération. Ce sont les personnages principaux des guerres indiennes : ils tirent d'ordinaire les premiers coups de fusil, puis, une fois les hostilités engagées, trahissent alternativement les deux partis, espionnant chacun pour le compte de l'autre; mais, au demeurant, sont plutôt sympathiques aux Peaux-Rouges dont ils ont adopté la vie et qu'ils ne quittent guère, tout en mettant leurs chevaux, leurs buffles et même leurs chevelures en coupe réglée.

Enfin, vers huit heures trente minutes, les *marshalls* sont parvenus à obtenir un semblant d'ordre : ils se mettent à la tête du cortége qui s'ébranle. Il y a d'abord l'inévitable pompier qui, dans ce pays, ne ressemble pas plus au petit soldat déluré qu'on voit derrière les portants des théâtres faisant la cour aux figurantes, qu'au fantoche qui embellit de son casque gigantesque les cérémonies de Bouzy-le-Têtu. En Amérique, le pompier est une institution; le moindre bouton de son uniforme, comme le plus petit écrou de sa pompe, est le produit des méditations de tous les plus grands savants du pays : malheureusement ces admirables précautions sont invariablement inutiles; nulle part on ne se prémunit autant contre le feu, et nulle part il ne fait de pareils ravages. Je n'ai jamais vu de ville qui n'ait été brûlée à peu près entièrement une ou deux fois au moins.

Derrière eux vient notre ami, le juge Mac Laughlin, celui qui doit prononcer l'*oration*. Il est installé dans un *buggy* qu'il conduit lui-même ; à côté de lui est assise l'autre héroïne de la fête, mistress P..., celle qui doit lire la déclaration d'indépendance.

Après eux marche la musique, le *military band*, dont parlent les journaux. C'est une fanfare qui rappelle celle de nos villages. Elle joue différents airs qui doivent être nationaux, mais qu'on distingue difficilement, chaque exécutant étant trop pénétré des principes d'indépendance qu'on glorifie en ce jour, pour ne pas jouer sa petite mélodie particulière, sans s'inquiéter des sons que produisent ses voisins. Il y a surtout la grosse caisse qui se distingue. Le malheureux qui la porte, un émigrant allemand récemment arrivé, fait pitié à voir. Son pauvre feutre déformé, une longue redingote noire toute frangée, luisante de graisse, percée aux coudes ; ses pantalons lamentables, ses souliers avachis ; cette figure blanche et flasque ; tout cet ensemble désastreux sue de misère, de cette misère noire des ruelles sombres de Berlin, de cette misère qui, depuis Arioviste jusqu'à nos jours, a produit ces grands soulèvements de peuples qui, sortant de l' « officine des nations » dont parle Tacite, se sont rués sur le midi de l'Europe, à la recherche de toutes les jouissances que leur refusaient une terre ingrate et un ciel sans soleil. Les voilà qui maintenant ont découvert la route d'Amérique. Tous les efforts du grand chancelier ne réussiront pas à les faire rester chez eux. Nous voyons ensuite passer le char triomphal contenant une quarantaine de petites filles en robes blanches, chantant *Hail Colombia :* chacune d'elles représente un État ou un territoire ; après viennent pêle-mêle une foule de braves gens appartenant à différentes sociétés.

Au bout d'une demi-heure, la tête du cortége reparaît. Mac Laughlin aide galamment mistress P... à monter sur une estrade installée presque en face de notre hôtel. Plusieurs personnages et la musique s'y installent à leur tour. Un des aiglons que nous avons vu vendre la veille est perché sur la rampe. Un monsieur vieux et sec qu'on appelle le président, se lève alors et prend la parole :

« Messieurs, dit-il, vous avez sans doute tous pris connaissance dans les journaux du programme de la fête. Cependant je crois utile de vous le relire. Veuillez donc m'écouter :

« A neuf heures et demie, procession.

« A dix heures, après une prière prononcée par le Révérend X..., discours du juge Mac Laughlin.

« A onze heures, lecture de la déclaration d'indépendance, par mistress P... »

Mistress P..., une petite dame pâle en robe blanche avec un grand chapeau, fait des petites mines charmantes en agitant de la main un rouleau de papier. La foule est évidemment très-sympathique.

Le président continue :

« A onze heures et demie, déjeuner; ceux qui sont de la ville de Deadwood iront déjeuner chez eux; les étrangers qui y ont des amis pourront aller leur demander l'hospitalité, s'ils sont invités; les autres trouveront dans les hôtels, et notamment au *Wentworth house,* une chair aussi abondante que délicate, pourvu toutefois qu'ils aient de quoi la payer; ce dont ils devront s'assurer au préalable en consultant leurs poches. Dans le cas contraire, ils feront mieux de s'abstenir. »

Une allusion de ce genre serait considérée chez nous comme du plus mauvais goût. Ici, elle ne produit aucune impression, c'est une simple plaisanterie; la misère n'est pas, comme en Europe, un état habituel entraînant une sorte de dégradation aux yeux de ceux qui en souffrent, comme pour le public. C'est une situation qui se prolongera peut-être, mais qui n'est que transitoire; l'homme qui, aujourd'hui, n'a pas de quoi manger, est bien convaincu qu'un jour ou l'autre, en *prospectant,* il trouvera une mine d'une richesse fabuleuse; cela lui est peut-être déjà arrivé. Dans ces conditions d'esprit, une allusion à sa misère, quelque brutale qu'elle soit, ne le choque pas, car il ne la prend pas plus au sérieux que les héros de la *Vie de bohème,* qui ne voient dans leur *dèche* que son côté grotesque.

Pendant que le président parle, un des *marshalls* vient de sa part nous inviter à prendre place sur l'estrade; mais nous allons partir tout à l'heure, nos costumes sont vraiment trop négligés, et d'ailleurs il me faudra sûrement placer un *speech* si nous y allons; aussi je décline l'honneur qu'on veut nous faire.

Le juge Mac Laughlin se lève ensuite et prend la parole; je crois utile de dire que, dès le début, son discours m'a semblé si remarquable que j'ai pris des notes, et que je suis sûr, sinon absolument des mots, du moins du sens.

« Mes chers concitoyens, a-t-il dit, nous sommes réunis pour célébrer le cent septième anniversaire du jour où nos ancêtres ont proclamé leur indépendance. En un jour comme celui-ci, il est bon de rentrer en soi-même, et, tout en remerciant Dieu de la prospérité inouïe à laquelle il a daigné nous faire parvenir, de nous demander quelles sont les causes morales et matérielles qui ont amené cette prospérité; quelques-uns l'attribuent à cette forme républicaine qui a été donnée à notre gouvernement. Mais c'est là une opinion manifestement fausse. Dans l'antiquité comme de nos jours, dans l'ancien continent comme dans le nouveau monde, des nations de race différente ont fait la même expérience avec des succès très-divers; regardons, en effet, ce qui s'est passé dans les anciennes colonies espagnoles qui, en proclamant leur indépendance, ont voulu adopter une constitution calquée sur la nôtre. Partout nous ne voyons que guerres civiles, oppression du faible par le fort, suppression violente de toutes les libertés et retour fatal à la barbarie; la même expérience a été tentée en Espagne; en France, à trois reprises différentes; avec quel éclatant insuccès, je n'ai pas besoin de vous le dire.

« Ce n'est donc pas à la forme républicaine que nous devons cette prospérité dont nous sommes si fiers. A quoi la devons-nous? Messieurs, je vais vous le dire : nous la devons d'abord à la divine Providence, qui nous a conduits par la main, comme les Hébreux au sortir de la terre d'Égypte, pour nous amener dans la terre d'abondance.

« Mais nous la devons aussi à ce que toujours chez nous le travail a été en honneur, que chacun était prêt à sacrifier sa vie et sa fortune pour défendre la vie et la fortune de ses frères; à ce que pauvres, nous étions sobres, chastes et laborieux, et que, devenus riches, nous ne nous sommes pas laissés aller aux entraînements du luxe, mais que, gardant toutes les vertus de notre pauvreté, nous n'avons employé les richesses acquises qu'au développement de la civilisation dans l'immense continent que nous avons reçu en héritage.

« Voilà, messieurs, les causes de notre prospérité ; ce n'est pas la République qui nous a donné toutes ces qualités; ce sont toutes ces qualités qui nous ont rendus capables de vivre en république. Or ces vertus de notre jeunesse, les avons-nous encore ? C'est avec une profonde tristesse que je me pose cette question ; car en vérité, quand on voit ce qui se passe de nos jours, on ne sait plus si c'est par une affirmation qu'il faut répondre; quand on voit la fortune de la nation aux mains de quelques spéculateurs sans vergogne ; quand les caisses publiques sont pillées par ceux-là mêmes auxquels ont les avait confiées, comme nous venons de le voir dans l'affaire des *Star route;* quand les *Jay Gould* sont au pouvoir; quand les élections ne sont plus libres et que ce sont des Compagnies de chemins de fer qui en disposent à leur gré en trafiquant de la conscience publique, et quand la justice est impuissante à réprimer de pareils abus, alors, messieurs, il faut reconnaître que si la forme républicaine est incapable d'arrêter une pareille désorganisation du corps social, le temps n'est pas loin où il faudra demander à une autre forme de gouvernement la liberté et la sécurité. »

Je tombais de mon haut en entendant ces paroles : prononcées à New-York ou à Washington, elles m'eussent moins étonné.

Quand je suis parti de Paris, il y a quelques semaines, le directeur d'un des grands journaux parisiens m'avait demandé de lui procurer un correspondant américain. A mon arrivée à New-York, je parlai à plusieurs personnes de cette commission, ce qui me valut pendant tout le temps de mon séjour au *Fifth Avenue Hotel,* un véritable défilé de journalistes qui venaient poser leur candidature pour cet emploi très-recherché là-bas. Tous naturellement parlaient quelque peu politique; à ce moment l'acquittement des accusés du *Star route* préoccupait vivement l'opinion publique.

L'un des premiers qui vinrent me voir me dit tout naturellement :

— Oh ! cela ne peut plus durer comme cela longtemps; les acquittements ne sont plus maintenant qu'une question d'argent; dans les campagnes, la sécurité est garantie encore tant bien que mal par la bonne habitude qu'ont prise les habitants de se faire justice eux-mêmes au moyen de la loi de Lynch ; mais cela n'atteint guère que les voleurs de grand chemin ; avec un peu d'argent les autres sont sûrs de l'impunité; si cela continue, il nous faudra bientôt nous mettre en monarchie.

— Vous voulez plaisanter, lui dis-je, parler monarchie en Amérique, c'est presque une hérésie; s'il y a au monde un peuple républicain de traditions, d'usages et d'instincts, c'est bien le vôtre.

— Mais non du tout, je ne plaisante pas, ce que vous dites est vrai, nous sommes tout cela, mais nous sommes avant tout un peuple pratique : nous ne nous payons pas de phrases, et soyez sûr que le jour où il nous sera prouvé que république et sécurité sont devenues incompatibles, ce ne sera pas la sécurité que nous sacrifierons; seulement, ajouta-t-il en riant, s'il nous faut un roi, je ne sais pas trop où nous pourrons le trouver; il faudra nous adresser à l'industrie étrangère, car sous ce rapport la production locale est nulle. (*We have not got the home made article.*)

Je crus à une plaisanterie et me contentai d'en rire ; cependant, voulant en avoir le cœur net, j'eus la curiosité de mettre la conversation sur le même sujet avec un autre. A mon très-grand étonnement, l'idée ne lui sembla pas nouvelle ; il la discuta : je recommençai l'expérience, toujours avec des journalistes. Tous me parlaient comme des gens qui avaient déjà discuté la question. Un certain nombre, de beaucoup le plus petit, disaient carrément que dans un temps plus ou moins éloigné, la forme du gouvernement serait modifiée dans le sens monarchique ; d'autres, et il me semble que ceux-là doivent avoir raison, se contentaient de regretter que la chose ne fût guère possible ; très-peu se déclaraient absolument hostiles à l'idée.

La politique est de tous les sujets de conversation le plus agréable aux Américains. Au besoin, ils vous l'imposent : j'ajoute qu'ils acceptent et discutent toujours avec la plus parfaite courtoisie les idées les plus opposées aux leurs ; ce en quoi il nous faut leur reconnaître une bien grande supériorité d'éducation sur nous. Il n'y a donc jamais aucun inconvénient à aborder dans une discussion de ce genre les sujets qui peuvent paraître les plus scabreux.

Si, par le plus grand des hasards, votre adversaire perdait son sang-froid, il serait tout de suite rappelé à l'ordre par les assistants, à quelque classe de la société qu'ils appartinssent : je me rappelle toujours une circonstance dans laquelle un fait de ce genre m'a frappé.

Un jour, en chemin de fer, un inconnu vient s'asseoir à côté de moi et me raconte qu'il va aller en France avec son beau-frère qui est un déserteur de la marine française. Je lui réponds que si ledit beau-frère n'éprouve pas l'envie de servir sa patrie pendant trois ans au tiers de solde, il fera bien de se priver de ce petit voyage.

Là-dessus, mon homme s'emporte, me déclare que son beau-frère s'étant fait naturaliser, cinquante millions d'Américains envahiraient la France et n'en feraient qu'une bouchée si l'on s'avisait d'attenter à sa liberté; je réponds que son beau-frère est bien libre de rester en Amérique tant que bon lui semblera, mais que s'il revient en France, le commissaire d'inscription maritime de son quartier se fera un véritable plaisir de le faire prendre par deux gendarmes sans se soucier des cinquante millions d'Américains, et qu'il serait par trop commode d'éluder les lois de son pays si un jeune homme de dix-huit ans n'avait qu'à faire un voyage d'un mois en Amérique pour échapper ensuite au service militaire.

Je touchais là, en parfaite connaissance de cause, je dois l'avouer, à un point particulièrement sensible. La question intéresse tant de monde là-bas, surtout parmi la population allemande, qu'elle a été discutée sous toutes ses formes, et toujours avec la passion la plus vive. De tous les coins du wagon surgirent des adversaires. La discussion dura une bonne heure, mais toujours parfaitement courtoise; chose bizarre et qui n'arriverait pas en France, à la fin, plusieurs de mes interlocuteurs étaient de mon avis.

Dans ces conversations politiques qu'il est impossible d'éviter en Amérique, je m'amusais toujours à amener d'une manière ou d'une autre la discussion sur ce sujet de la forme du gouvernement; puis je répétais le propos des journalistes de New-York. Tant que nous avons été dans les États de l'Est et même à Chicago, il n'excitait aucun étonnement; à mesure que je me suis avancé dans l'Ouest, il n'en a plus été de même : c'est pour cela que j'ai été surpris du discours du juge Mac Laughlin, et surtout de l'accueil évidemment sympathique que la foule a fait à ses idées ; je crois cependant qu'elles ne sont ici partagées que par une infime minorité, tandis qu'elles deviennent de plus en plus communes à mesure qu'on s'avance dans l'Est, de l'autre côté du Mississipi.

La raison en est simple. Dans les États de l'Est, il se forme rapidement une classe moyenne, composée de gens qui n'ont pas fait leur fortune, mais qui ont hérité de celle qu'avaient faite leurs parents, et dont ils veulent avant tout jouir en paix.

Ces gens-là n'ont plus l'énergie quelque peu farouche de leurs devanciers ; ils ne sont pas assez riches pour être sûrs de pouvoir graisser suffisamment la patte du premier juge élu auquel il peut passer la fantaisie de les rançonner ; il s'est formé au-dessous d'eux un prolétariat sans cesse alimenté par les nouveaux débarqués d'Europe, Irlandais ou Allemands, qui deviennent quelquefois momentanément les maîtres absolus, de par la loi du nombre, et par lesquels ils se sentent constamment menacés ; car, à chaque instant, il se forme dans les villes des associations de malfaiteurs ouvertement protégées par les magistrats élus par leurs soins, et dont on ne peut venir à bout que par les exécutions sommaires de la loi de Lynch. Or il n'est pas agréable à un bon bourgeois tranquille de s'en aller, avec une centaine d'autres, faire quelque belle nuit le siège de la prison pour pendre au premier piquet de télégraphe un gibier de potence, qui, dans un pays bien ordonné, aurait dû, depuis de longues années, figurer au bout d'une corde.

Cette classe moyenne finira certainement par imposer sa volonté, car, outre qu'elle devient le nombre, elle comprend toutes les forces vives de la nation. Elle trouve que si la liberté est une belle chose, la sécurité est encore préférable, et elle est toute disposée à sacrifier ce qu'il faudra de la première pour obtenir la seconde dans toute sa plénitude.

Ira-t-on jusqu'à la monarchie, je ne le crois pas; mais il est incontestable que quelques-uns y pensent. Ce qu'on fera sûrement, c'est de modifier la forme du gouvernement dans un sens autoritaire.

Dans l'Ouest, les conditions sont toutes différentes.

On se figure généralement en Europe que c'est dans les vastes solitudes de la prairie que vont s'engouffrer les émigrants qu'on voit à certaines époques de l'année encombrer les quais du Havre et de Liverpool[1] : je le croyais moi-même, mais c'est une erreur. Dans le Far-West, je n'en ai presque pas vu. Tous les fermiers, tous les mineurs que j'ai rencontrés, étaient Américains, à trois ou quatre exceptions près. Les gens abrutis de misère, que la vieille Europe envoie par delà l'Atlantique, n'ont pas l'énergie qu'il faut pour la vie des frontières.

Ils s'arrêtent presque tous dans les grands centres manufacturiers de l'Est, où précisément ils prennent la place de ceux que le goût des aventures, et aussi la haine de la gêne qu'entraîne la civilisation, poussent vers l'Ouest. Le vieux fermier de l'Arkansas, que j'ai rencontré sur la route de Pierre, partant pour le *yellow stone,* exprimait l'idée qui les pousse en avant : il me disait que décidément là-bas le pays devenait trop encombré d'habitants, *too crowded.*

[1] Cette année, plus de six cent mille émigrants ont quitté l'Europe pour les États-Unis.

Une population qui se recrute de pareils éléments a nécessairement le goût de la liberté et celui de l'égalité poussés au plus haut degré. En fait de sécurité, ils se contentent de celle que leur garantit un revolver de gros calibre. Le régime actuel qui leur permet de vivre absolument à leur guise les enchante. Lyncher de temps en temps un maladroit qui s'est laissé prendre est pour eux une distraction agréable; aussi ne se font-ils pas faute de se l'offrir.

Pendant mon séjour là-bas, je n'ai jamais ouvert un journal sans y lire quelque haut fait de ce genre.

Entre deux populations aussi différentes d'humeur et d'aspirations, il ne peut pas exister une bien grande sympathie. Jusqu'à présent l'Ouest était trop peu peuplé pour que, dans un pays où la loi du nombre est tout, on tînt grand compte de cet élément, mais je me figure que d'ici à peu l'état de choses actuel se modifiera singulièrement. Il me semble que la première question qui se posera sera celle de la capitale. Dans une fédération d'États où son rôle est aussi important, une capitale doit se trouver à peu près au centre de l'agglomération. Washington a, pendant longtemps, assez bien rempli ces conditions. Maintenant les Californiens commencent à trouver un peu dur d'être obligés d'envoyer leurs sénateurs et leurs députés dans une ville dont ils sont séparés par huit journées de chemin de fer. La curée des places s'y fait trop au profit exclusif des vieux États; aussi tous les politiciens de l'Ouest ne se gênent-ils pas pour dire qu'un jour ou l'autre, il faudra reconstruire la Maison-Blanche sur la rive droite du Mississipi; quand cette question-là se posera, on peut compter sur de grosses complications, et la séparation qui n'a pu se faire au profit des États du Sud, en suivant sur la carte une ligne horizontale, pourrait bien se faire le long d'une ligne verticale.

Toutes ces belles spéculations m'ont amené bien loin de Deadwood et de la fête du 4 juillet; quand Mac Laughlin a eu fini son discours, il s'est retourné d'un geste galant vers mistress P..., qui, se levant à son tour, a commencé la lecture de la déclaration d'indépendance. Malheureusement cette excellente dame, qui, en se relevant, nous a révélé que son amour pour l'indépendance n'excluait pas l'amour sans épithète et même l'amour avec toutes ses promesses; cette excellente dame, dis-je, ne semble pas avoir encore beaucoup l'habitude de parler en public. Ce n'est certes pas moi qui en ferai un reproche ni à elle ni au digne M. P..., lequel, debout au pied de l'estrade, couve sa moitié d'un œil attendri. Mais il en résulte que, n'ayant pas entendu un mot de ce qu'elle a dit, il m'est impossible de consigner ici de quoi au juste mistress P... et les habitants de Deadwood se sont déclarés indépendants; toujours est-il que la liste de leurs libertés est longue, car il a fallu vingt bonnes minutes pour la lire; peut-être eût-il été plus court et plus utile de lire l'énumération de leurs devoirs.

Quand mistress P... s'est rassise, je m'attendais à une explosion de hourras, et je m'apprêtais, pour honorer nos hôtes, à tirer moi-même du tréfonds de mon gosier ces sons extravagants que les Anglais poussent en des circonstances analogues avec tant d'enthousiasme. A mon grand étonnement, personne n'a poussé la moindre acclamation; les foules américaines sont remarquablement silencieuses. Le président s'est seulement levé derechef, pour nous annoncer que la cérémonie allait être terminée par une prière que délivrerait, *delivered*, le très-révérend X... Nous voyons un gros homme en redingote noire, qui, en fort bons termes, improvise une prière, écoutée avec le plus grand respect. Un détail nous fait seulement sourire un peu, c'est le soin avec lequel le révérend ministre énumère les différentes choses sur lesquelles il appelle la miséricorde divine : « Bénissez, ô mon Dieu ! s'écrie-t-il, les récoltes sur pied et celles qui sont en terre ; faites multiplier les troupeaux ; que celles de nos mines qui sont exploitées continuent à donner des dividendes de plus en plus considérables ; faites-nous découvrir de nouveaux gisements ; que la pluie soit abondante, sans qu'il y ait d'inondation... » et ainsi de suite. Si, après cela, le bon Dieu ne soigne pas tout particulièrement les habitants des Black-Hills (Dakota) (ne pas confondre avec les Black-Hills qui pourraient se trouver ailleurs : il y en a, je crois, dans le Colorado), ce ne sera vraiment pas faute de lui avoir mis les points sur les *i*.

Pendant une bonne partie de la cérémonie, M... m'a abandonné ; perché sur le balcon du Wentworth house, il a photographié la scène et obtenu deux ou trois très-bons clichés ; quand je vais le rejoindre, je le retrouve ayant déjà refait ses paquets. Nous courons à la salle à manger, où notre heureuse étoile nous fait trouver place malgré l'encombrement ; nous dévorons quelque chose, prenons congé de M. Dickerman, qui est venu nous dire adieu, après quoi nous allons au *livery-stable* pour y seller nos chevaux et partir.

Pendant que je suis en train de brider Jean-Leblanc, un cow-boy ivre, je ne dirai pas comme un Polonais, car ce serait faire du tort aux compatriotes du grand Ponia-towski, entre en titubant dans l'écurie, criant à tue-tête :

« On m'a dit qu'il y a ici un damné baron français, je veux voir un damné baron français. »

Et là-dessus il vient s'effondrer sur moi; je le cueille par la ceinture de son pantalon et l'envoie rouler dans une stalle vide où il reste assis, les jambes écartées, tenant des deux mains un gros revolver qu'il n'a pas la force de soulever, mais répétant avec cette conviction qui caractérise les ivrognes de tous les pays :

« J'ai vu un damné baron français, j'ai vu un... »

Cette idée paraît lui être agréable, car il répète sa phrase sans s'arrêter, avec un plaisir évident; et nous partons avec la conviction d'avoir contribué pour notre part, en ce qui le concerne, aux réjouissances du 4 juillet.

Nous nous sommes décidés à partir aujourd'hui, malgré les séductions de la fête, pour ne pas imposer demain une trop forte journée à nos chevaux. Nous allons visiter l'une des propriétés de Parker, *the Little Rapid Creek*. Or il y a quarante-cinq bons milles de Deadwood; nous sommes donc venus coucher chez nos amis de Hilly ranch pour diminuer d'autant la traite. Parker nous a fait passer par des chemins tels, qu'il a fallu marcher une bonne partie de la route à pied, conduisant nos chevaux. Pour que dans ce pays-ci on en vienne là, il faut quelque chose de sérieux. Par le fait, nous avons dégringolé des pentes où il me semblait que des lézards auraient eu de la peine à rester en équilibre. Pendant les premiers milles, le pays, complétement dénudé par les soins de M. Gregg, fait peur à voir; mais nous arrivons bientôt à la limite de la forêt, et alors il redevient ravissant. Enfin, vers six heures, nous voyons devant nous la baraque où nous avons déjà passé une nuit; mais la porte est fermée, et tout le monde semble parti. Cependant Parker parvient à y pénétrer par une fenêtre et revient avec le vieux confédéré, qui nous raconte, d'une voix pâteuse, que sa famille est à Deadwood, pour la fête ; lui, la célèbre à sa manière, en tête-à-tête avec une bouteille de wisky.

« A-t-il des vivres ?

— Non, répondit-il ; d'ailleurs j'en aurais, que cela ne servirait à rien, car je ne suis pas cuisinier ; mais je vous ferai du café, et du bon. » (*I aint no cook, but I am a bully boy for coffee.*)

Il dit cela en penchant la tête d'un air malin et en clignant de l'œil d'une si drôle de manière que je ne peux m'empêcher de rire, malgré la gravité de la situation que ce propos nous révèle.

« Il n'y a personne, dit M...; eh bien, voilà une chance : vous allez faire un dîner dont vous me direz des nouvelles. »

Et nos yeux attendris et charmés le voient tirer de ses sacoches un superbe gigot qu'il a eu l'admirable idée d'aller acheter ce matin à Deadwood.

Nous entrons dans la maison ; au bout de cinq minutes, un feu colossal flambe dans la cheminée, une ficelle, pendue au manteau, remplace la broche inconnue dans ce pays barbare ; et une heure après, le premier gigot rôti qui ait jamais été mangé dans les Black-Hills étalait sur la table sa chair rose et juteuse. Hélas ! au moment où j'écris ces lignes, il n'en reste guère que le souvenir, qui est délicieux, et un os bien dégarni ; il a fallu inviter cet affreux confédéré. Il n'est ni cuisinier ni rôtisseur, mais il a une bien rude fourchette. Si tous les soldats de Lee étaient de ce calibre, ils ont dû ravager les plaines du Potomac comme une bande de sauterelles.

EN ROUTE POUR LITTLE RAPID CREEK.

5 juillet. — Ce matin, en descendant, j'ai retrouvé le vieux confédéré enveloppé dans ses couvertures en travers de la porte, comme je l'avais vu il y a cinq jours. Seulement le grand revolver qu'il dépose d'ordinaire, à portée de sa main, sur le plancher, était remplacé par une bouteille de wisky, vide, bien entendu. Un Sioux qui passerait pourrait cueillir sa chevelure sans qu'il s'en aperçoive. Mais ce serait une mauvaise affaire, car son vieux crâne est tout déplumé par places.

Après avoir, avec tous les égards imaginables, poussé de côté le maître de la maison, nous parvenons à ouvrir la porte. Le soleil est déjà un peu haut. Les vaches de la prairie qui n'ont pas été traites depuis deux jours beuglent en nous apercevant d'un air si aimable, que nous allons les débarrasser de deux ou trois litres d'un lait délicieux. Après quoi nous nous occupons de rattraper nos chevaux lâchés la veille dans le corral. Ce n'est pas une petite affaire. La jument jaune de M..., surtout, est horriblement sauvage, et son exemple entraîne les autres qui se serrent contre elle, nous laissant approcher tout près, et puis, quand nous croyons les tenir, détalent au galop à travers la grande herbe chargée de rosée, sans se laisser séduire par nos paroles engageantes et nos picotins d'avoine. Il faut avoir recours aux grands moyens. Nous nous mettons en ligne, tenant chacun le bout de nos lariats, et nous finissons par acculer les maudites bêtes dans un coin où elles se laissent prendre quand elles voient qu'il n'y a plus moyen de faire autrement.

Enfin Parker se met à la tête de la colonne, et nous disons adieu, cette fois-ci définitivement, au vieux confédéré qui cuve toujours son wisky. De *Hilly ranch* à *Little Rapid Creek,* il n'existe même pas de sentier.

Parker nous indique un pic de montagne de forme particulière qui domine, paraît-il, sa propriété, et nous mettons le cap dessus, coupant aussi droit que possible à travers la forêt.

L'opération offre bien quelques difficultés. Nous nous heurtons à chaque instant à de pauvres vieux sapins morts de vieillesse, dont les troncs, couchés en travers et hérissés de branches comme des chevaux de frise, nous obligent à de longs détours. Ailleurs, nous faisons tête sur de véritables fourrés de rosiers et de framboisiers sauvages. Si les framboises étaient mûres, ce serait une consolation, d'abord, parce qu'on pourrait en manger, et qu'ensuite on aurait de grandes chances d'y rencontrer un ours, car il paraît que ces animaux qui en sont très-friands sont très-nombreux par ici. Hier, quand le confédéré n'était encore qu'à moitié gris, il nous a conté qu'il y a trois ou quatre jours, il labourait dans un fond, quand il vit un gros ours qui sortait du bois. Il crut d'abord qu'il traverserait simplement la vallée; mais l'animal, après s'être arrêté un instant pour le regarder de loin, s'avança vers lui, ce que voyant, il s'était empressé de dételer ses chevaux, d'en enfourcher un et de détaler au plus vite, emmenant l'autre. Arrivé à quelque distance, il avait vu l'ours assis à côté de la charrue, qu'il avait chavirée sur le côté et qu'il examinait avec un vif intérêt. Je lui ai demandé si l'ours n'avait pas fini par s'atteler lui-même pour achever le sillon, mais il m'a dit que non.

Toujours est-il que nous n'avons pas rencontré le plus petit de ces intéressants animaux. Nous avons levé seulement trois ou quatre daims mouchetés et un nombre incalculable d'écureuils, qui ont toujours sur les sapins table mise. En somme, je m'explique que les Indiens vivent plutôt dans la prairie que dans la montagne. Nous voyons bien moins de gibier depuis que nous avons quitté Rapid-City. J'ai encore une autre déception. Un Anglais, grand voyageur, m'avait beaucoup conseillé, avant mon départ, de ne pas oublier d'emporter une ligne. Je me suis muni non-seulement d'une ligne, qui m'a beaucoup gêné, mais de tout un album de mouches artificielles, qui m'a coûté très-cher, et il paraît qu'il n'y a pas une truite dans tout le pays. Du reste, j'aurais dû m'en douter. L'eau de la Cheyenne, qu'il leur aurait fallu remonter pour arriver jusqu'ici, est trop chargée de sels pour que les truites essayent le voyage.

Après deux ou trois heures d'une marche assez pénible, nous arrivons sur la crête d'une colline fort élevée, où Parker nous fait arrêter pour expliquer la topographie du pays. Depuis Deadwood, nous avons suivi une corde qui sous-tend une portion notable du cercle formé par les Black-Hills. Comme toutes les vallées ont été formées par les eaux qui s'écoulent d'un massif central à la circonférence, il nous a fallu escalader toutes les lignes de partage, c'est ce qui a rendu notre marche aussi pénible. Nous allons bientôt atteindre la tête d'une vallée qui nous conduira chez lui, mais avant d'y arriver il va falloir traverser toute une zone de la montagne, de huit ou dix milles de largeur, qu'un incendie, déjà ancien, a complétement dévastée. Nous nous enfonçons immédiatement au milieu d'un dédale de troncs carbonisés : dans quelques endroits abrités du vent, il y en a qui tiennent en l'air par un véritable miracle d'équilibre, car je remarque que souvent, tandis que le tronc est presque intact, le pied complétement carbonisé n'a plus qu'une épaisseur de quelques centimètres. J'en pousse avec mon fouet un ou deux qui s'écroulent en entraînant leurs voisins comme des capucins de cartes.

Vers dix heures, nous arrivons enfin à la lisière de la forêt, de l'autre côté. Parker nous fait remarquer avec un orgueil de propriétaire la belle venue des arbres que nous voyons. Le fait est que nous n'avons point encore vu d'aussi belles futaies. La moyenne des arbres a certainement quarante ou cinquante centimètres de diamètre.

De tout cela Parker se considère comme propriétaire, bien qu'il ne le soit pas en droit strict, puisque la loi défend l'aliénation des forêts. Mais comme elle permet leur exploitation à tous, leur propriété effective appartient à celui qui dispose des moyens d'accès les plus économiques. Or, Parker a acheté le cours d'une rivière, le *Little Rapid Creek*, principal affluent du *Rapid Creek*, que nous avons vu à Rapid-City. Dans quelques mois, quand les travaux du chemin de fer commenceront, il sera donc le seul à pouvoir flotter jusqu'aux chantiers de construction tous les bois de sa région, sept ou huit mille hectares au bas mot.

En sortant de l'ombre épaisse projetée par ces beaux sapins, nous arrivons sur le bord d'un petit bassin naturel formé par une magnifique source, dont les eaux limpides comme du cristal sortent d'un gros rocher de schiste.

Pendant que nos chevaux se rafraîchissent tout à leur aise, nous jouissons de la jolie vue que nous avons devant nous. Le petit ruisseau qui s'échappe du bassin s'enfonce dans une admirable vallée qui se déroule devant nous jusqu'à un immense mur de rochers dont nous voyons les hautes assises d'un gris bleuâtre éclairées par le soleil, à six ou sept kilomètres de nous. C'est au pied de ce rempart que coule, paraît-il, le *Little Rapid*, dont ce ruisseau qu'on a baptisé du nom significatif de *Little Gimlet* (petite vrille) est un affluent. Cette vallée, dont la largeur varie de cent à huit cents ou neuf cents mètres, est encore la propriété de Parker. Elle est profondément encaissée entre deux murs de rochers couronnés de sapins. Le fond est couvert d'une récolte de sainfoin naturel tellement épaisse, que nos chevaux éprouvent quelque peine à se frayer un chemin au travers.

Ces vallons de montagnes ont dû n'être autrefois qu'une série de petits étangs se déversant les uns dans les autres. Les grandes crues ayant emporté les barrages naturels qui les avaient formés, les eaux ont pu s'écouler, laissant une suite de petites plaines de formes allongées enserrées entre les boucles du ruisseau. On les appelle des *bars* dans le pays, où elles sont très-appréciées pour l'élève des bestiaux, d'abord parce que l'herbe y est superbe, et ensuite parce que la neige n'y tient pas l'hiver. Parker va mettre cinq ou six cents bœufs dans ceux-ci, à l'automne prochain. Dans l'un d'eux, il avait établi, l'année dernière, une scierie qui a transformé les sapins du voisinage en un monceau de madriers destinés au chemin de fer.

Le *Little Gimlet* mérite bien son nom. Elle fait tant de zigzags, qu'à tout instant il nous faut la traverser à gué, car les grosses crues d'il y a un mois ont emporté les tabliers de tous les ponts qu'on avait établis. A l'un de ces passages, Jean-Leblanc me donne un nouvel échantillon de son savoir-faire. La rivière n'est pas bien large, mais elle est très-boueuse; je prends le parti de passer en marchant sur une des traverses qui supportaient le tablier quand il y en avait un. C'est un sapin, non dépouillé de son écorce, gros comme la cuisse. Mon cheval, que je tiens par la bride, commence par entrer dans la vase; mais se sentant enfoncer, il saute d'un bond sur le sapin et passe derrière moi, aux applaudissements de M..., qui, même ayant vu la chose mieux que moi, n'en croyait pas ses yeux.

Enfin nous arrivons au *Little Rapid Creek*. C'est une belle rivière d'une vingtaine de mètres de largeur sur quatre ou cinq pieds de profondeur, dont l'eau, claire comme du cristal, coule sur un lit de sable et de grosses roches schisteuses. Elle aussi court d'un bord à l'autre de son étroite vallée en formant une série de *bars* complètement isolés les uns des autres, car les flancs de la montagne sont si escarpés, qu'ils ressemblent à de véritables murs. Nous ne constatons le fait que trop bien : pendant l'absence de Parker, le *Little Rapid* a aussi fait des siennes et enlevé tous les tabliers des ponts. Comme nous sommes peu désireux de recommencer nos expériences de passage de rivière à la nage, nous suivons notre guide, qui prétend qu'un sentier a été tracé au printemps par les ouvriers sur le flanc de la montagne. C'est un horrible casse-cou, mais cependant nous y passons sans encombre, et au bout d'une demi-heure nous apercevons un groupe de maisons bien bâties entourées d'un grand jardin, le premier que nous ayons vu en Amérique. Sur le seuil de la plus grande apparaît un vieux bonhomme en lunettes, auquel Parker nous présente avec un grand sang-froid :

— Capitaine Hughes, voici M. de M... et M. de Grancey.

Le capitaine Hughes est le second de Parker. Pour le moment il est tout seul à la maison. Nous dessellons nos chevaux, qui s'en vont manger l'herbe du *bar,* et nous nous mettons à l'abri juste à temps pour éviter une pluie diluvienne qui nous a fait la galanterie d'attendre notre arrivée pour tomber, mais qui ne cesse pas du reste de la journée.

J'utilise les loisirs qu'elle nous crée en examinant tous les documents relatifs à l'acquisition du *Little Rapid Creek.* Il est assez curieux d'étudier l'art de devenir propriétaire au Dakota.

Il y a trois ans que différents mineurs reconnurent l'existence d'une notable quantité d'or dans les sables du *Little Rapid.* Ils commencèrent par remplir les formalités nécessaires pour s'en assurer la propriété. C'est ce qu'on appelle un *placer claim.* En fait, cela se borne à une simple déclaration et au payement d'un droit de deux francs cinquante centimes par acre. Puis ils se mirent en devoir de les exploiter. L'opération marchait dans de bonnes conditions, quand survint un spéculateur de New-York, M. X..., qui leur proposa une certaine somme de leurs *claims* (gisements de sable aurifère). L'affaire fut conclue. M. X... fonda alors, à New-York, une Compagnie d'exploitation au capital de deux cent mille dollars (un million de francs). De superbes machines furent achetées, et une trentaine d'ouvriers, dont le moindre coûtait quatre dollars par jour, arrivèrent dans la vallée, construisirent une route, une scierie, cinq ou six maisons, écuries, magasins, etc., etc. Une année se passa ainsi. Les machines arrivèrent et furent montées. On avait déjà dépensé deux cent cinquante mille francs, et la caisse était vide, ce qui ferait supposer que, dans le million souscrit, il y avait bien quelques non-valeurs. Les salaires ne furent plus payés que très-irrégulièrement. Les meilleurs ouvriers, flairant la ruine, s'en allèrent. La machine, confiée à un mécanicien inexpérimenté, fit une avarie grave, dont la réparation exigeait l'envoi d'une pièce importante à Chicago. Il s'agissait d'un fond de cylindre cassé. Dès lors la débandade commença. Les administrateurs, qui paraissent s'être bien conduits à cette période de l'affaire, avancèrent quelques fonds sous leur responsabilité personnelle, puis ils réunirent les actionnaires pour leur demander de nouveaux sacrifices. Ceux-ci, mécontents, refusèrent, aimant mieux se résigner à perdre une première mise que de continuer à « arroser » une affaire mal engagée. Pendant ce temps-là les frais couraient toujours. Un beau jour, un charretier non payé disparut avec les attelages; ce fut alors que Parker arriva. Il proposa de reprendre l'affaire sur les bases suivantes : la Compagnie lui céderait tous ses droits de propriété contre quittance des dettes encourues. Sa proposition fut acceptée avec enthousiasme. Cependant une disposition particulière de la loi de New-York sur les Compagnies fait que le marché ne sera définitif qu'à la fin de l'année 1883.

Bien que devenant propriétaire de ces claims et du magnifique matériel qui était sur place, Parker n'avait pas l'intention de les exploiter, au moins immédiatement. Il voulait surtout s'assurer la propriété du cours d'eau : car ayant reconnu que les deux rangées de collines entre lesquelles il coule renfermaient un grand nombre de gisements de quartz et de cuivre, il était certain que le jour ne tarderait pas à venir où d'autres Compagnies se formeraient pour les exploiter, et comme dans l'exploitation des mines de quartz, l'eau est un facteur absolument indispensable non-seulement comme moteur, mais pour le lavage, il était sûr de pouvoir ce jour-là dicter ses conditions. Cette spéculation, qui serait bizarre dans tout autre pays, est certaine de réussir ici d'une manière complète. Du reste, elle a déjà été faite sur d'autres points. Dans des conditions analogues, le *Caledonia* paye, comme *water right* (droit d'eau), au propriétaire d'un ruisseau quatre cents dollars par semaine.

Ces Américains sont vraiment des gens bien extraordinaires. J'ai connu Parker, autrefois, à Saïgon et à Hong-kong. Il avait trois ou quatre chevaux dans son écurie et une demi-douzaine de boys chinois, en jaquette de soie blanche, pour son service personnel. Il nous donnait de très-bons dîners, où se vidaient bon nombre de bouteilles de champagne frappé. Enfin il vivait comme tous les riches négociants du pays.

Sachant qu'il habite ici depuis plus d'un an, je me figurais que nous allions y trouver, sinon un certain luxe, du moins un bon confortable. Hélas! quelle désillusion! Il couche dans un lit sans draps, enveloppé dans une couverture; il mange avec ses ouvriers l'infernal lard du pays; cependant, je dois dire que le sien n'est pas rance, et c'est son ingénieur, le bonhomme Hughes, qui fait la cuisine. Aujourd'hui, les ouvriers sont absents, dispersés aux environs pour fêter le 4 juillet; nous sommes donc tout seuls. Quand M... a été mis au fait des arrangements domestiques, il a déclaré qu'il se chargeait lui-même de la cuisine. Hughes s'est mis seulement à faire l'affreux cataplasme qu'on appelle du pain dans ce pays-ci.

Honteux de mon oisiveté, j'ai offert mes services, mais on n'a voulu me confier que les gros ouvrages.

En conséquence, je me suis armé d'une forte hache, et c'est moi qui ai été chargé d'alimenter le feu, ce que j'ai fait, au prix de quelques ampoules, en transformant en bûches un bon sapin du voisinage.

Quand je suis rentré avec ma charge de bois, j'ai trouvé le père Hughes très-excité. Il venait d'apprendre qu'une mystérieuse opération, à laquelle M... donnait la dernière main, était ce plat français dont la vague renommée était souvent venue jusqu'à lui, et que les épicuriens du vieux monde appellent une omelette. C'en était effectivement une ; elle était au lard et exquise.

Le père Hughes a mangé de l'omelette. Il a soixante-dix ans, et cela ne lui était jamais arrivé auparavant ! Et les Américains se piquent de civilisation ! Un seul fait pourra, du reste, donner une idée de leur incommensurable ignorance culinaire. Les écrevisses bordelaises sont inconnues à Chicago, une ville de six cent mille âmes, et ces admirables crustacés grouillent littéralement dans tous les ruisseaux du voisinage, attendant, pour rougir du mépris que ces barbares leur témoignent, que quelque Français, égaré dans ces parages, les fasse passer au court-bouillon !

LITTLE RAPID CREEK, VU DE FAIR VIEW GULCH.
D'après une photographie de M. le baron Ernest de M...

CHAPITRE VI

Little Rapid Creek. — Les castors. — Le Pan. — Bill. — Le marquis de M... et les *cow-boys*. — Une chasse au tigre. — *Fairview.* — Les marmottes.

6 juillet. — Il a plu toute la nuit, mais ce matin le soleil brille, et, en mettant le nez à la fenêtre de nos chambres, nous jouissons d'un joli paysage frais et reposé qui nous console tout de suite de la fâcheuse nuit que nous avons passée, étendus sur un sac de feuilles sèches, mal recouverts par des couvertures indiennes aux brillantes couleurs qui feraient très-bien dans un petit appartement comme portières, mais qui décidément ne remplacent pas un bon lit. Ce système de couchage a du moins l'avantage de ne pas favoriser la paresse; aussi nous le quittons sans regret et nous nous acheminons vers la maison principale pour rejoindre nos hôtes.

Nous ne trouvons que le capitaine Hughes. Il paraît que la jument de M... a encore fait une de ces frasques dont elle n'a que trop l'habitude. En constatant son absence ce matin, Parker a sellé un cheval et est parti à sa recherche en la suivant à la piste. O Gustave Aymard, que n'es-tu là!

Nous nous consolons de cette fâcheuse nouvelle en avalant un verre de café, après quoi nous allons donner un coup d'œil à la propriété. On voit que les anciens

occupants ne ménageaient pas l'argent : ils ont bien
fait les choses. Il y a d'abord cinq ou six bâtiments en
bois très-soignés. Le principal est une grande baraque
avec deux ailes en retour. Dans l'une se trouve un magasin bondé de pièces de machines et d'approvisionne-
ments de toute espèce. La pièce du milieu est une
grande salle servant de bureau et de réfectoire; à
côté se trouve la cuisine. Plus haut, une autre maison,
celle où nous avons couché, contient trois ou quatre
chambres, autrefois destinées à l'état-major de la Compagnie; une troisième servait de logement aux ouvriers; enfin plus bas se trouvent des écuries, hangars,
étables, ateliers du forgeron et du charpentier avec tout
leur matériel. Les machines dont nous remettons à
plus tard l'examen sont de l'autre côté de la rivière sur
les bords de laquelle nous allons flâner. Nous trouvons
tout d'abord les restes d'une digue faite par des castors
pour y établir leur habitation. Parker n'a pas voulu
tracasser ces braves bêtes, qui foisonnent tout le long de
la rivière et y avaient deux étangs faits par elles-mêmes,
artificiellement. Pendant la crue extraordinaire des
jours derniers, des sapins morts, arrivant au fil de
l'eau, ont démoli les constructions de fond en comble.
Maintenant ils s'occupent chaque nuit à les rétablir.
Nous voyons un arbre qu'ils sont en train d'abattre :
c'est un bouleau qui a au moins vingt-cinq centimètres
de diamètre. Ils lui ont fait avec leurs dents une entaille
aussi régulière que celle que ferait un bûcheron. Les
copeaux que nous ramassons sont coupés net comme
par une hache. Dès que l'arbre sera tombé, et ils se
sont arrangés pour qu'il tombe en travers de la rivière,
ils en couperont un ou deux autres, entre-croiseront
les branches, les tapisseront d'un mortier fait de boue

battue avec leur queue, et c'est sur la digue ainsi faite qu'ils élèveront leurs nouvelles maisons. Malheureusement, il ne reste pas de traces des anciennes.

À l'endroit où nous sommes arrêtés, un remous de courant causé par un coude de la rivière a accumulé de grandes quantités d'un sable noir vaseux.

— Au fait, dit M..., si nous cherchions un peu d'or !

Il court à la maison, d'où je le vois revenir accompagné du père Hughes, qui veut nous donner notre première leçon de « panage ».

On appelle *pan* un plat de fer un peu plus grand qu'une assiette à soupe, dont se servent les laveurs d'or pour expérimenter la richesse des sables. Armés chacun d'un *pan*, nous le remplissons de vase et de sable ; et puis, accroupis sur le bord de l'eau, suivant les indications de notre professeur, nous agitons par petites secousses circulaires notre assiette, rejetant à chaque coup les graviers et l'eau vaseuse. Au bout de trois ou quatre minutes de cet exercice, il ne reste plus qu'une poignée de terre très-fine délayée dans l'eau et qui, dès qu'on cesse de l'agiter, vient se déposer sur le bord de l'assiette. Déjà l'on voit poindre, çà et là, des petits points brillants qui sont des paillettes d'or. C'est le moment palpitant. Elles sont si ténues que, si l'on secoue trop fort, l'eau les entraîne ; si l'on ne secoue pas assez, on n'en finit pas de se débarrasser de la terre. M..., qui est d'une adresse extraordinaire, attrape tout de suite le coup de main. Il fait l'admiration du père Hughes, qui nous met au courant de toutes les « ficelles du métier ».

— Ainsi, nous explique-t-il gravement, quand on veut acheter un placer, il faut beaucoup se méfier. Le vendeur vous propose toujours de paner devant vous.

A chaque coup, il jette dans l'eau une petite quantité de poudre d'or qu'il tient en réserve dans ses ongles, ou même dans sa bouche : en faisant la chose adroitement, on peut presque augmenter d'un tiers la quantité d'or contenue réellement dans chaque pan : c'est ce qui s'appelle *saler la mine* [1] !

— Eh bien, capitaine, combien y a-t-il d'or dans ce pan-là ?

— Oh ! vous n'avez pas cherché à un bien bon endroit : il n'y a pas plus de cinq à six sols d'or au pan. Venez un peu plus haut, vous allez voir.

Il nous fait marcher pendant quelques instants dans l'herbe, en tournant le dos à la rivière, puis il s'arrête dans une petite dépression du terrain.

— Voyez-vous ce gros rocher qui est là à l'entrée du bar ? me dit-il en me montrant un énorme bloc de schiste qui bouche à moitié la vallée.

— Parfaitement.

— Eh bien, remarquez-vous dans la montagne cette grande entaille, juste au-dessus de lui ? C'est de là qu'il s'est détaché. Il est venu rouler dans le lit de la rivière qu'il a changé. Remarquez-vous ? Autrefois, elle passait par l'endroit où nous sommes.

— Tiens, c'est vrai.

— Piochons ici, et vous verrez quel pan nous aurons.

De quelques coups de pioche il écarte soigneusement les mottes de gazon ; au-dessous se trouvait une couche de terre végétale, puis une autre de cailloux de rivière roulés, puis du sable noir tout pareil à

---

[1] Il y a encore une autre manière, fort usitée, de saler une mine. On bourre le canon d'un fusil de poudre d'or, puis on le tire de place en place dans le sable qu'on fait paner ensuite à l'acheteur naïf.

celui que nous avons vu tout à l'heure dans la rivière. Le bonhomme nous le montra d'un air triomphant. Nous remplîmes nos *pan*. En cinq minutes de lavage, nous avions chacun une pincée d'or triple de celle que nous avions auparavant.

— Vous voyez? me dit-il, en prospectant le long de la vallée, il m'est arrivé de trouver jusqu'à trente ou quarante sous d'or dans le pan. La saison dernière, M. Parker n'était pas ici, j'ai permis à des ouvriers de travailler à leur compte. Ils nous payaient un dollar par jour et se faisaient des journées de cinq ou six dollars. Ah ! voilà les chevaux !

De l'autre côté de la rivière, nous voyons Parker qui revient galopant à fond de train vers un gué qui est un peu plus haut vers la mare des castors. Il ramène la jument jaune. Heureusement qu'hier nous lui avions laissé le lasso au col. Le gros nœud qui est au bout s'est pris dans une racine; elle était arrêtée à cinq ou six milles d'ici dans les bois. Sans ce bienheureux lasso, Dieu sait où elle serait allée !

Nous nous dépêchons de manger un déjeuner composé de pain et de *corned beef*, puis nous nous mettons en route, car nous avons à visiter les trois ou quatre mines dont Parker compte se réserver la propriété exclusive. En descendant la rivière, je remarque un groupe de sapins de dimensions colossales. Nous mesurons le plus gros à un mètre de terre : il a $3^m,60$ de tour. Beaucoup d'autres ont deux mètres.

Il nous faut grimper sur le flanc de la montagne, à une grande hauteur. Je suis tout honteux d'être essoufflé et d'être souvent obligé de m'accrocher par les mains, quand je vois le père Hughes, avec ses soixante-douze ans, marcher devant moi tout tranquillement, sans paraître s'apercevoir qu'il porte un pic et une hachette. Nous arrivons enfin à une galerie creusée seulement de quelques pieds dans le flanc d'un rocher, dont les teintes vertes contrastent singulièrement avec les masses grises des schistes qui nous entourent. C'est une mine de cuivre qu'on a relevée, mais dont l'exploitation ne se fera que plus tard. Du point où nous sommes, nous pouvons explorer la vallée, qui, trois ou quatre milles plus bas, est coupée brusquement par deux murs de rochers d'une hauteur colossale, tellement rapprochés, qu'ils ne laissent qu'un tout petit passage à la rivière. Ces sortes de défilés s'appellent ici des *cañons* : c'est de l'autre côté que se trouve le Rapid-Creek. Le vieux Hughes me fait remarquer la veine de quartz. Elle coupe obliquement tous les contre-forts de la montagne. Nous la voyons très-distinctement, surtout dans les endroits où passent de petits cours d'eau.

Là, les murs de schiste, lentement usés par le frottement de l'eau, la laissent ressortir en bosse d'une blancheur éclatante. On nous mène à un point peu éloigné, où l'on creuse un puits destiné à déterminer sa profondeur. A cet endroit le métal s'est fait jour à travers la couche de quartz, et est venu imprégner une couche d'une matière bizarre, qui a un peu l'aspect d'un nougat de Montélimar avec des irisations dorées d'une couleur superbe. Ces irisations sont dues à la présence de minerai de fer; l'or s'y trouve mêlé d'une manière très-irrégulière, mais est très-abondant sur certains points.

En suivant toujours la veine, nous finissons par arriver sur le bord de la rivière. Il se fait tard, et nous sommes à cinq ou six kilomètres de la maison. L'obscurité commence à se faire dans cette vallée profonde, où le soleil oblique ne peut plus pénétrer. Les moustiques en profitent pour se livrer à leurs farandoles qui nous empêchent de jouir de la belle nature avec le calme nécessaire. Ce que nous voyons est cependant bien joli. La rivière, profondément encaissée, coule en écumant sur son lit de rochers. D'énormes sapins s'entre-croisent sur ses rives et en indiquent les innombrables sinuosités, car sous ce rapport, le Little-Rapid n'a rien à envier au *Little-Gimlet*, et ses détours continuels nous obligent à des passages fréquents qui ne sont pas toujours sans danger, vu l'état décidément rudimentaire du service des ponts et chaussées dans ce pays. D'ordinaire, on traverse sur un sapin jeté d'une rive à l'autre. Parker et le père Hughes se livrent à cet exercice avec une dextérité qui nous fait honte. En passant sur ces troncs glissants avec mes grosses bottes et mon winchester sur le bras, je crois bien, deux ou trois fois, aller piquer une tête dans l'eau noire qui bouillonne à dix ou douze pieds sous moi : cependant aucun accident ne se produit : nous faisons seulement lever deux ou trois daims.

J'ai pu, encore aujourd'hui, faire une bonne étude de mœurs. En rentrant, je suis allé directement dans ma chambre pour déposer mon fusil. Je vois arriver Parker, qui me dit en me remettant une lettre :

— Un de nos ouvriers arrive en ce moment de Rapid-City. Le maître de poste lui a remis ceci qui est arrivé pour vous.

— Mais, lui dis-je en examinant la lettre, comment se fait-il qu'elle soit ouverte ?

— Ah ! me répond-il, je ne l'avais pas remarqué, c'est vrai, allons le lui demander.

— Qu'est-ce qu'il faisait donc à Rapid-City ?

— Il était du jury ; voilà quinze jours qu'il est absent.

Nous arrivons dans la cuisine. Un grand diable à figure patibulaire est assis au coin du feu, le chapeau sur la tête. Il va sans dire qu'il ne se lève pas.

— Bill, lui dit Parker, ce gentleman est M. de Grancey.

— Ah ! dit Bill sans broncher, comment l'appelez-vous ? Je n'ai pas bien entendu son nom.

— M. de Grancey, répète Parker.

— Enchanté de vous voir, dit Bill d'un air légèrement protecteur.

— Moi aussi, lui dis-je un peu agacé. C'est vous qui avez apporté cette lettre ?

— Oui.

— Pourriez-vous m'expliquer comment il se fait qu'elle soit décachetée ?

— Oh ! voilà ! l'aubergiste m'a dit qu'il fallait partir aujourd'hui pour l'apporter : j'avais envie de ne partir que demain. Alors j'ai ouvert la lettre pour voir s'il y avait quelque chose de pressé, mais elle était en français ; je n'ai pas pu la comprendre.

Et pendant quinze jours ce gaillard-là vient de juger ses compatriotes ! C'est cela qui donne une fière idée de la justice du pays.

7 juillet. — Ce matin, Parker est venu me raconter que le sympathique Bill avait disparu pendant la nuit. Il s'était plaint, paraît-il, au capitaine Hughes de ce que je ne l'avais pas traité avec suffisamment d'égards. En revanche, un autre ouvrier est revenu. Il avait été fêter le 4 juillet je ne sais où. Dans un journal, le *Yellow*

UNE GARE DANS LE FAR-WEST.

Page 187

stone *Journal* du 30 juin, qu'il apporte, nous trouvons des nouvelles fort intéressantes d'un de nos amis qui vient de fonder à quelques centaines de milles d'ici, dans le Nord, sur la ligne du N.-Western, un grand ranch de bestiaux. Voici l'article :

ARRESTATION DE COW-BOYS.

« Hier soir, à six heures, est arrivé à Mandan un train de marchandises qui amenait le marquis de M... et ses amis, le shérif Harnow et son escorte, et enfin les *desperadoes* qu'on vient d'arrêter, Frank O'Donnel et John Reuter, le dernier connu aussi sous le nom de Wanegan. Une grande foule était réunie à la gare pour voir les prisonniers qu'on a aussitôt menés à la prison. O'Donnel est un homme grand et de belle tournure, habillé d'un costume indien en cuir, avec des franges sur toutes les coutures, et d'un chapeau de feutre blanc comme en portent les cow-boys. On lui avait mis les menottes. Wanegan, qui est beaucoup plus jeune, n'avait qu'une chemise et un pantalon.

« L'interrogatoire des prisonniers a été fait par le juge Bateman, à dix heures. Le marquis a choisi pour attorneys Sowel et Allen. Les prévenus sont accusés d'avoir menacé de mort le marquis et ses ouvriers, d'avoir détruit ses clôtures et commis différents autres faits qualifiés crimes ou délits.

« Les deux prisonniers ont protesté contre les accusations dont ils étaient l'objet. Ils ont été invités à trouver deux cautions de six mille dollars chacune, et ont été prévenus d'avoir à comparaître mardi prochain. Tous les assistants manifestaient une grande sympathie pour le marquis.

« Wanegan et O'Donnel n'ayant pu fournir de caution ont été reconduits à la prison, qui est gardée avec des précautions spéciales. Le reporter de ce journal a eu une entrevue avec le marquis, auquel nous laissons la parole :

« O'Donnel est une des premières personnes que j'ai rencontrées à Little-Missouri. Je dois dire que sa bravoure et son adresse comme chasseur me l'avaient rendu tellement sympathique, que j'étais disposé à faire tout mon possible pour lui rendre service, et je le lui ai témoigné à plusieurs reprises. Vendredi, j'arrivai à Little-Missouri vers onze heures, revenant de *Miles-City* où j'étais depuis l'avant-veille. Trouvant beaucoup de lettres arrivées pendant mon absence, je passai toute la journée de vendredi et toute celle de samedi sans sortir, occupé à faire mon courrier. Dans la soirée, je vis arriver M. Paddock qui venait me dire que je devrais prendre des précautions, O'Donnel disant partout qu'il allait m'assassiner. Dimanche, j'allai à Mandan pour me procurer un mandat d'arrêt contre lui. Non-seulement le juge m'en remit un, mais encore il me dit qu'il m'autorisait pleinement à me défendre moi-même si j'étais attaqué (!!!). A quatre heures, j'étais de retour à la gare de Little-Missouri, d'où, par prudence, je ne voulus pas sortir tout d'abord.

« Ma présence y fut bien vite connue. O'Donnel et ses compagnons, Luffecey et Wanegan, prévenus par un de leurs espions, se mirent immédiatement en devoir de venir m'y chercher. Apprenant vers huit heures qu'ils s'approchaient, je gagnai un petit bois du voisinage, où je rencontrai M. Paddock, qui, voyant que nous étions poursuivis, m'emmena dans sa maison, où nous sommes restés toute la nuit, et d'où je pus envoyer un télégramme au shérif de Mandan, réclamant sa protection.

« Pendant toute la matinée de mardi, nous avons vu O'Donnel surveillant la maison. Vers onze heures, lui et Luffecey s'approchèrent de deux côtés différents ; mais voyant que nous étions sur nos gardes, ils se retirèrent.

« Je fis dire à Howard Eaton d'aller à la gare pour y voir le shérif qui était attendu par le train de midi trente, lui raconter ce qui se passait, et lui dire que nos cow-boys avaient reçu l'ordre de garder les chemins à la sortie de la ville, pour arrêter au passage les malfaiteurs s'ils cherchaient à s'échapper lors de son arrivée.

« Trois routes aboutissent à la gare où ils se trouvaient. Frank Miller et moi, nous étions sur la première ; le capitaine Paddock et son neveu étaient sur la seconde, et Dick Moore, avec un autre homme, sur la troisième.

« Quand le train entra en gare, O'Donnel, Wanegan et Luffecey étaient à cheval sur la plate-forme, faisant face à la voie, la carabine à la main. Le shérif descendit du wagon et commença à leur donner lecture du mandat d'arrêt dont il était porteur. O'Donnel l'interrompit en lui disant qu'ils ne se laisseraient pas arrêter tant qu'ils seraient en vie. A peu près une demi-heure plus tard, le train était reparti, je vis les trois hommes arrivant au galop, le fusil à la main. Miller et moi, nous tirâmes aussitôt sur eux. A la première décharge, ma balle cassa la carabine d'O'Donnel, et alla se loger dans sa cuisse. Riley Luffecey tomba roide mort ; la balle de Miller lui avait traversé le cœur et les poumons, après lui avoir cassé le bras gauche. O'Donnel, se sentant blessé, chercha à s'échapper, mais il trouva sur son chemin Dick Moore, qui arrivait à notre secours et qui tua son cheval sous lui d'un coup de fusil, pendant que le capitaine Paddock et son neveu s'emparaient de Wanegan. Nous avons alors conduit nos deux prisonniers à la gare, où nous les avons remis au shérif, qui, après avoir constaté leur identité, les a amenés à Mandan.

« Ce récit nous a été confirmé par tous les témoins de la scène. Howard Eaton dit que ces trois hommes étaient depuis quelques jours la terreur de Little-Missouri. Ils parcouraient la ville en tirant des coups de revolver au hasard, par les fenêtres dans les hôtels, les banques et les bars. O'Donnel a refusé de donner aucun détail à notre reporter. Il s'est contenté de déclarer que toutes les accusations portées contre lui sont fausses, et que les hommes les plus respectables du pays viendront témoigner en sa faveur. Malgré ces assurances, les prisonniers paraissent comprendre que leur situation est mauvaise. Tous les habitants de Little-Missouri, comme l'escorte de Mandan qui accompagnait le shérif, s'accordent pour dire que le marquis n'a eu qu'un tort, c'est de ne pas les tuer tous les trois, car ce sont des misérables de la pire espèce.

« Quels sont les véritables motifs de cette agression ? C'est ce qu'on ne sait pas encore bien. Il serait possible que ces trois hommes eussent seulement eu pour but d'obtenir par intimidation le départ du marquis, dont la présence contribue cependant dans une si large mesure au développement de la richesse de notre pays. S'il en est ainsi, leur but ne sera heureusement pas atteint, car ce gentilhomme (*most noble lord*) va retourner dans ses terres dès que le calme sera rétabli. Il dit que la malheureuse victime qui a succombé, Riley Luffecey, était le plus brave et le moins mauvais de la bande. » (*Bismarck Tribune,* 28 juin.)

Un autre journal du 5, le *Black-Hills Pioneer,* nous donne heureusement le dénoûment de cette aventure dans la note suivante : « Samedi dernier, le marquis de M..., Frank Miller et Dick Moore ont comparu devant le juge Bateman, prévenus d'avoir occasionné la mort de Riley Luffecey, au Petit-Missouri. Un grand nombre de témoins ont été entendus. Le juge a acquitté les prévenus, en déclarant qu'ils avaient été menacés et n'avaient agi que pour leur défense personnelle. Les deux hommes actuellement détenus à Mandan, O'Donnel et Wanegan, passeront devant les assises, accusés d'homicide par imprudence (*man slaughter*), comme ayant occasionné la rixe dans le cours de laquelle Luffecey a été tué. »

Parker et le capitaine Hughes admirent beaucoup le sang-froid et la prudence qu'a montrés ce brave M... En pareille conjoncture, un Américain, disposant comme lui d'une centaine de cow-boys, n'aurait pas manqué, sitôt qu'il aurait cru sa vie en danger, de prendre les devants, et de pendre haut et court O'Donnel et consorts. Tout le monde eût applaudi. Sa position d'étranger rendait la chose beaucoup plus délicate. Il a eu le talent de laisser ses ennemis s'enfoncer, et n'a agi qu'après avoir mis dans son jeu le shérif.

Il en résulte qu'il a été acclamé par tout le monde. Malgré cela, il me paraît évident qu'il lui faudra débourser de fortes sommes pour se tirer complétement d'affaire.

Mais que dire de la situation d'un pays où de pareilles choses sont possibles, où, dans un gros village qui compte plusieurs centaines d'habitants, sur une ligne de chemin de fer, trois chenapans peuvent se promener impunément pendant deux jours tirant des coups de revolver par les fenêtres des maisons, assiégeant une gare de chemin de fer, l'occupant de force, traquant dans les bois un malheureux étranger, sans que la population, qu'il fait vivre presque tout entière, paraisse s'en émouvoir, et où cet état de choses ne prend fin que lorsque cet étranger, aidé de ses serviteurs, finit par se faire justice lui-même, en présence d'un shérif accompagné de son escorte, qui n'a peut-être ni la volonté ni le pouvoir de mettre lui-même le holà !

Les gens de l'Ouest, qui cherchent tant, depuis quelques années, à attirer chez eux les capitaux européens, devraient comprendre qu'il ne faudrait pas beaucoup d'aventures de ce genre pour dégoûter ceux qui ont envie de venir. Ils devraient cependant couvrir de fleurs des émigrants du genre de M.... Ils n'en voient pas souvent de son espèce. Fils aîné du duc de V..., et disposant d'énormes capitaux, il est venu, il y a déjà deux ans, fonder au Little-Missouri un établissement monté sur un pied colossal. Pour éviter les frais considérables qu'entraîne le transport des animaux vivants, il s'est avisé d'envoyer à Chicago sa viande tout abattue. Tous les jours, on tue à Little-Missouri deux cent cinquante bœufs, dont les morceaux sont entassés dans des wagons réfrigérants construits *ad hoc* et emmenés immédiatement par un train spécial. On conçoit quelle source de richesse est une pareille industrie, qui réussit, dit-on, admirablement, pour la ville où elle s'établit.

M... n'est pas le seul Français qui soit venu chercher dans le Far-West l'emploi de son activité et de ses capitaux. On ne se rend généralement pas compte de l'immense déperdition de forces vives qui est résultée chez nous, pour la nation, de l'établissement de la troisième république.

Tous les jeunes gens issus de nos anciennes races militaires n'y ont plus d'emploi, car, par un phénomène d'hérédité qui souffre bien peu d'exceptions, leurs aptitudes qui en font presque toujours d'excellents officiers, souvent des diplomates, des magistrats ou des administrateurs distingués, les rendent au contraire à peu près impropres aux emplois sédentaires de l'industrie ou même de la haute banque. Les neuf dixièmes de ceux qui s'y sont essayés n'ont pas réussi et y ont souvent même, malheureusement, laissé une partie de leur honorabilité. Dans toutes les positions qui leur convenaient, ils ont été tellement traqués, qu'ils en sont sortis ou sont sur le point d'en sortir. Les officiers, insultés, à dire d'experts, par les fonctionnaires, obligés de s'humilier devant le moindre sous-préfet, prennent leur retraite dès qu'ils le peuvent, et leurs fils ne les remplacent guère. Il y a vingt ans, aux examens d'entrée à l'École navale, il y avait mille candidats pour cinquante places : il y en a maintenant deux cent cinquante pour quatre-vingts admissions ; d'ici à peu, il faudra établir une conscription pour les officiers.

Pendant ce temps-là, on prend des maîtres d'école pour en faire des ambassadeurs ; le résultat est une place vacante de maître d'école, un ambassadeur incapable aux affaires, et un ambassadeur capable flânant sans occupation sur le boulevard. Car voilà le vice capital du système : quand un avocat est nommé magistrat, le magistrat dont il prend la place peut prendre la sienne au barreau. A la rigueur, on peut soutenir qu'au point de vue de la nation en général, il n'y a rien de perdu ; mais quand, à force de dégoûts, vous avez forcé un bon officier à se retirer, il y a quelque part un jeune homme qui aurait pu faire un très-bon négociant ou un excellent avoué, qui sera tenté de prendre la carrière d'officier pour laquelle il a peu de goût, tandis que celui qui vient de quitter le service ne sera jamais ni avoué ni négociant. Il y a donc perte des deux côtés : mais ce n'est pas tout. Cet homme qui, dans son élément, était un serviteur utile du pays, deviendra non-seulement inutile, mais nuisible, car l'oisiveté de toute une classe nombreuse d'hommes riches et bien posés ne peut qu'entraîner, et pour eux et pour la société, des conséquences funestes.

Sans se faire des raisonnements aussi compliqués, beaucoup de jeunes gens commencent à comprendre instinctivement ces vérités. Pour eux, que faire en France quand la magistrature, la diplomatie, la politique elle-même, leur sont fermées? quand l'armée, si les choses continuent, ne tardera pas à l'être aussi? Rester chez leurs parents à ne rien faire, c'est s'abrutir de parti pris. Ceux qui ont le plus de sang dans les veines sont souvent ceux qui résistent le moins à une vie aussi dénuée de tout intérêt. C'est dans cette classe que se recrutaient les hommes qui avaient fait de la France la nation la plus colonisatrice du globe. Mais aussi, dans ce temps-là, ils l'avaient dotée du Canada et de l'Inde, que ne remplacent guère l'Algérie et la Cochinchine. D'ailleurs, ceux qui voudraient maintenant aller s'établir dans ces deux pays y trouveraient dans les gouvernements locaux l'hostilité qui les poursuit en France. Aussi le nombre de jeunes gens riches et bien posés qui se laissent séduire par la vie libre et aventureuse des *ranchmen* de l'Ouest est assez considérable. Des sommes importantes ont déjà quitté la France pour venir s'employer de l'autre côté du Mississipi, et si nous ne nous trompons pas, le chiffre en sera encore augmenté d'ici à peu.

Nous avons passé toute la journée à rôder aux environs. D'abord, nous avons traversé la rivière pour aller examiner la machine à laver le sable qui y est installée. C'est une sorte de pompe aspirante de dimensions colossales. Le tuyau d'aspiration, qui a bien 12 ou 15 centimètres de diamètre, va s'enfoncer dans le sable noir très-meuble qui s'accumule en grandes poches dans toutes les anfractuosités du fond ou dans les remous du courant. Le sable aurifère est ainsi aspiré avec une puissance extraordinaire et puis projeté sur un plan incliné en bois où arrive un cours d'eau amené de fort loin par une canalisation en planches, nommée dans le pays *flume*. Ce plan incliné est coupé d'une multitude de sillons transversaux où se dépose l'eau. Des difficultés légales relatives à l'acquisition, et qui ne pourront être aplanies qu'à la fin de l'année, font que l'exploitation est interrompue pour le moment.

M... a passé sa matinée à broyer au pilon tous les échantillons que nous avons recueillis dans notre course d'hier. Il se trouve à la tête d'une grosse pincée de poudre d'or. Pendant ce temps-là, j'ai eu l'idée d'aller vérifier les affirmations du capitaine Hughes, qui prétend qu'il n'y a pas de poissons dans le Little Rapid. Cependant il m'a bien semblé en voir hier. Je prends ma fameuse ligne, et je vais pêcher dans la mare aux castors, d'où je rapporte en moins d'une demi-heure une friture de poissons excellents, mais de formes très-étranges. Je n'en ai jamais vu de pareils.

Le père Hughes est encore un type qui serait bien extraordinaire en Europe. Pendant vingt ans, il a commandé une goëlette sur le lac Michigan. L'hiver, quand le lac était gelé, il travaillait, comme charpentier, dans les chantiers de construction de son armateur, car, dans ce pays-ci, un homme qui a reçu de l'instruction et pratiqué une profession libérale, trouve tout naturel, à l'occasion, de travailler de ses mains. C'est une bien grande supériorité qu'ils ont sur nous.

Un beau jour, il s'est dégoûté de la navigation et est venu faire de l'agriculture à Yankton. Puis il s'est occupé de mines, et, en peu de temps, il s'est fait une réputation comme ingénieur pratique. De fait, il a un flair extraordinaire. Dernièrement, en revenant de voir son fils qui demeure près d'ici, il a découvert sur son chemin une petite mine dont il lui a fait cadeau et qui a été vendue immédiatement 10,000 dollars. Il a maintenant soixante-douze ans, et est aussi actif qu'un jeune homme. Quand il a su que j'avais été marin, il s'est pris d'une grande affection pour moi ; et tous les soirs, nous avons, au coin du feu, de longues conversations qui m'intéressent infiniment. Il me semble tout à fait être le bon type du Yankee. Hier, il me parlait du Canada, où il a été bien souvent et qu'il admire beaucoup : il vantait surtout sa bonne administration.

— Trouvez-vous, lui dis-je, que les Canadiens sont mieux administrés que vous autres Américains ?

— Ah ! bien sûr ! me répond-il, ils ne sont pas volés comme nous le sommes, et quand ils ont un procès, ils ne sont pas certains d'avance de le perdre s'ils ne donnent pas de l'argent au juge. Tenez, un jour j'étais sur la côte du Canada : un de mes hommes avait eu une histoire à terre : il s'était battu ; on l'avait mis en prison. J'ai cru que c'était comme chez nous, qu'il n'y avait qu'à donner une vingtaine de dollars au juge de paix pour le faire relâcher. Ah bien, oui ! j'ai été bien reçu ! On a manqué me mettre en prison aussi.

— Mais, avant-hier, vous étiez tous à fêter l'anniversaire de votre indépendance. Il me semble que vous n'avez pas gagné grand'chose à être indépendants. Les Canadiens qui sont restés Anglais ne sont pas bien à plaindre, d'après ce que vous dites.

Le bonhomme m'a regardé d'un air surpris, a tiré cinq ou six bouffées de sa pipe et puis est resté en contemplation devant le feu, sans mot dire, pendant longtemps. Ensuite il a changé de conversation.

Ce matin après déjeuner, il m'a pris à part.

— Vous m'avez dit hier une chose à laquelle je n'avais jamais songé, me dit-il, j'y ai réfléchi cette nuit. C'est bien vrai que les Canadiens sont mieux lotis que nous sous tous les rapports. Mais c'est égal, la déclaration d'indépendance est une bonne chose. Voyez, nous sommes déjà trop grands. D'ici à pas bien longtemps, l'Amérique ne pourra plus rester unie en une seule nation. Si nous étions restés Anglais, croyez-vous que les autres puissances auraient toléré l'existence d'un royaume comprenant toute l'Amérique, l'Angleterre, l'Australie, l'Inde et que sais-je encore ? Non, nous aurions eu des guerres continuelles tant que cela aurait duré. C'est pour cela que la séparation a été une bonne chose.

Dimanche 8 juillet. — Hier au soir, après avoir mis nos notes à jour, nous nous sommes avisés, M... et moi, d'aller à l'affût. Parker nous a indiqué un endroit de la rivière où il voit constamment des pas de daims et même d'élans, car il y a encore quelques-uns de ces magnifiques animaux [1] : nous en avons trouvé un bois superbe hier. En principe, j'ai cependant l'horreur des affûts, et j'ai de bonnes raisons pour cela. Il y a quelques années, en Cochinchine, tous mes camarades affirmaient avoir tué au moins un tigre chacun. La position d'un monsieur qui n'avait sur la conscience le meurtre d'aucun félin plus gros qu'un chat commençait à devenir si pénible, que je sentis qu'il fallait m'exécuter. J'étais alors dans une inspection pas très-loin de Vinh-Lhong, les tigres n'y manquaient pas : toutes les nuits on en entendait hurler autour de l'inspection dans une jungle qui s'étendait jusqu'aux parapets du fort. Seulement il fallait les joindre, et là était le difficile.

Un matin que mon conseil municipal était réuni, je lui posai la question suivante :

— A quelle hauteur maxima un tigre de belle taille peut-il sauter ?

La discussion fut longue, mais elle fut pleine d'intérêt. A la fin, l'om-sha (il me semble qu'il s'appelait Thuong-van-Threck, ou quelque chose d'approchant, un petit vieux à barbe blanche) résuma les opinions de

---

[1] Le grand élan (elk) des Montagnes Rocheuses. C'est un cerf colossal qui pèse jusqu'à mille livres. Ses bois ressemblent tout à fait à ceux des cerfs de nos pays, comme forme, mais ils sont à peu près doubles comme dimensions. Un de nos amis, établi là-bas, M. le comte du D..., en a tué l'an dernier un millier sur son *ranch*.

ses collègues, en me déclarant qu'on avait vu des tigres sauter des barrières de trois mètres. Fort de ce renseignement, je fis venir le *doï* de mes *matas*.

— Tu vas t'en aller, lui dis-je, dans la jungle, tu couperas des aréquiers en nombre suffisant et tu en feras un échafaudage élevé de quatre mètres (je me donnais un mètre de précaution) au-dessus du sol, avec une échelle pour monter dessus. Tu attacheras un veau, ce soir, au pied, et demain matin, s'il a été tué par le tigre, tu viendras me prévenir.

Le *doï* — un Cambodgien — frappa trois fois son front contre terre, m'assura qu'il était « la poussière de mes pieds », ce qui est une formule de politesse usitée dans ce pays où l'on a peut-être l'excès d'une qualité que personne ne s'avisera jamais de reprocher aux Américains : après quoi il prit une douzaine d'hommes et alla exécuter mes ordres.

Le lendemain matin à mon lever, je vis mon *doï* qui m'apportait une tête de veau. C'est tout ce qui restait de l'animal. Je la fis mettre en tortue pour mon déjeuner, et le soir, un peu avant le coucher du soleil, je m'acheminai vers mon observatoire, suivi de mon *doï*, qui conduisait au bout d'une corde un second veau, et de mes domestiques qui disposèrent sur la plate-forme tout un arsenal de fusils de calibres variés et aussi un petit médianoche, destiné à me faire prendre le temps en patience, car je comptais passer toute la nuit.

Quand tout mon monde fut retiré après m'avoir souhaité dix mille prospérités, je m'installai paisiblement sur la plate-forme : on m'y avait mis un bon fauteuil, et je n'y étais vraiment pas mal. Le veau, ignorant le rôle pénible qui lui était destiné, paraissait lui-même d'assez bonne humeur, et mangeait d'un bel appétit les jeunes pousses de bambou que la corde lui laissait atteindre.

La nuit remplaça le jour avec cette rapidité particulière aux pays chauds. J'en étais à me demander si je ne ferais pas un petit somme pour passer le temps, en attendant qu'il plût aux tigres de m'annoncer leur présence, quand une vive démangeaison au mollet gauche attira mon attention. Je regardai aussitôt ce dont il s'agissait. A l'obscure clarté qui tombe des étoiles et de la lune, je vis une procession de fourmis qui escaladait ma jambe. C'étaient des petites, noires. Je me levai, me secouai et changeai un peu de place les pieds de mon fauteuil ; au bout d'une minute, une nouvelle procession s'était formée. En même temps ma jambe droite était envahie à son tour. Cette fois-ci, c'étaient des rouges, des grosses rouges, qui s'avançaient dans un bel ordre, avec des officiers supérieurs marchant en tête, et poussant à droite et à gauche de petites reconnaissances qui éclairaient le pays, et même le dégustaient, car je les sentais mordant à même dans le pauvre satin dont la nature m'a doué. Ce n'était pas tout, au moment où je n'avais pas trop de mes deux mains pour me défendre contre l'envahissement de mes boulevards inférieurs, les moustiques firent leur apparition en sonnant la charge ; de vigoureuses petites bêtes aux ailes grises mouchetées qui venaient se poser sur la peau et puis repartaient en laissant la place marquée par une gouttelette de sang.

Oh ! oh ! me dis-je, je connais quelqu'un qui ne fera pas de vieux os ici. Tant pis pour le tigre. Pourvu que je retrouve mon chemin dans cette diable de jungle !

Et prenant un fusil au hasard, je me mis en devoir de dégringoler l'échelle. J'étais au premier échelon, quand un miaulement, doucement modulé, se fit entendre derrière moi, tout près. Je ne voyais pas l'animal, mais le veau ne s'y trompait pas, lui : il tremblait de tous ses membres et tirait sur sa corde à se décrocher la tête. Je remontai vivement. Un second miaulement, celui-là venant de ma droite, répondait au premier. Évidemment, le tigre auquel j'avais offert à dîner la veille avait à son tour invité galamment une amie à un petit souper de veau froid : j'allais interrompre un rendez-vous en cabinet particulier.

Les fourmis et leurs alliés les moustiques recommençaient l'attaque pendant que je méditais sur ma situation, et la méditation n'est pas facile quand il faut se livrer à une gymnastique insensée et s'envoyer force gifles à soi-même pour se débarrasser de ses ennemis. Trois ou quatre fois, n'y tenant plus, j'essayai de descendre, mais alors ce diable de miaulement recommençait : il disait si clairement : « Attendez, attendez, ô ma belle amie, voici le dessert qui descend ! un instant, le temps de le cueillir, et je suis à vous ! » qu'indigné du rôle que les circonstances me faisaient jouer, je remontai sur ma plate-forme pour prendre le temps de réfléchir. Je me rappelais d'avoir bien souvent, dans mon enfance, poursuivi des chats qui se réfugiaient sur des arbres, et là, assis sur une maîtresse branche, ils miaulaient, eux aussi, en me regardant tristement de leurs yeux verts. Ah ! comme ils étaient vengés !

A six heures du matin, quand le jour se leva et que mes hommes vinrent me chercher, j'avais la tête grosse comme un potiron, et les jambes zébrées de morsures qui cuisaient comme du feu. Quant au veau, il semblait remis de sa frayeur et mangeait de bon appétit : je l'ai gardé longtemps, mais je ne suis pas retourné à l'affût du tigre : je n'ai même jamais conseillé ce genre de sport qu'à une seule personne. C'était à un savant touriste allemand qui, depuis trois jours, me poursuivait de demandes de renseignements sur la statistique.

Je me suis remémoré cette véridique histoire hier au soir. Le poste d'affût indiqué par Parker est une petite plage de sable qui se trouve à l'endroit où commence la dérivation qui amène les eaux pour le *flume*. M..., qui est un chasseur très-convaincu, me fit remarquer toutes les traces de pas inscrites sur le sol, puis il alla s'enfouir dans un fourré de saules, pendant que je me dissimulais dans les branches d'un sapin, et nous sommes restés là deux heures, surveillant une petite crevasse du rocher, seul chemin que puisse suivre le gibier pour venir à l'abreuvoir. Hélas ! il faut croire que les daims et les élans n'avaient pas plus soif que les castors n'avaient faim, car rien n'est descendu du bois, et la nappe de la rivière n'a pas été ridée par le plus petit castor ; en revanche, les moustiques ont fait un tel sabbat, que vers neuf heures, n'y tenant plus, j'ai conjuré M... de nous en retourner : cela n'a pas été sans peine, car il n'est pas commode de marcher la nuit dans les chemins de ce pays-ci.

Quand nous sommes rentrés de notre chasse, nous avons trouvé Parker encore debout. Il nous a dit que, pendant notre absence, il avait reçu la visite de M. Cockries, le propriétaire d'une des mines du voisinage, avec lequel il est en affaires, qui, ayant appris notre présence dans le pays, était venu nous inviter à déjeuner pour aujourd'hui, afin de nous faire voir ladite mine.

Comme l'invitation n'est que pour onze heures, et qu'il faut à peine une demi-heure pour nous y rendre, nous avons employé notre matinée à « paner » dans la rivière. Décidément M... a manqué sa vocation ; il aurait dû se faire orpailleur. Au bout d'une heure de travail, quand nous comparons les résultats, il a un petit tas de poudre quadruple du mien. Il est bien dommage que les ruisseaux de chez nous ne charrient pas de l'or, car vraiment le « panage » est un exercice aussi hygiénique qu'amusant. Ce serait une énorme ressource pour la campagne, quand on a des invités dont on ne sait que faire.

Juste en face de la maison, un petit vallon en tout semblable à celui du Little-Gimlet, par lequel nous sommes venus, descend dans notre vallée. On lui a donné le nom de Fair-View. Il y en a trois comme cela qui constituent les seuls moyens d'accès au Little-Rapid. Partout ailleurs, il roule entre deux murs de rochers à peu près infranchissables. C'est le petit vallon de Fair-View (on appelle cela, ici, un *gulch*), que nous remontons à cheval après avoir traversé la rivière pour nous rendre à la mine qui se trouve tout en haut, presque au point de partage des eaux. Nous arrivons bientôt à une petite *log-house,* qui sert de logement au propriétaire, M. Cockries. C'est un beau garçon d'une trentaine d'années, qui nous serre la main à nous la décrocher et semble tout heureux de nous faire les honneurs de sa trouvaille. Il nous faut laisser à la maison nos chevaux auxquels on donne à se partager un sac de maïs, et, tout en escaladant le flanc de la montagne pour aller voir son filon qui est encore bien plus haut, il nous en raconte l'histoire. C'est celle d'un prospecteur auquel la fortune a souri, mais n'a-t-il pas bien mérité son bonheur? Qu'on en juge.

Il y a deux ans que, passant par ici, il remarqua un affleurement de quartz tout en haut de la montagne; il ne contenait pour ainsi dire pas d'or, mais M. Cockries jugea, à différents indices, que plus bas il devait y en avoir davantage. Il s'associa un ami. Comme il aurait été trop long de suivre la veine au moyen d'un puits, ils jugèrent préférable d'aller la rejoindre par un tunnel creusé plus bas. Ils travaillèrent à eux deux pendant sept ou huit mois. Au bout de ce temps, ils étaient déjà à soixante-dix pieds sous le sol et n'avaient pas retrouvé le quartz. Ils auraient perforé la montagne de part en part sans rien trouver, en continuant dans la même direction. Tout était à recommencer. La veine s'infléchissait dans une direction opposée.

On recommença encore plus bas. Au bout d'un an, on était à cent trente pieds. Un beau matin, on se heurta au filon; mais il était encore d'une richesse assez problématique. Les deux associés ne se découragèrent pas. Au bout de leur tunnel ils creusèrent un puits; à mesure qu'ils s'enfonçaient, les échantillons devenaient plus riches. Enfin ils avaient trouvé.

Les capitalistes arrivèrent tout de suite. On traita avec l'un d'eux. Le prix qu'il donna représente juste les dépenses de deux années de travail! Mais il faut ajouter qu'un quart des bénéfices est réservé aux associés.

Maintenant les machines sont commandées. Bientôt les premiers convois de matériel seront mis en route à travers la prairie. En les attendant, M. Cockries est resté ici. Avec quatre ou cinq ouvriers, il fait des sondages d'étude pour déterminer les dimensions exactes et la direction du filon. Il tient à présent la fortune.

Après avoir visité le puits, nous redescendîmes à la maison. C'est une *log-house* carrée, qui n'a pas plus de quatre mètres de côté. A l'intérieur, pas d'autres meubles qu'un poêle, une table et deux bancs. Dans un coin sont jetées les couvertures qui constituent tout le matériel de literie. C'est là que les deux hommes ont vécu pendant deux ans.

Après un excellent déjeuner de conserves que M. Cockries nous sert lui-même avec une hospitalité qui me fait lui demander s'il n'est pas Écossais d'origine, nous allons fumer un cigare au pied d'un arbre, en compagnie des ouvriers, qui n'ont pas mangé avec nous à cause de l'insuffisance du matériel de table. Pendant que nous causons avec eux, j'entends les bribes d'une conversation à demi-voix entre Parker et notre hôte qui me fait dresser l'oreille. Il s'agit de Bill, cet aimable personnage qu'on me reproche d'avoir un peu bousculé avant-hier à propos de ma lettre ouverte. Il paraît que cette perle des jurés a un frère qui vient d'être pris volant, et que lui-même est véhémentement soupçonné du même défaut. En conséquence il est question de lui intimer l'ordre de *skip the hills*. Comme mots, c'est à peu près intraduisible; comme sens, cela veut dire qu'ils recevront un de ces jours l'invitation d'avoir à disparaître, faute de quoi ils auront la peau trouée de balles de winchester quelque beau soir. S'il se trouve dans les environs une douzaine d'hommes comme Parker et Cockries, le système est admirable, et l'on sera lestement débarrassé de Bill; mais si, au contraire, les Bills sont en majorité? Or, malheureusement, les Bills sont souvent en majorité. Un des journaux arrivés ce matin raconte qu'une ville de l'Ouest, je ne me rappelle plus laquelle, est en ce moment au pouvoir d'une bande de *desperadoes*. Ils ont élu le maire et pillent les propriétés de la façon la plus légale.

Nous avons quitté nos amis de Fair-View vers deux heures. Parker nous a fait revenir par le plateau. Nous avons rejoint la rivière en descendant la troisième vallée. L'eau du ruisseau qui y coule est fortement ferrugineuse, elle a un goût d'encre très-prononcé, ce qui n'empêche pas les animaux de la boire avec une grande avidité. Nous passons à côté d'un vieux tunnel percé sur le flanc d'une petite colline dont les boisages sont tout effondrés. On croit qu'il doit remonter à 1852. Cette année-là, une bande de dix-neuf mineurs, partis du Fort-Laramie, purent pénétrer jusqu'aux *Black-Hills*, dont on parlait déjà vaguement. On sait qu'ils y sont parvenus et même qu'ils y ont séjourné quelque temps, car on a retrouvé sur divers points des restes de travaux qui paraissent remonter à cette époque. Mais ils ont dû être tous massacrés par les Indiens, et leurs chevelures sont peut-être encore pendues dans la tente de quelque guerrier sioux. Le métier de prospecteur est encore bien dur, mais dans ce temps-là il fallait des hommes rudement trempés pour mener une pareille existence.

Nous rentrons en suivant la rivière. Dans un des bars, le petit chien de Parker fait lever deux animaux gros comme des renards et à peu près de la même couleur, qui se sauvent dans les rochers en poussant des cris aigus. Nous courons après eux, M... et moi, et les tuons à coups de revolver. Ce sont des marmottes. Il y en a ici de quoi faire la fortune de tous les Savoyards de la terre, à en juger par les innombrables trous qu'elles ont creusés dans les prairies de montagne. Nous avions demandé à Parker ce que c'était, mais le nom qu'il leur donne, *mountain hog* (cochon de montagne), ne m'avait pas renseigné.

Un peu plus loin, un castor file devant moi, à travers la rivière; mais avant que j'aie eu le temps de décrocher mon winchester, qui est à l'arçon de ma selle, il est disparu.

Ce soir, nous faisons tous nos préparatifs de départ, car nous quittons Little-Rapid-Creek demain matin.

CHAPITRE VII

Départ. — Castleton. — King-Solomon. — Cuisine française. — Une ville morte. — Un ranch irlandais. — Custer. — Les beautés de la langue allemande. — Les Whittlers. — La conquête des Black-Hills. — Mort des colonels Custer et Crook. — Sitting-Bull et le Manitoba. — Les mines de Mica. — Le Yellow-Stone. — Mabille n'est plus! — Les malheurs d'un shérif. — La philosophie d'un *cow-boy*.

9 juillet. — C'est aujourd'hui qu'il nous faut quitter Little-Rapid-Creek, et c'est avec un véritable sentiment de regret que nous disons adieu aux gens comme aux choses. Parker vient avec nous, car il nous reste à voir la propriété qu'il est en train de constituer dans le Sud, au centre de laquelle on va fonder une ville! Avant d'y aller, il nous faut faire un détour pour passer par Custer-City, où nous avons encore à régler quelques affaires; mais nous disons adieu au vieux père Hughes, qui vraiment nous a inspiré la plus cordiale sympathie. Le voilà, à soixante-douze ans, passant ici ce qui lui reste à vivre, loin de sa famille. Pendant la belle saison, il a encore quelques ouvriers comme compagnie; mais vienne l'hiver, le pauvre homme reste à peu près toujours seul, obligé de sortir chaque jour, quelque temps qu'il fasse, à travers la neige, pour aller surveiller les bœufs. S'il était Européen, je le plaindrais de tout mon cœur, et surtout je ne le comprendrais pas, car le bonhomme est riche et n'a nullement besoin de la grosse solde qu'il touche ici. Mais vraiment les gens de ce pays sont bâtis d'une manière si particulière, que des situations qui nous sembleraient intolérables leur paraissent toutes naturelles, et réciproquement.

Pendant que nous sellons nos chevaux, les ouvriers et lui viennent nous dire adieu. Tous veulent absolument nous faire accepter, à titre de souvenir, de petites pépites ou des échantillons de quartz que chaque bon mineur porte toujours dans ses poches. Dans toutes ces démonstrations, il faut le dire bien haut, il n'y a pas la moindre arrière-pensée d'intérêt. Les pourboires sont chose inconnue ici et ne seraient pas acceptés : nous en avons fait l'expérience. C'est tout au plus s'ils veulent recevoir des couteaux ou quelques autres menus objets de nulle valeur.

Nous traversons l'étang aux castors, où nous avons tant *pané*. Il paraît que nos opérations ont effrayé ces braves bêtes, car leurs travaux n'ont pas marché vite pendant notre séjour. L'arbre penche visiblement, mais n'est pas encore tombé. On me promet de les laisser tranquilles. Si les castors ont des poëtes, j'espère qu'ils chanteront mes louanges.

Comme nous n'avons pas une longue étape à faire aujourd'hui, nous sommes partis assez tard, vers deux heures. Nous marchons droit au sud. Il nous faut franchir successivement deux vallées profondes, Castle-Creek et Tigerville, avant de rejoindre celle qui doit nous conduire à Custer, où nous irons coucher demain soir.

Castle-Creek est un petit cours d'eau parallèle à Little-Rapid. La vallée, plus large que celle que nous venons de quitter, est très-fertile ; une ou deux fermes y sont construites et constituent la ville de Castleton. A mesure que nous nous sommes éloignés de Deadwood, en marchant vers le sud, nous avons trouvé la végétation de plus en plus belle. De Little-Rapid jusqu'à Castleton, mais surtout sur le versant de Little-Rapid, les futaies de pins que nous avons traversées sont de toute beauté. Les troncs de deux mètres de tour sont communs.

Après Castleton nous avons quelque peine à traverser le creek, qui est plus boueux que de raison. De plus, les habitants se sont avisés de placer sur le fond des planches de sapin maintenues par de grosses pierres et creusées d'une multitude de petites entailles en forme de godets. De temps en temps on les relève et, en les renversant, on recueille une assez forte quantité de poudre d'or; mais les chevaux ont bien de la peine à se décider à mettre les pieds sur les planches branlantes. Le séjour à Little-Rapid paraît avoir fait du bien à la petite jument jaune. Elle tient toujours la tête de la colonne et semble maintenant faire très-bon ménage avec M..., qui a l'air de monter un cheval à six pieds quand il est dessus, car les siens touchent presque la terre. Il emporte une bourriche de petits sapins qu'il trempe dans l'eau à chaque ruisseau et qu'il a la prétention de rapporter vivants en Belgique. Dans ses longues conversations avec le capitaine Hughes, il a beaucoup perfectionné son anglais. Comme la courtoisie est chez lui une vertu innée, il s'est appliqué surtout à acquérir une connaissance approfondie des formules de politesse usitées dans le pays. La liste en est assez courte. Dès que nous rencontrons un cow-boy quelconque sur notre route, il lui lance un *How do you do?* qui, poussé d'une voix de stentor, paraît toujours causer une vive impression.

A la nuit tombante, nous voyons poindre devant nous, dans une clairière, une immense construction en planches, entourée de plusieurs maisons, dont une fort élégante.

— Qu'est-ce que c'est que cela? dis-je à Parker.

— Ce sont les bâtiments d'une mine, *King-Solomon*. C'était M. Dickerman, notre ami de Deadwood, qui en était le superintendant; je crois qu'elle est abandonnée. Cependant, tenez, voyez-vous cette grande maison? il y a un homme à la fenêtre! C'est là qu'il habitait.

— *Hollo Boys!* cria l'homme en question.

— *How do you do?* rugit M...

— Qu'est-ce qu'il y a pour votre service? ai-je répondu.

— Est-ce que vous ne seriez pas des barons français?

— Eh bien!

— C'est que le professeur Dickerman m'a téléphoné ce matin qu'il passerait peut-être par ici des barons français. Il dit qu'il faut que je vous propose de coucher ici, au lieu d'aller à Tigerville. Du reste, il n'y a plus personne à Tigerville.

— Eh bien, voilà une chance, dit M...

— Est-ce que nous pourrons avoir quelque chose à manger?

— Ah! cela est plus difficile. Moi, je ne peux rien vous donner, mais il y a une dame française, qui, peut-être, pourra vous faire à dîner.

— Hein, me dit M..., en aparté, ne sommes-nous pas des « veinards » au premier chef? Nous comptions sur un dîner problématique à Tigerville et sur une nuit passée à la belle étoile ou dans une écurie, voilà que nous allons coucher dans des lits! et nous trouvons une dame française pour nous faire à dîner! Mais qui cela peut-il bien être?

— C'est la femme d'un des mécaniciens de la mine, nous dit l'homme de confiance de cet excellent Dickerman. Et il nous conduit dans une superbe écurie, où nous attachons nos chevaux devant des mangeoires remplies d'avoine et des râteliers bondés de foin; après quoi nous entrons dans la maison. C'est un petit palais. A gauche, un grand salon; à droite, le cabinet de travail. Derrière, la cuisine à moitié en sous-sol, entourée de cloisons intérieures laissant un espace vide qui sert de glacière; en ouvrant les portes, nous voyons les gros blocs de glace briller sous une couche de sciure de bois; et puis, au premier, trois lits tout prêts avec des draps bien blancs qui ont l'air de nous attendre. Je le dis avec orgueil, notre premier mouvement est de nous précipiter sur le téléphone, pour remercier le bienfaisant Dickerman. Malheureusement, un gros orage s'accumule sur la montagne, on entend déjà gronder le tonnerre, et la communication est interrompue.

— Je constate, dit M..., qu'il n'a rien moins fallu que la conspiration des éléments pour nous empêcher d'obéir d'abord à la reconnaissance. Si maintenant nous nous occupions de notre estomac? j'augure bien de la présence de cette dame française. Allons donc la voir.

Nous expliquons ce dont il s'agit au serviteur de Dickerman, qui nous conduit dans une maison, tout près de l'usine. Nous cognons à la porte, qui nous est ouverte par une petite femme toute blonde, proprette, qui nous fait la révérence.

— Oh! dit M..., elle a un tablier!

Et elle nous a fait la révérence! Ce n'est toujours pas une Américaine. La petite femme nous regardait d'un air ahuri.

— Madame, lui dis-je, vous voyez devant vous deux compatriotes affamés qui vous seraient bien reconnaissants si vous pouviez leur donner à manger.

— *Ich verstehe nicht!* dit la petite femme.

Je baragouine quelque peu l'allemand. Cela m'a même été bien utile pendant la guerre. Toutes les fois qu'un officier allemand prétendait ne pas savoir le français, je lui parlais allemand. Il rougissait tout de suite de son ignorance et me conjurait de parler français. Recueillant mes souvenirs, je lui débite quelques phrases d'Ollendorf. J'y intercale quelques exemples de la méthode Ahn, et je finis par m'exprimer avec une aisance qui m'étonne. La petite femme comprend tout de suite, ce qui m'étonne encore bien davantage. Elle met trois couverts sur une table, nous donne du vrai pain, avec du beurre, puis nous la voyons tirer d'un coin mystérieux des œufs, d'un autre un gros morceau de viande qu'elle nous montre triomphalement, car, dans ce pays-ci, dont sept à huit cent mille bœufs broutent les prairies, c'est une gourmandise inouïe que de manger de la viande. Ce qu'elle nous montre est un cuissot de daim. Pendant que nous dévorons des œufs sur le plat excellents, en attendant un ragoût de daim aux pommes de terre, dont l'odeur réveillerait un mort, nous faisons causer notre gentille hôtesse. Elle est Alsacienne; son mari s'appelle Enrick. C'est un ancien sous-officier venu en Amérique après la guerre. Il était mécanicien au service de Dickerman, et gagnait six dollars par jour. Malheureusement les travaux sont arrêtés depuis quatre mois; en attendant qu'ils reprennent, il a été travailler dans une autre mine, laissant sa femme ici. Parker, toujours galant, croit devoir commencer une phrase.

— Madame, dit-il, nous ne laisserons pas une dame faire la cuisine pour nous, permettez-moi...

— Ah! pardon, Parker, lui dis-je..., je ne vous laisserai pas, moi présent, détourner de ses devoirs la femme d'un compatriote. Si les Américains aiment les femmes qui lisent Longfellow, comme vos amies de Hilly-Ranch, mais qui ne balayent pas leur maison et laissent leur mari faire la cuisine, c'est leur affaire : grand bien leur fasse! Mais voici une brave petite femme qui n'a jamais lu Schiller ni Gœthe, j'en suis bien sûr...

— Avez-vous jamais entendu parler de MM. Schiller et Gœthe, madame? demande M..., qui a la bouche pleine, mais qui approuve hautement.

— Non, monsieur, dit-elle, ils n'habitent pas par ici.

— Ah! vous voyez! Mais regardez un peu le parquet, il est si propre qu'on mangerait dessus! et cette gibelotte de daim! voilà la troisième fois que vous en reprenez. Pour l'amour de Dieu, laissez madame Enrick faire la cuisine, ce dont elle s'acquitte très-bien.

Moi aussi je parlais la bouche pleine, car l'indignation ne m'ôtait pas l'appétit, bien au contraire; mais cela ne m'a pas empêché d'être très-éloquent, apparemment, car Parker, qui, de son côté, mangeait comme un ogre, n'a plus soufflé mot; quant à M..., il dévorait. Mais j'écourte ces notes, car le lit de Dickerman m'attire invinciblement.

10 *juillet*. — Nous avions aujourd'hui à faire une assez forte étape, près de vingt-cinq milles. Cependant nous ne sommes pas partis de bien bonne heure. D'abord il est assez dur de s'arracher aux séductions d'un bon lit garni de draps blancs, surtout quand, depuis une huitaine de jours, on a perdu l'habitude du contact moelleux desdits draps. Ensuite nous avons voulu envoyer à Dickerman l'expression de toute notre reconnaissance; mais, après quelques efforts infructueux, il nous a fallu reconnaître que la communication est toujours interrompue : cela me parait être, du reste, l'état normal du téléphone dans ce pays. Je me rappelle qu'en Cochinchine, quand nous avons installé le télégraphe, les éléphants sauvages avaient pris la douce habitude de suivre les poteaux et d'arracher avec leur trompe ces fils, dont le sifflement, quand ils étaient agités par le vent, semblait les intriguer prodigieusement. J'ignore s'il faut rendre les ours responsables des accidents du même genre qui se produisent ici; je me borne à constater leur fréquence.

En attendant notre déjeuner, que notre amie madame Enrick nous prépare, nous allons visiter le King-Solomon. Hélas! l'heureux moment des dividendes n'est pas encore arrivé. La mine qu'on a voulu exploiter était cependant assez riche; mais les faits ont prouvé une fois de plus la vérité d'un axiome dont Parker condense la substance, en répétant toujours : « Si vous voulez avoir de l'or, ayez d'abord de l'eau », mais qui peut aussi s'exprimer sous une forme un peu moins concise, mais plus compréhensible, par la formule suivante :

« Si vous avez deux mines d'or, l'une riche, éloignée d'un cours d'eau, l'autre pauvre, qui en soit proche, n'hésitez pas à exploiter la seconde et à vendre l'autre. »

Le King-Solomon rentre dans la première de ces deux catégories : le seul cours d'eau sérieux des environs est à trois ou quatre kilomètres, paraît-il ; c'est là qu'il aurait fallu construire le moulin, si l'on avait continué l'exploitation ; et pour le relier à la mine, un petit chemin de fer était nécessaire. Les actionnaires ont probablement reculé devant cette grosse dépense. Peut-être attendent-ils pour l'entreprendre le moment, peu éloigné du reste maintenant, où une voie ferrée à travers la prairie leur permettra d'apporter leur matériel plus économiquement ; toujours est-il que les travaux sont abandonnés, et les machines considérables, déjà en place, restent confiées à un mécanicien, celui-là même qui nous a fait hier les honneurs de la maison.

L'eau ne manque cependant pas d'une manière absolue. Il n'y en a même que trop. Malheureusement c'est dans la mine que cette surabondance de bien s'est produite. On a creusé jusqu'à deux cent douze pieds, et à partir des cinquante premiers, on a trouvé de véritables sources, jaillissant avec une telle abondance, que des pompes d'épuisement colossales avaient bien de la peine à étaler. Tout avait cependant été monté par Dickerman avec un très-grand soin. Les fleurets qui avaient percé les trous de mine étaient mus par l'air comprimé, ce qui est le dernier *cri* de la science moderne. Dans un coin, un petit moulin d'expérience à cinq pilons servait à éprouver la richesse des minerais trouvés, qui a toujours été très-satisfaisante. Malheureusement les capitaux ont été absorbés par les études, et l'on en est resté là pour le moment.

Parker ne m'a pas gardé rancune de mon algarade d'hier. Ses principes chevaleresques, brochant sur ses habitudes américaines, le font souffrir à l'idée qu'une femme a travaillé pour lui faire à déjeuner; mais son estomac s'en trouve si bien, qu'il se contente d'enregistrer avec un soupir cette nouvelle défaite de l'esprit par la matière, et qu'il se jette avec une voracité inquiétante sur les côtelettes de daim que madame Enrick nous a préparées ce matin; mais quand son appétit un peu apaisé n'étouffe plus le cri de la conscience et qu'il la voit se disposer à nous faire du café, il n'y tient plus et veut manifestement lui arracher des mains la cafetière; mais je lui lance un coup d'œil si sévère qu'il reste cloué sur sa chaise. Bien nous en prend : nous avons du café, du vrai café. Les Américains, quand ils veulent en faire, jettent une poignée de grains plus ou moins concassés dans une casserole d'eau froide. Ils font bouillir le tout à gros bouillons, servent chaud et avalent; même recette pour le thé : on peut se figurer le résultat. Pendant que nous dégustons avec recueillement le nectar que nous sert madame Enrick, je lève le nez et j'aperçois la bibliothèque de la maison sur une planche. Selon mon habitude, je vais consulter le dos des volumes. Il y en a trois, un livre de messe! un almanach!! et une traduction de la *Cuisinière bourgeoise!!!* Trois et quatre fois heureux, M. Enrick!!! J'espère qu'il apprécie son bonheur!

C'est un fait connu depuis la plus haute antiquité

que les chevaux ne marchent jamais mieux qu'après un bon dîner de leurs conducteurs; sous ce rapport, les chevaux américains ressemblent absolument aux nôtres : nous filons comme le vent, en quittant King-Solomon. Jean-Leblanc, surtout, m'emmène d'un tel train, que je me trouve en un clin d'œil sur l'avenue unique de Tigerville. Le mot d'avenue exige une explication. A New-York, on a divisé la ville en carrés bordés sur deux de leurs faces par une avenue, sur les deux autres par une rue : avenues et rues sont numérotées. On habite la cinquième avenue, au coin de la vingt-cinquième rue; les rues ont quatre-vingts pieds de large, et les avenues cent soixante. C'est une combinaison assez commode pour une très-grande ville; mais comme tout village qui se fonde en Amérique est, dans l'esprit de son fondateur, ou plutôt dans son prospectus, destiné à devenir beaucoup plus important que New-York dans un avenir très-prochain, on a grand soin de diviser toujours le terrain en avenues et rues, sauf, ce qui est le cas général, à s'en tenir à la première avenue. Je ne connais rien de lamentable comme l'effet produit quand la ville se compose de dix maisons; les pauvres baraques de planches ou *log-houses,* au lieu de se serrer les unes contre les autres et de confondre dans un groupe unique leur laideur uniforme, s'étalent de chaque côté de ce qui semble être un champ encombré d'herbes, mais qui est en réalité une avenue! Devant chacune s'élève une pile de boîtes de conserves vides, car de même que la civilisation des Celtes se révèle à nous par ses dolmens, et celle des Scandinaves par les débris de ses cuisines, de même les antiquaires des temps futurs reconnaîtront tout de suite les lieux habités par des Anglais aux Indes, par les montagnes de bouteilles de soda-water qui se forment devant les cantonnements, et les demeures des Américains, à leurs tas de boîtes de conserves vides. Si le chemin de fer ne venait pas y mettre ordre, le temps serait proche où, sur la route des *Black-Hills* à Pierre, il serait impossible de mettre le pied ailleurs que sur une plaque de fer-blanc portant la marque de M. Armour, fabricant de lard à Chicago.

Ces réflexions nous sont particulièrement inspirées par la vue de Tigerville. Fondée pour abriter et surtout pour abreuver les mineurs de King-Solomon, cette malheureuse cité a été tuée, à la fleur de son âge, par l'interruption des travaux de la mine; ses ruines manquent de la poésie qui caractérise celles de Palmyre ou de Thèbes aux cent portes. Une demi-douzaine de cabarets qui s'effondrent nous montrent leurs bars désolés qui ne sont plus fréquentés que par les ours de la forêt voisine. Que sont devenus tous les citoyens « proéminents » qui, sur ce coin de terre maintenant désert, se sont grisés, floués et « revolvérisés » mutuellement avec tant d'ardeur? Où sont les fleurs d'antan? Peut-être cependant pourrions-nous être renseignés, car nous apercevons une épave de cette civilisation : un de ces citoyens, proéminent à coup sûr, car il nous semble être seul de son espèce, est assis devant un pauvre petit store, les pieds en l'air : il fume mélancoliquement sa pipe. Il a l'air si sale et si grognon, que c'est uniquement par principe et sans espoir de réciprocité que M... le salue en passant de *How do you do?* lancé d'une voix de tonnerre, mais qui reste cependant sans réponse.

Du reste, nous sommes bien vite rappelés aux dures réalités de l'existence d'explorateurs. Après avoir traversé quelques plateaux boisés semés de clairières herbeuses, nous finissons par nous engager dans une petite vallée étroite dans laquelle, suivant la coutume du pays, « zigzague » un gros ruisseau. Les déboires dont nous a abreuvés le Little-Gimlet n'étaient que de la Saint-Jean, en comparaison de ceux que nous réserve celui-ci. En trois heures, il nous le faut traverser dix-sept fois, et comme il est horriblement bourbeux, chaque passage est une opération dont on ne se retire qu'avec bon nombre d'ennuis.

Vers deux heures, nous rencontrons un bonhomme à cheval auquel nous demandons si nous ne pourrions pas trouver un déjeuner dans les environs; il interrompt son travail, qui consiste à clouer sur les arbres de la forêt de petites planchettes dont il a une provision pendue à l'arçon de sa selle, et sur lesquelles sont inscrites en lettres rouges différentes sentences : ainsi sur l'une on lit :

Où diable boit-on donc de si bon wisky?

Cela est suivi d'une main peinte à l'emporte-pièce; en suivant la direction du doigt, on tombe sur une autre planche pendue à un arbre peu éloigné :

Par Dieu! c'est chez P. Finigan, à Custer.

D'où nous concluons que c'est à M. P. Finigan en personne que nous avons l'honneur de parler. Il nous donne, avec un bel accent irlandais, diverses explications desquelles il ressort qu'un *ranch* habité par un de ses compatriotes doit exister dans les environs, et que, pour l'honneur de la verte Érin, on nous y donnera certainement quelque chose à manger.

Réconfortés par ces assurances, nous nous remettons

en route ; nous traversons encore une demi-douzaine de fois notre trop ondoyant ruisseau, et nous finissons par apercevoir, au fond d'une jolie vallée qui s'ouvre à notre droite, deux ou trois bâtiments d'aspect misérable. C'est évidemment là que réside la victime de la perfide Albion dont il nous a été parlé.

Quand nous arrivons au *log-house* qui sert d'habitation, nous sommes reçus par une grande fille dont les pommettes trop rouges ne semblent pas annoncer une santé bien forte. Elle nous dit que son mari, Joe Clinton, est absent, mais qu'il a tué la veille un daim dont elle va nous faire cuire un morceau. Nous lâchons nos chevaux dans la prairie, où ils vont prendre leur réfection le long du ruisseau ; puis nous revenons à la maison. Parker y prodigue à notre hôtesse toutes les hyperboles que lui suggère sa galanterie comprimée à King-Solomon. Comme il ne s'agit plus d'une compatriote, et que le bien-être matériel et moral de M. Clinton n'est pas mon affaire, je me garde bien d'intervenir. Je ne doute pas que madame Clinton ne soit pour M. Clinton un trésor d'un prix inestimable, mais ce joyau est bien mal enchâssé. Il me semble impossible que les plus mauvaises cabines du Connemara ne soient pas des merveilles de confort en comparaison de celle où nous nous trouvons. Cela sue la misère. Un amoncellement de loques que nous distinguons dans un coin constitue le lit conjugal. On ne recevrait du jour que par la porte si le toit crevé à deux ou trois endroits ne laissait voir un peu du ciel bleu qu'obscurcit la fumée qui s'échappe aussi par là. Les quelques ustensiles et les nippes du pauvre ménage sont jetés par terre. Dans un coin, un tronc de sapin creusé sert de berceau à une malheureuse petite créature, qui, les deux mains appuyées sur les rebords, nous regarde fixement de ses yeux qui brillent au milieu de sa figure pâle.

La pauvre femme ne paraît pas enthousiasmée de son sort; elle a vingt ans; elle est née dans le Galway, où son père doit être un fermier relativement aisé, car il tient une ferme de dix-huit livres appartenant à un lord dont je ne puis distinguer le nom. Il payait facilement son fermage, et elle n'a jamais entendu parler ni de *land-league* ni de M. Parnell. Elle a épousé Joe Clinton, qui était retourné au pays après avoir passé longtemps en Amérique, où elle est revenue avec lui. La vie est bien triste ici; ils ne gagnent guère d'argent, quoiqu'ils aient une vingtaine de vaches et quelques chevaux, et puis il n'y a pas d'église ni de prêtre; sa petite fille a déjà six mois et n'est pas encore baptisée; somme toute, elle regrette le Galway et la vieille Irlande, et espère bien y retourner dès qu'ils auront un peu d'argent. C'est la première fois que j'entends cette note. Du reste, quand on ne se sent pas le feu sacré et qu'on n'a pas quelques avances, le métier d'émigrant, dans ce pays, me semble être la dernière des professions. Le mot de Dickerman à Deadwood est bien vrai : *This is not a poor man's country.* « Il ne faut pas venir ici sans capital. »

Après avoir débité à notre hôtesse les quelques platitudes et banalités qui sont indiquées en de semblables occasions, et, ce qui est plus important, l'avoir amplement rétribuée d'un plat d'œufs brouillés dont elle nous a fourni les éléments, nous allons faire un bout de sieste sur le bord du ruisseau, à l'ombre d'un gros sapin. On nous recommande de sonder de l'œil les touffes d'herbes, car nous arrivons dans un pays où foisonne le serpent à sonnettes, qui, presque inconnu dans l'intérieur des montagnes, devient assez commun à mesure qu'on marche dans le sud en se rapprochant de la prairie. Un grand amour pour la vérité m'oblige à avouer que je n'ai pas vu la queue d'un de ces reptiles, et que les seules sonnettes que j'ai entendues pendaient au col des vaches du ménage Clinton.

Vers trois heures, nous nous arrachons des bras de l'oisiveté, mère de tous les vices, nous sellons nos chevaux, et, après avoir traversé pour la vingt-troisième et dernière fois notre ruisseau, nous le quittons pour nous enfoncer dans la forêt qui borde la vallée sur la gauche. L'aspect du pays change notablement. Les vallées que nous suivons sont plus larges; sur notre droite, l'horizon s'étend, nous avons par moments des échappées de vue qui nous laissent apercevoir la prairie, mais une prairie plus accidentée que celle que nous avons quittée à Rapid-City. De loin en loin, des sapins isolés semblent y avoir été plantés pour faire point de vue. Sur notre gauche, la forêt est épaisse, mais elle ne s'élève qu'à une certaine hauteur; elle est dominée par d'immenses amoncellements de rochers nus, car ici les montagnes sont bien plus élevées que toutes celles que nous avons vues jusqu'à présent. Le *Harney's Peak*, dont nous contournons la base, a sept mille quatre cents pieds de haut (près de deux mille cinq cents mètres). Le *Custer's Peak*, que nous voyons devant nous, en a six mille neuf cent trente.

Le sud des Black-Hills, que nous traversons en ce moment, en est la partie la moins peuplée : c'est cependant celle qui a été colonisée la première, car c'est celle d'où venaient les premiers échantillons d'or qui ont attiré l'attention des mineurs.

Les Black-Hills ont été divisés jusqu'à présent en trois comtés : *Lawrence, Pennington* et *Custer,* qui, sur la carte, ont l'aspect de bandes plus longues que larges, s'étendant de l'est à l'ouest. Le premier, qui est le plus au nord, compte environ quinze mille habitants ; le second, quatre mille, et le troisième, douze cent cinquante. C'est l'exploitation du Homestake et du groupe de mines qui l'entourent qui a fait affluer la population dans le nord. Il n'est cependant pas douteux que les ressources minérales et agriculturales des deux autres comtés sont de tout point égales, sinon supérieures, à celles du premier. Les prairies qui s'étendent au sud sont notamment si favorables à l'engraissement des bestiaux, d'abord à cause de leur fertilité, ensuite à cause de la douceur du climat, que la population y augmente très-rapidement et qu'on vient d'y créer un quatrième comté, celui de Fall-River. De ce côté, on commence à amener des moutons qui réussissent merveilleusement, mais dont l'arrivée a soulevé et soulève encore bien des orages. Chez nous, le mouton est volontiers pris pour emblème de la paix. Si les Américains aimaient les emblèmes, ce qui, du reste, n'est guère leur cas, le mouton serait plutôt pour eux le symbole de la zizanie. Partout où un troupeau de ces estimables porte-laine a passé, les bœufs refusent de manger, tant l'odeur qu'ils laissent leur répugne. Quand un *cattle-ranch* est en présence d'un *sheep-ranch,* il faut que l'un cède la place à l'autre : de là échange de nombreux coups de revolver. Dans cette lutte qu'on pourrait appeler biblique, car ces sortes de guerres n'étaient pas inconnues des anciens patriarches, c'est certainement le mouton qui finira par triompher, au moins dans ces environs, et les bœufs se cantonneront dans les prairies plus humides du nord.

Parker, qui rêve toujours de mettre de nouvelles affaires en train, nous montre deux ou trois plaines couvertes d'une petite herbe fine et sèche, bien abritées des vents, bordées de sapins en nombre suffisant pour faire des clôtures et des hangars. Tout cela constitue, paraît-il, le beau idéal d'un *sheep-ranch;* et, s'il peut trouver quelques semaines libres avant l'hiver, il ira chez les Mormons, qui sont de grands bergers devant l'Éternel, acheter quelques milliers de moutons pour les amener ici.

Pendant que nous discutons tous ces beaux projets, nos chevaux ont continué d'avancer; nous avons atteint les bords d'un ruisseau bourbeux, qui est le *French-Creek,* et nous apercevons bientôt devant nous l'unique avenue et les quelques rudiments de rues qui constituent la ville de Custer. Nous arrivons à l'hôtel, qui nous est indiqué, comme toujours, par les groupes de flâneurs qui fument devant la porte, rangés sur des chaises, les pieds en l'air, appuyés sur une barre de bois installée *ad hoc.* Le propriétaire, un gros homme blond, pousse devant nous, sans mot dire, le registre sur lequel nous inscrivons nos noms, qu'il lit ensuite attentivement.

— J'ai, dit-il alors en allemand, la ville de Paris, qui est bien belle et dans laquelle il y a beaucoup de jolies femmes, et des jardins superbes, Mabille...

Et ainsi de suite pendant dix minutes. Nous attendons avec une certaine angoisse le verbe qui doit terminer la phrase et lui donner le sens. A-t-il brûlé

Paris, comme communard? l'a-t-il bombardé comme soldat de M. de Moltke? était-il balayeur dans l'une des vieilles brigades de M. Haussmann? Pendant que toutes ces hypothèses se croisent dans notre esprit, il énumère avec lenteur toutes les qualités de Paris; il s'interrompt un instant pour prendre un cigare, il boit un verre de *lager beer;* enfin le verbe vient, c'est *habité* qu'il voulait dire.

Comme on voit bien que les Diètes allemandes ont été la source d'où ont découlé tous les gouvernements parlementaires, qui rendent le globe si agréable à habiter; et comme la langue qui s'y est formée est favorable aux orateurs! Allez donc interrompre un gaillard qui vous enfile une phrase dont la sténographie occupe une page, quand il faut attendre le dernier mot pour savoir ce dont il s'agit! Un Français qui dit à sa femme : « Je vous ai acheté une paire de chevaux, ils sont jolis, ils ont de belles allures, etc., etc. », est interrompu au quatrième mot par ladite femme qui lui saute au cou : elle sait tout ce qu'il lui importe de savoir. Un Allemand dira : « J'ai, les chevaux que vous avez vus, qui sont bais, etc., etc., aujourd'hui acheté », et il faudra que la malheureuse Gretchen qui l'écoute attende jusqu'à la fin pour savoir si, par hasard, au lieu du verbe *acheté,* il ne va pas sortir un *vu* ou un *refusé* ou tout autre participe également désagréable. Étonnez-vous que, avec une langue comme celle-là à sa disposition, une nation soit devenue calme et n'ait pas à se méfier de ses premières impressions, les bonnes, pour l'excellente raison que celles qui lui viennent sont si tardives, que partout ailleurs ce seraient tout au plus des deuxièmes!

Du reste, rendons justice à l'honnête Germain qui

nous a accueillis dans la bonne ville de Custer. Il a habité Paris en qualité de commis voyageur à une époque indéterminée, mais il ne semble pas en vouloir aux Parisiens de ce qu'ils ont été affamés et bombardés par ses compatriotes : c'est bien quelque chose : et il nous reçoit de son mieux ; malheureusement son hôtel est plein, car nous y retrouvons tous les juges que nous avons déjà vus à Rapid-City. Les assises battent leur plein. Cependant on nous trouve une chambre à deux lits, dans une nouvelle maison en briques qu'il construit de l'autre côté de la rue.

Après le dîner, je sors pour aller fumer un cigare : la rangée des fumeurs aux pieds levés est déjà à son poste, cependant je trouve à me caser sur un banc de bois ; à peine y suis-je installé qu'un de mes voisins se lève, tire de sa poche un formidable *bowie-knife*, et s'avance de mon côté en le brandissant. L'aventure de M... me revient à l'esprit. A-t-on juré de me faire quitter le pays ? Je mets la main sur mon revolver, décidé à vendre chèrement ma peau : cependant mon homme a un aspect très-débonnaire ; il arrive jusqu'à moi, sans mot dire, me pousse un peu, enlève un énorme éclat de la planche sur laquelle je suis assis, et puis se remet sur sa chaise et commence à le réduire en tout petits copeaux. Je me rassure tout de suite, d'autant plus que je m'aperçois que tous les autres sont occupés à la même besogne : ce sont des *whittlers*.

Le *whittling* est une maladie particulière du cerveau américain, qui se développe surtout dans l'Ouest, où il existe peu d'hommes qui n'en offrent quelques symptômes. Elle consiste en un besoin irrésistible de prendre de la main gauche un objet en bois quelconque, qu'on réduit en morceaux de la dimension d'une allumette par un mouvement doux et régulier de la main droite armée d'un canif, d'un rasoir ou d'un *bowie-knife*. Cela facilite ou plutôt remplace la conversation, selon les tempéraments ; c'est moins dangereux que ne l'est l'opium pour les Chinois, mais, comme passion, tout aussi impérieux. Il paraît qu'autrefois, à Washington, on délivrait à chaque député ou sénateur, au commencement des séances, une petite bûche de cèdre et un canif fournis par la questure pour cet usage ; on n'avait trouvé que ce moyen de sauver les bras des fauteuils qui, auparavant, ne résistaient jamais plus d'une session ; on m'a dit que, maintenant, l'épidémie étant en décroissance dans les États de l'Est, les couteaux à papier, à condition d'être remplacés fréquemment, suffisent à remplir ce rôle préservatif du mobilier public.

En observateur consciencieux, j'ai voulu me rendre compte des sensations évidemment voluptueuses que paraissaient ressentir mes voisins absorbés dans cette occupation. J'ai demandé à l'un d'eux de vouloir bien me servir de professeur : c'était un *cow-boy* grisonnant, armé de deux revolvers formidables et orné d'une barbe babylonienne. Il s'est prêté à mon désir avec une bonne grâce parfaite : il a lui-même enlevé au malheureux banc un morceau long d'un demi-pied ; j'ai appuyé l'un des bouts sur le creux de mon estomac, j'ai pris le propre *bowie-knife* de mon professeur, qu'il a bien voulu me prêter, et je me suis mis à détacher des petits bâtons qui, sous le rapport de la régularité, étaient bien au-dessus de ceux dont la régie fait des allumettes. Encouragé par les coups d'œil bienveillants que cet hommage rendu aux coutumes du pays me valait de la part de tous les assistants, j'ai continué jusqu'à la fin, et, je suis fâché d'avoir à le constater, je n'y ai pris aucun plaisir. Je me suis consolé de ce premier échec, et ne me suis pas découragé en pensant à l'horrible mal de mer qui avait été l'unique résultat du premier cigare que j'ai fumé chez les RR. PP. Jésuites.

11 juillet. — Custer-City, capitale du comté de Custer, est une ville qui compte trois cents habitants. En ce moment, son étoile paraît être sur son ascendant, mais elle a passé par d'étranges vicissitudes. Comme beaucoup d'autres villes américaines, elle a eu des malheurs dans sa jeunesse. Fondée en 1875, elle avait quinze cents habitants avant l'automne de la même année. Moins de six mois après, par suite des faits qui vont être relatés, elle n'en avait plus que quatorze! Depuis, elle a végété jusqu'à ces temps derniers. Maintenant elle recommence à faire parler d'elle; les connaisseurs s'accordent à lui prédire le plus brillant avenir, et l'on propose gravement aux nouveaux arrivants d'acheter un joli terrain à bâtir sur la septième avenue, au coin de la dix-septième rue, tout près de la banque, et non loin de la gare de la ligne du Sud. Il va sans dire que tout cela n'existe que dans la riche imagination des gentlemen de la nature, *nature's own noblemen,* qui désirent troquer quelques acres de terrain marécageux contre un certain nombre de billets de banque graisseux.

L'histoire de Custer se rattache aux plus anciens souvenirs de la conquête des *Black-Hills.* Toute la région montagneuse désignée sous ce nom, réputée de nulle valeur, avait été abandonnée aux Sioux, ainsi que les prairies environnantes, par un traité en due forme datant de l'époque où la construction du Transcontinental, à travers une de leurs réserves, avait obligé le gouvernement à entrer en pourparlers avec eux.

Cet arrangement, que les Sioux n'avaient accepté, du reste, que contraints et forcés, avait bien mis fin aux hostilités officielles; mais comme des bandes de guerriers, agissant en dehors de l'action des chefs principaux, venaient quelquefois se livrer à des déprédations sur la frontière, les troupes régulières, se lançant à leur poursuite, pénétraient de leur côté assez souvent dans la réserve. Ce fut dans le cours d'une de ces expéditions, qui eut lieu au printemps de 1874, qu'un des officiers les plus connus de l'armée fédérale, le général Custer, pénétra jusqu'à la partie sud des Black-Hills, et donna à ses troupes quelques jours de repos sur les bords du French-Creek.

Les soldats, dont plusieurs avaient probablement séjourné en Californie et visité les placers, ne furent pas longs à reconnaître l'existence de l'or dans les sables du ruisseau. Ils en rapportèrent des échantillons qui bientôt passèrent de main en main dans les garnisons de la frontière. L'émotion fut grande. Le traité fait avec les Sioux leur garantissant la propriété exclusive de leurs réserves, aucun blanc n'avait le droit de s'y établir, et le gouvernement s'était formellement engagé à y tenir la main. Cela n'empêcha pas une expédition de se former immédiatement à Sioux-City, dans le but avoué d'aller exploiter les placers.

Le convoi, qui se composait de vingt-huit hommes accompagnés par une femme, parvint sans encombre, dès le mois de décembre, à l'endroit où se trouve maintenant Custer. Les aventuriers commencèrent par construire un petit fort en cas d'attaque de la part des Indiens, puis ils se mirent à l'ouvrage avec beaucoup de succès, dit-on. Au printemps, avant même que la neige fût fondue, des convois d'émigrants arrivèrent de tous côtés pour les rejoindre, et c'est alors que la ville commença à se former.

Cependant les Indiens ne laissaient pas envahir leur territoire sans protestations, et même sans coups de fusil, car leurs bandes isolées attaquaient fréquemment les convois. Quand leurs chefs principaux, le *Taureau qui s'assoit* [1] et la *Queue tachetée*, représentant les deux principales tribus de la confédération des Sioux, celle des Ogalalas et celle des Tetons, virent que les choses tournaient décidément à l'invasion, ils se plaignirent officiellement au commandant militaire, le général Custer. Celui-ci, ainsi mis en demeure d'agir, parut d'abord disposé à faire justice à leur demande.

Une proclamation rappela aux habitants que l'entrée de la réserve indienne leur était interdite, et des patrouilles de cavalerie, sillonnant la prairie, firent rebrousser chemin à tous ceux qu'elles rencontraient. La force fut même employée, et dans une circonstance où

---

[1] La « Queue tachetée » (Spotted Tail) a, nous avons le regret de le dire, succombé dernièrement, assassiné par un de ses guerriers. La chose a excité un certain intérêt, parce que la justice américaine s'est avisée d'intervenir. Son meurtrier était en prison, à Deadwood, quand nous y sommes passés. On ne recommencera du reste probablement pas, attendu qu'après des tournois oratoires très-remarquables, il a été reconnu qu'aucune loi ne pouvait atteindre un Indien qui en tuait un autre sur une réserve.

La fille du défunt, mademoiselle « Queue tachetée », est une beauté célèbre parmi les Squaws. Elle eut l'honneur d'être présentée à S. A. R. Mgr le prince de Galles.

les conducteurs d'un convoi s'étaient formellement refusés à exécuter ces ordres, leurs wagons furent brûlés et leurs attelages saisis. Dans son désir de faire observer le traité, le général Custer ne s'en tint pas là. A la tête d'un détachement assez considérable, il revint lui-même visiter le lieu où il avait campé l'année précédente, et signifia aux quinze cents mineurs qu'il y trouva au travail d'avoir à déguerpir immédiatement. On se figure les clameurs que provoqua cette décision. Le général Custer, assailli de réclamations et même de menaces, finit par transiger. Car, en Amérique, comme dans tous les pays démocratiques, un fonctionnaire chargé d'appliquer une loi impopulaire est sûr d'être désavoué tôt ou tard. Il fut convenu que les travaux seraient interrompus pour laisser au gouvernement le temps d'entrer en négociation avec les Indiens et obtenir la cession des terrains aurifères, mais que chaque exploitation particulière laisserait sur les lieux un homme pour faire acte de propriété. On remit en état le fort dans lequel s'enfermèrent les quatorze hommes désignés, et tous les autres se dispersèrent. Ce résultat obtenu, les troupes regagnèrent leurs cantonnements.

Les quatorze hommes laissés en arrière ne furent pas longtemps seuls. Dès qu'il fut bien prouvé que les troupes étaient parties, de tous les points de l'horizon, les mineurs revinrent à leurs travaux, plus nombreux que jamais, et au mois de novembre, la nouvelle ville, qui avait été baptisée, par un hommage peut-être un peu ironique, du nom de Custer-City, comptait, dit-on, trois mille habitants, et sa « première avenue » avait un demi-mille de long. Malheureusement, cette prospérité ne dura pas longtemps.

En 1876, le professeur Jenney découvrit les gisements de Homestake, et la nouvelle ville de Deadwood attira à elle tous les habitants de son aînée. Il n'en resta que cent cinquante ou deux cents. C'est la seconde période qui commençait.

Pendant ce temps-là, les malheureux Indiens continuaient de protester à leur manière contre les procédés pleins de sans gêne avec lesquels on s'appropriait leurs biens. Il faut reconnaître que les Sioux, chasseurs de buffles et cavaliers, n'ont jamais habité d'une manière permanente les montagnes. Ils établissent de préférence leurs villages le long des fleuves, dans la prairie. Encore ces villages sont-ils éminemment temporaires, car ils ne sont guère habités que l'hiver. Pendant l'été, les Peaux-Rouges les abandonnent pour suivre les migrations des troupeaux de buffles. L'établissement des « Visages pâles » dans la montagne les gênait donc moins que s'il avait eu lieu ailleurs. Cependant le passage constant des convois était d'abord une source de froissements continuels, ensuite il éloignait les buffles. Pourtant la guerre ne fut pas officiellement déclarée par les grands chefs, mais les petites expéditions anonymes se multiplièrent à un tel point, que bien peu d'émigrants arrivaient sans avoir entendu siffler des balles à leurs oreilles. Les chefs principaux désavouaient les auteurs de ces expéditions, qu'ils attribuaient, soit à des guerriers appartenant à des tribus éloignées, soit à des hommes vivant isolés en dehors de l'organisation politique des tribus, de ceux qu'on appelle des *Renegade indians*.

Ces chefs étaient entrés en pourparlers avec le gouvernement et admettaient le principe de la cession des Black-Hills en échange d'allocations de différente nature, les unes temporaires, c'est-à-dire une somme une fois donnée, d'autres permanentes, telles que distributions de rations, de couvertures. Les négociations marchèrent assez lentement, ce dont les Américains ne pouvaient du reste guère se plaindre, puisqu'ils s'étaient mis en possession de tout ce qu'ils demandaient. Finalement, le traité fut signé le 1er novembre 1876, et ratifié par le congrès le 28 février 1877.

On aurait pu croire que tout était terminé; mais il n'en fut rien. Les chefs indiens, qui avaient promis leur concours pour assurer la sécurité des routes, furent impuissants à tenir leur promesse. Peut-être n'y mirent-ils pas un bien grand zèle. La guerre, pour n'être pas déclarée, continua de fait. Des corps de volontaires se formaient, venaient surprendre des villages indiens, massacraient tous les habitants et ramenaient leurs chevaux qui étaient ensuite vendus publiquement dans toutes les villes de la frontière. Par contre, il ne se passait pas de semaine qu'on n'entendît parler de quelque ferme attaquée, au milieu de la nuit, par une bande de démons à peau rouge qui disparaissaient avec les chevelures des habitants, ne laissant derrière eux que des cadavres et des ruines. Les supplices infligés à ces malheureuses victimes étaient horribles. D'ordinaire, elles étaient étendues sur le dos, les pieds et les mains attachés à quatre piquets : puis un feu de charbon était allumé sur leur poitrine et soigneusement entretenu pendant que les bourreaux dansaient autour.

Un pareil état de choses ne pouvait pas durer indéfiniment. Malgré les affirmations des chefs, les habitants des frontières les rendaient responsables de toutes les atrocités commises. D'ailleurs, les expéditions que ceux-ci organisaient avaient souvent pour objectif des villages d'Indiens vivant officiellement sous l'autorité de leurs chefs, qui étaient par conséquent obligés de les défendre. La guerre était donc inévitable. Elle éclata bientôt. On apprit tout d'un coup que « Sitting-Bull », le grand chef des Ogalalas avait appelé aux armes toute la confédération sioux, et qu'à la tête de sept mille guerriers parfaitement armés, il parcourait la frontière avec une rapidité vertigineuse, brûlant et massacrant tout devant lui, et amassant un butin énorme.

Le général Custer et le colonel Crook se mirent immédiatement à sa poursuite. Ils avaient avec eux environ un millier d'hommes de troupes régulières, auxquels vinrent se joindre des corps de volontaires et quelques centaines de guerriers crows, les ennemis héréditaires des Sioux. Dans ce genre de guerre, en effet, il est à peu près impossible de joindre l'ennemi, si l'on n'a pas avec soi quelques éclaireurs indiens, tant les mouvements des Peaux-Rouges sont rapides. Chaque guerrier emmène avec lui quatre ou cinq chevaux, qu'il traite, du reste, avec une brutalité sans pareille; quand l'un est fatigué, il en monte un autre, et fournit de la sorte des courses qui paraissent incroyables.

Dès que Sitting-Bull se vit sérieusement poursuivi, il commença à se retirer vers le Nord, faisant filer devant lui l'immense agglomération de femmes et d'enfants qui l'accompagnaient. Enfin, au commencement de l'automne, il eut l'adresse de faire engager à sa suite le corps principal de ses adversaires, environ mille hommes, dans une étroite vallée, à White-Mountain, non loin de Bismarck ; puis ses guerriers, couronnant subitement les hauteurs, ouvrirent un feu si meurtrier sur les Blancs, qu'en quelques minutes ils étaient tous massacrés. Pas un n'échappa.

On raconte que Sitting-Bull se fit apporter, après le combat, les corps de Custer et de Crook, ouvrit leur poitrine avec son couteau, en tira le cœur et le mangea devant tous ses hommes.

Après un pareil échec, la poursuite fut interrompue, comme bien l'on pense, car les autres corps n'étaient plus en force, et il fallait attendre de nouvelles troupes. Sitting-Bull profita de ce répit pour mettre la frontière du Canada entre lui et ses ennemis. En somme, dans toute cette campagne, le vieux chef prouva qu'il aurait fait un merveilleux général de cavalerie.

Bien accueilli par les Anglais, qui n'avaient pas de raisons de ne pas le considérer comme un belligérant, puisque les Américains traitaient avec lui de puissance à puissance, il séjourna pendant quelque temps dans les plaines de Manitoba[1]. Mais les populations, qui s'étaient d'abord félicitées de l'éloignement d'un dangereux voisin, reconnurent bientôt qu'elles n'y gagnaient pas grand'chose, car malgré la surveillance exercée des deux côtés de la frontière, elle était constamment traversée par de petits partis de guerriers qui, n'ayant plus rien à perdre et complétement dé-

---

[1] Province canadienne située au nord du Dakota et principalement habitée par des métis français. Ils ont proclamé, il y a quelques années, leur indépendance, et ont livré quelques combats aux troupes anglaises. Ils combattaient sous le drapeau blanc! C'est la dernière fois que notre vieux drapeau national aura été au feu. Il y a quelque chose de touchant dans cet hommage rendu aux vieux souvenirs de la patrie. L'affaire finit par s'arranger, grâce à l'intervention de l'évêque.

gagés de l'autorité de leurs chefs, parcouraient le pays dans tous les sens, en y semant la terreur et l'incendie. Aussi vit-on bientôt le spectacle assez étrange d'envoyés du gouvernement fédéral allant proposer à Sitting-Bull de revenir à son ancienne réserve, en lui garantissant l'oubli du passé et tous les avantages du traité conclu avant les événements. Après quelques hésitations, Sitting-Bull accepta ces propositions et vint s'établir à Standing-Rock, dans le Dakota, non loin de Pierre, avec un groupe d'environ sept mille de ses sujets. Les autres, au nombre d'une trentaine de mille, se dispersèrent de côté et d'autre dans la réserve, d'où ne sortent guère que ceux qui ont envie de faire quelque mauvais coup. Leur vieux chef les réunit de temps en temps pour recevoir les distributions de vivres et de vêtements, qui leur sont faites par les soins de l'agent américain, avec lequel il a, dit-on, de très-bonnes relations. On lui a construit une maison. Dans les premiers temps, il en habitait toujours l'extérieur, choisissant le côté « sous le vent » pour s'y coucher ; mais depuis, il a fini par s'habituer à vivre dedans. On prétend même qu'il prend goût à l'agriculture. Il fait de temps en temps des visites aux autorités du territoire, et vit dans de bons termes avec ses voisins.

Nous avons, ce matin, commencé par visiter la ville de Custer. Cela ne nous a pas pris beaucoup de temps. Les monuments se composent d'abord de l'inévitable *court-house*, puis d'un théâtre en bois, élevé aux beaux jours de 1876, et qu'on n'a jamais ouvert depuis ; enfin, de l'hôtel que notre hôte est en train de construire.

En nous réveillant, nous avons remarqué avec une certaine surprise que la maison à un étage, en bois, dans laquelle nous avons passé la nuit, était entourée de murs en briques qui s'élevaient déjà presque à la hauteur de nos fenêtres. Nous avons demandé l'explication de ce phénomène ; notre hôte, en nous faisant remarquer que sur le derrière de la maison il n'y avait pas de mur, nous a répondu :

— Dès que la construction en briques sera finie, je ferai sortir par derrière la maison en bois, et je la porterai sur le terrain à côté que j'ai acheté aussi.

De fait, il y a déjà un système de madriers formant glissières, tout installé. Il prétend que l'opération ne coûtera pas cinquante dollars ; on ne retire même pas les meubles.

Nous sommes assiégés littéralement par un certain nombre d'honorables industriels qui veulent absolument être commandités pour l'exploitation de mines de mica ; j'avoue que mes notions sur le mica étant très-vagues, j'ai dû aller aux renseignements. Je croyais que le mica ne servait guère qu'à faire des abat-jour transparents pour bougies ou autres petites horreurs qui forment le fond des boutiques à treize sols. Il paraît, au contraire, que le mica sert à une foule d'usages dont je ne me doutais pas : on en fait, en Amérique, des portes pour poêles, qui, étant transparentes aussi bien qu'incombustibles, laissent juger du moment où il convient de remettre du combustible sans qu'il soit nécessaire d'ouvrir. Les rebuts, réduits en poussière fine et mélangés à de l'huile de pétrole forment aussi, paraît-il, le meilleur moyen de graissage connu pour les roues de wagon. Ce premier renseignement obtenu, je demande sous quelle forme se trouve le précieux minéral ; on nous répond en nous proposant de nous mener voir la principale mine, qui appartient à un métis indien Creek, nommé Dempsy, lequel est précisément intéressé dans les affaires de Parker.

C'est un charmant habitant de Custer, M. Wheeler, qui veut bien se déranger de ses affaires pour nous faire les honneurs du pays qu'il habite depuis longtemps.

M. Wheeler est un des fondateurs de Custer. Il fut du nombre des expulsés dont il a été question plus haut; ensuite il fit partie des corps francs qui se formèrent et guerroya pendant plusieurs années contre les Indiens, auxquels il rend, du reste, parfaitement justice. Pendant tout le temps de la route, cet homme, encore jeune, nous raconte ses aventures, qui sont bien intéressantes.

Nous arrivons, tout en devisant, à la mine, qui n'est éloignée de Custer que de deux ou trois milles. Le mica se trouve sous la forme de plaques plus ou moins épaisses et plus ou moins larges, incrustées dans des roches de schiste ou d'une sorte de granit grossier, auxquelles il est mêlé d'une manière fort inégale, sans qu'il soit possible de reconnaître une stratification bien régulière.

On creuse un peu au hasard, on fait sauter à la mine les blocs où l'on voit le mica affleurer, et l'on réalise par ces procédés primitifs de fort beaux bénéfices, ce qui est l'important. M. Dempsy, un petit homme sec et maigre, dont les yeux noirs et le teint basané accusent l'origine, travaille lui-même avec trois ou quatre ouvriers; à leur arrivée à l'orifice, les blocs de mica sont immédiatement façonnés par deux ouvriers; le premier, armé d'un couteau, les clive de manière à réduire les plaques à une épaisseur uniforme qui est à peu près celle d'une feuille de gros papier à lettre ; un autre les coupe en équerre pour leur donner une forme régulière. Les feuilles de la plus grande dimension ont environ vingt-cinq à trente centimètres sur douze, et se vendent dix dollars la livre ; les autres restent à des prix bien moins élevés. Les rebuts, qui auront une grande valeur quand le chemin de fer sera fait, et qui sont naturellement très-abondants, ne s'exportent pas encore, car ils ne supporteraient pas les frais de transport, qui sont naturellement exorbitants. D'ici à Chicago, ils s'élèvent par express à douze sols la livre ; par *freight*, c'est-à-dire par voiture à bœufs, jusqu'à la station la plus voisine qui est Sidney, à cinq ou six.

En revenant, M. Wheeler nous a fait galoper à travers les trois ou quatre belles vallées qui viennent aboutir à Custer. Elles sont toutes enserrées de clôtures, car leur herbe, fine et merveilleusement propre à la nourriture des moutons, donne déjà à la terre une certaine valeur.

Nous retrouvons à table tout le personnel de juges et d'avocats que nous avons vu à Rapid-City. A voir l'aspect florissant de ces messieurs, qui sont au moins au nombre de quinze ou vingt, je me dis que décidément la basoche fleurit aux États-Unis, et je me demande si le plus clair des bénéfices réalisés par les mineurs et les cow-boys déguenillés qui forment le reste des convives, ne passe pas dans leur poche et dans celle des cabaretiers.

Après le dîner, nous allons voir le propriétaire du *livery-stable* dans lequel nous avons mis nos chevaux. C'est un vieil Anglais nommé Kemish, qui, du premier coup, nous revient énormément. Nous avons-

conservé un si mauvais souvenir de notre voyage en *mail-coach*, que nous voulons essayer de voir s'il n'y aurait pas moyen de fréter un véhicule quelconque pour nous faire conduire à Sidney, station de l'*Union-Pacific* la plus voisine. C'est un voyage de 250 milles environ, soit près de cent lieues à faire à travers la prairie ; je me figurais que la négociation serait pénible. A mon très-grand étonnement, Kemish accepta tout de suite ; cet homme, évidemment à son aise, marié, trouve tout naturel de quitter ses affaires et son logis pendant au moins une quinzaine de jours, pour faire un voyage qui peut offrir un certain danger et qui sera, dans tous les cas, très-pénible, et il le fait certainement plutôt par goût des aventures que par spéculation, car il ne nous demande que 80 dollars, environ 400 francs. En France, un voiturier demanderait certainement plus. Parker a retrouvé ici deux voisins de Cascade, qui retournent chez eux ; il partira avec eux en emmenant les chevaux ; nous le retrouverons demain soir.

Ces arrangements pris, nous passons le reste de la journée à courir les stores pour acheter des provisions de bouche, car nous ne voulons pas en être réduits à la chère que nous avons faite en venant. On nous annonce, du reste, beaucoup de gibier sur la route ; on y a même tué ces jours derniers quelques buffles. La perspective gargantuesque des rôtis qu'ils nous fourniront ne nous empêche pas d'acheter quelques boîtes de *corned-beef* et des conserves de légumes françaises que nous dénichons dans un store.

Un ami de Wheeler, M. A..., nous emmène dans une jolie maison qu'il vient de se faire construire, pour nous y montrer une splendide collection de minéraux recueillis dans les *Black-Hills* et surtout dans le Yellowstone. Ce merveilleux pays, découvert depuis quelques années seulement, offre des phénomènes minéralogiques si extraordinaires et des sites si curieux, que le Congrès américain a passé une loi le déclarant parc national et en défendant l'accès à la colonisation. C'est un petit territoire situé au cœur des Montagnes Rocheuses, affectant à peu près la forme d'un carré de 60 milles de côté. Au centre, se trouve un lac de 15 milles de large sur 22 de longueur, entouré de montagnes constamment couvertes de neige.

Ce qui rend ce pays particulièrement remarquable, ce sont les phénomènes d'ordre volcanique qui s'y produisent. L'eau de plusieurs des rivières qui le traversent est absolument bouillante, et ces rivières sont alimentées par des jets naturels analogues aux geysers d'Islande. L'un de ces jets d'eau a quinze pieds de diamètre et une hauteur de cent cinquante.

Des ruisseaux d'une eau glaciale coulent souvent à quelques mètres d'autres dont la température n'est guère inférieure à 100 degrés. Un trappeur facétieux nous a raconté qu'un jour, ayant pêché une belle truite, il avait tourné sur ses talons et, sans la décrocher de l'hameçon, l'avait plongée dans un court-bouillon naturel d'où elle était ressortie au bout de quelques instants cuite à point. L'histoire n'est peut-être pas vraie, mais elle n'a rien d'impossible.

M. A... est un des quatorze hommes qui restèrent dans le fort. Si les treize autres lui ressemblaient, je m'explique que les Indiens se soient abstenus de les attaquer; car ce petit homme trapu et râblé, à l'apparence froide, mais aux yeux flamboyants, ne me semble pas disposé à céder facilement la chevelure crépue-

et grisonnante qui couvre son crâne. Il est maintenant à la tête d'une belle fortune qu'augmentent chaque jour les revenus de trois ou quatre mines découvertes par lui, et dont il a gardé une part. Il pourrait vivre avec luxe n'importe où, mais il a toujours habité la frontière et ne peut se résoudre à la quitter.

Cependant, comme le héros de la chanson de Nadaud, qui s'est promis de ne pas mourir sans voir Carcassonne, il nous confie un projet caressé avec amour depuis bien des années. Il veut faire un voyage à Paris, pour y visiter un séjour enchanteur dont bien des voyageurs lui ont vanté les délices : le jardin Mabille ! Un mot qui nous échappe involontairement lui apprend que des maisons à cinq étages s'élèvent maintenant sur ces lieux où régna Pomaré : il supporte le coup sans rien dire ; mais au frémissement nerveux de ses lèvres, aux bouffées saccadées qu'il tire de sa pipe, à son œil noyé dans l'espace, nous sentons qu'un écroulement vient de se produire en lui, et respectueux de cette grande douleur, nous nous retirons discrètement, ne voulant pas voir plus longtemps le spectacle, toujours pénible, d'un homme fort terrassé sous les coups du destin.

Avant d'aller me coucher, je veux aller passer encore une soirée avec les honnêtes *whittlers* qui m'ont hier initié à leurs joies ; ils sont là devant l'hôtel, acharnés après leurs bûches ; le banc n'existe plus, on le remplacera demain. L'hôtelier m'a confié qu'il ne durait jamais plus de trois ou quatre jours. Ce soir, les « gentilshommes de la nature » causent avec animation. Les *I guess* et les *you bet* s'entre-croisent, lancés avec ce prodigieux nasillement qui est si désagréable à entendre.

On lit à haute voix un journal qui relate une histoire arrivée dans les environs. Il paraît que deux hommes se sont présentés, il y a quelques jours, dans une banque d'une petite ville dont je ne peux distinguer le nom, demandant au caissier de leur changer un chèque ; pendant que celui-ci ouvrait sa caisse pour y prendre l'argent, l'un des hommes lui tire par derrière un coup de revolver qui le tue net ; après quoi, aidé de son compagnon, il prend tout l'or et les billets que contenaient les tiroirs ; puis les deux hommes enfourchent leurs chevaux restés à la porte et détalent au galop.

La chose se passait, bien entendu, en plein midi. Grand émoi parmi les « citoyens » : un certain nombre montent à cheval à leur tour, poursuivent les criminels, ameutant tous les gens qu'ils rencontrent sur leur passage. Bref, le lendemain matin, six cents hommes environ cernaient un petit bois où s'étaient réfugiés les deux meurtriers, dont les chevaux avaient crevé de fatigue non loin de là.

On organise un cordon d'hommes armés tout autour du bois, puis on y pénètre ; presque immédiatement, on entend cinq ou six détonations, un des assassins a tué trois hommes de ses trois coups de revolver et a été tué lui-même ; l'autre jette son arme en l'air sans tirer, et crie qu'il se rend.

C'est ici que l'histoire devient bien curieuse. A peine cet homme, nommé Ryan, je crois, est-il arrêté, qu'on lui met une corde au cou et qu'on l'emmène sur un pont qui se trouve dans le voisinage ; on attache la corde à l'une des poutres du tablier et l'on se dispose à le lancer dans l'éternité ; mais alors le shérif intervient : il adresse un *speech* à la foule, il fait appel à ses bons sentiments, rappelle ses services, fait remarquer combien il serait pénible pour lui, après une poursuite si habilement conduite, d'être privé des honoraires auxquels il a droit, d'abord pour la capture, ensuite pour la pendaison.

— Mais il ne sera pas pendu si nous le laissons aller, crie une voix.

Le shérif s'indigne :

— Comment! il ne sera pas pendu! mais chacun sait que le jury de la bonne ville de N... condamne à merveille! N'a-t-on pas pendu un tel et un tel?

La foule est évidemment perplexe ; elle ne voudrait pas faire de peine à ce bon shérif, cependant elle n'a pas confiance. A ce moment, Ryan demande la parole; comme il est évidemment intéressé à la question, on la lui accorde volontiers.

Après quelques mots consacrés à expliquer qu'il est moins coupable qu'on ne paraît le croire, mais sans y mettre une insistance de mauvais goût, il fait remarquer qu'il n'a rien pris depuis la veille, qu'il a grand'faim, et que, la discussion menaçant d'être un peu longue, il voudrait bien avoir quelque chose à manger.

Quelques hommes montent à cheval immédiatement et reviennent, quelques instants après, avec du fromage et du pain qu'ils ont trouvé dans une maison peu éloignée; on desserre un peu la corde de Ryan, qui s'assoit sur le pont, les jambes ballantes, et mange de bon appétit.

Pendant ce temps-là, le bon shérif reprend son argumentation.

Finalement, il propose de mettre la question aux voix :

— Que ceux, dit-il, qui veulent que j'emmène le prisonnier, lèvent la main!

Puis on procède à la contre-épreuve, pour savoir qui veut une pendaison immédiate ; un premier scrutin est déclaré douteux, on passe à un second, qui ne l'est pas moins. Tout cela prend du temps, et la foule a sensiblement diminué. Alors le shérif a une idée lumineuse :

— Vous êtes tous sur la rive droite ! s'écrie-t-il. Eh bien, que ceux qui veulent la pendaison immédiate passent la rivière !

Un grand éclat de rire accueille cette proposition. La vue de Ryan déjeunant a rappelé à plusieurs qu'eux aussi étaient à jeun ; d'autres veulent rentrer chez eux avant la nuit, craignant une scène de leurs femmes. Bref, une vingtaine des plus enragés, à peine, se résignent à se mouiller les pieds pour le plaisir de faire pendre Ryan. Cette fois-ci, l'épreuve est concluante ; le shérif prie quelques amis de lui prêter main-forte, et emporte son prisonnier au milieu des hourras de l'honorable assistance.

L'histoire ne finit pas là. Il était écrit que le pauvre shérif serait privé des émoluments si bien gagnés. Quatre jours après, le gardien de la prison où était Ryan entend frapper à la porte vers onze heures du soir. Il ouvre, une vingtaine d'hommes, la figure noircie avec du charbon, entrent. Celui qui paraissait le chef lui dit :

— L'autre jour, le shérif nous a bernés ! décidément nous voulons pendre nous-mêmes Ryan ; livrez-nous-le.

L'homme se défend, pour la forme, et puis livre le criminel, qui est emmené au pied d'un gros arbre et très-bien pendu ; on lui tire, pour plus de sûreté, deux ou trois coups de fusil qui réveillent les habitants ; puis la bande se disperse.

Cette histoire ravit les auditeurs, qui interrompent souvent par des exclamations flatteuses pour les habitants de N... : *Very smart : know their business,* etc., etc.; puis, la conversation continuant, on en vient à parler d'un *lynchage* qui a eu lieu ici il y a quelque temps. On a pendu trois hommes à un gros sapin qu'on me montre. Depuis, on a reconnu que l'un, au moins, était parfaitement innocent. Mais, ajoute-t-on, personne ne le connaissait. *He had no friend!*

— Dans ce pays-ci, dis-je, il fait bon avoir des amis.

— *You bet!* dit l'un. (Vous pouvez le parier.)

— *Well,* dit un autre. *I guess a friend is a good thing in this country : but a good pair of big revolvers is a damned better one.* (Un ami peut être utile, mais dans ce pays-ci une bonne paire de gros revolvers l'est encore bien davantage.) C'est mon professeur d'hier au soir qui a prononcé ces mots en remettant son couteau dans son fourreau, après avoir jeté la bûche qu'il a *whittlée* pendant toute la soirée avec une telle énergie, qu'il n'en reste plus qu'une allumette. Tout le monde applaudit, et je vais me coucher en méditant cette grande parole : Un bon revolver et la manière de s'en servir! D'autres disent : La force prime le droit! Les deux formules, qui n'en font qu'une, ne seraient-elles pas le dernier mot de la philosophie? Au fait, quand on n'a plus la force, il se trouve bien vite des gens pour démontrer qu'on n'a jamais eu le droit.

CHAPITRE VIII

Départ de Custer. — M. et madame Kemish. — War-Horse et le Nuage rouge. — Un *Sheep-Ranch*. — Accidents. — Les Hot-Springs. — Une princesse indienne. — L'art de scalper. — Cascade. — Comment on fonde une ville.

12 juillet. — Nous avons ce matin quitté successivement nos lits peu moelleux et la maison, qui va bientôt sortir de son enveloppe de briques comme un escargot de sa coquille, en ayant la consolation de penser que nous ne dérangions personne. Car ce n'est pas en Amérique qu'un domestique d'hôtel comble d'égards dans l'attente d'un pourboire le voyageur qui part, sauf à l'avoir fortement négligé auparavant. Un grain de vent sans pluie, d'une violence extraordinaire, mais qui n'a duré que quelques minutes, s'est seul chargé de nous réveiller. Quand nous arrivons devant le *livery-stable*, la voiture est déjà attelée. Nous examinons notre équipage, et le résultat de cette inspection est des plus satisfaisants. La voiture est une sorte de char à bancs suspendu sur des ressorts; nos valises et nos provisions sont arrimées tant bien que mal dans le fond et laissent une place suffisante pour nos jambes et nos fusils. Les chevaux sont deux braves petites bêtes de $1^m,50$ environ, ayant tout à fait l'apparence de bons demi-sang normands, et qui semblent entreprendre avec beaucoup d'entrain la formidable trotte qui les attend. Mistress Kemish est déjà levée et surveille les préparatifs du départ. C'est une vieille Anglaise, au teint clair et reposé, ayant l'apparence respectable d'une femme de charge d'une bonne maison. Je lui demande pourquoi elle a quitté l'Angleterre; elle me fait sans hésiter la réponse stupéfiante que voici :

— C'est parce qu'on y a trop de déférence pour la noblesse!

Comme l'heure n'est pas propice aux discussions, je m'abstiens de demander à cette digne matrone des éclaircissements; nous grimpons sur le siège de derrière, M... et moi; Kemish s'installe sur un énorme sac d'avoine, et nous partons d'un bon trot.

La route qu'éclaire le soleil levant est ravissante; nous tournons le dos à la prairie, en suivant la vallée qui nous a menés hier à la mine de mica. La voiture roule doucement sur un gazon fin et élastique. Il nous semble être dans un admirable parc anglais. Les beaux pins isolés qui poussent, çà et là, dans le vallon, les belles futaies qui couvrent les coteaux à droite et à gauche, complètent l'illusion. Un gros daim sort du bois devant nous. Il s'arrête un instant, puis, nous apercevant, détale au galop, saute le ruisseau et disparaît dans les broussailles de l'autre côté, avant que nous ayons le temps de lui envoyer une balle. Selon son habitude, M... s'extasie sur notre chance et est encore plus hilare que d'habitude, car il espère qu'enfin nous allons pouvoir chasser un peu.

Cependant un point noir surgit à notre horizon. Nous ne sommes pas encore à quatre milles de Custer, que, à la suite d'une secousse un peu forte, j'entends un petit bruit métallique sec qui me semble de mauvais augure, d'autant plus que la voiture donne une forte bande de ce côté-là. Je fais part de mon observation à Kemish, qui constate à son tour que la maîtresse feuille d'un de nos ressorts vient de casser. On décide cependant qu'il ne faut pas s'arrêter pour si peu. Une forte bûche de sapin placée entre les deux branches du ressort en maintient l'écartement, mais en supprime le moelleux, et nous continuons la route.

Il est écrit que nous ne sommes pas au bout des accidents; un quart d'heure après, nouvel accroc. Une des ferrures qui retient le timon au train se casse net. Kemish la remplace par une *rousture* en corde dont la facture me semble révéler un ancien marin. Effectivement, il m'apprend qu'il a commandé un caboteur dans la Manche, avec lequel il allait chercher des pommes de terre à « Saint-Briou ». Mais pendant qu'il me raconte ses aventures maritimes, la seconde ferrure casse à son tour. Cette fois, pour l'honneur de la marine française, je tiens à opérer moi-même et j'exécute un « amarrage en portugaise », qui me gagne l'estime de l'honnête Kemish, puis nous repartons encore. Mais je commence à être un peu inquiet, et l'optimiste M... lui-même trouve que les accidents sont bien fréquents.

Cependant, comme deux ou trois heures se passent sans nouvel accroc, nous reprenons confiance. D'ailleurs, nous sommes si bien installés que nous aurions bien mauvaise grâce à nous plaindre. Kemish a emporté deux peaux de buffle sur lesquelles nous nous prélassons. Ces *buffalo-robes,* c'est ainsi qu'on les appelle ici, sont, paraît-il, des dépouilles opimes qu'il a conquises dans ses combats contre les Indiens. Ce sont leurs femmes qui préparent ces peaux, en leur conservant leur poil épais et frisé. L'intérieur est orné de dessins représentant les hauts faits du guerrier auquel la peau est destinée. Celui auquel Kemish l'a prise devait être un homme bien terrible. Il est figuré monté sur un grand cheval bleu, brandissant une longue lance à laquelle pend une douzaine de chevelures sanglantes, dont les anciens propriétaires, représentés par de petits magots habillés comme les « Visages pâles », sont rangés en rang d'oignons devant lui.

En traversant une petite plaine, Kemish nous raconte une terrible scène dont elle a été le théâtre. C'était l'année de la grande guerre, au mois d'août. Les Indiens de Sitting-Bull s'étaient déjà éloignés dans la direction du nord. On croyait qu'il n'en restait plus dans les environs. Quatre hommes vinrent un jour de Custer ici, pour couper du foin. Le lendemain, un cinquième devait venir le chercher avec un chariot. Quand ce dernier arriva, il aperçut trois cadavres étendus par terre. Sans même descendre, il tourna bride et revint au grand galop à Custer chercher du renfort. Une vingtaine d'hommes, dont était Kemish, accoururent. Ils constatèrent que les Indiens dont ils retrouvèrent le camp dans les environs avaient dû voir de loin les hommes s'avançant sans défiance. Ils s'étaient alors cachés et avaient tiré sur eux au moment où ils se mettaient au travail. Trois avaient été tués à la première décharge, le quatrième avait pu se sauver un peu plus loin, mais avait été rattrapé et assommé d'un coup de crosse si violent, que l'arme, une carabine du gouvernement, avait été brisée. Un détail qui serait bien drôle, si le sujet n'était pas aussi horrible : les Indiens avaient, bien entendu, scalpé tous les malheureux. Seulement, au lieu d'enlever, selon les principes, un beau scalp sur le haut du crâne, ce qui ne leur aurait fourni que quatre trophées, ils avaient artistement découpé sur chaque tête sept ou huit petites rondelles de cuir chevelu pour s'en faire davantage. Où la passion de la contrefaçon va-t-elle se nicher! Et Rousseau qui croyait à l'honnêteté des sauvages!

On eut plus tard des détails : il y avait alors plus au sud un chef nommé le « Nuage rouge [1] ». Non-seulement il avait refusé de rejoindre Sitting-Bull, au commencement des hostilités, mais il avait empêché un certain nombre de ses hommes d'y aller et était venu avec ceux-ci camper sous la protection des troupes du fort Robertson. Quand on apprit les premiers succès de Sitting-Bull, une grande effervescence se manifesta parmi ces hommes, et un chef secondaire nommé War-Horse se mit à la tête de vingt-trois guerriers, au nombre desquels étaient ses deux fils. Il quitta secrètement les environs du fort, comptant traverser les Black-Hills sans attirer l'attention, et puis rejoindre, dans le nord, l'armée des Sioux. Ils en étaient à la deuxième ou troisième étape, quand ils rencontrèrent par hasard les faucheurs de Custer. War-Horse ne put résister à la tentation de cueillir les chevelures qui venaient s'offrir d'une manière aussi tentante ; mais, après le coup, prévoyant que le passage des Black-Hills allait devenir dangereux, il se décida à renoncer à son projet et à retourner au fort. Ses fils et la majeure

---

[1] Le « Nuage rouge » a rendu sa belle âme au grand Esprit depuis quelque temps. Trois grands chefs se partagent maintenant le commandement de la bande de dissidents qu'il avait formée. Ce sont le « Chien rouge », le « Jeune Homme qui a peur de ses chevaux » et l'« Oiseau blanc ».

partie de leurs compagnons continuèrent. Plusieurs ont reparu depuis dans le pays.

War-Horse revenant au cantonnement après une absence aussi courte, put l'expliquer par un prétexte plausible. Cependant, quand on apprit le massacre de Custer, les soupçons du commandant se portèrent aussitôt sur lui. On envoya un sergent de la police indienne pour l'arrêter. Quand celui-ci se présenta à la porte du wigwam, War-Horse fumait, accroupi, auprès du feu; en le voyant, il se leva, fendit le cuir de la tente, avec la rapidité de l'éclair, d'un seul coup de couteau, et bondit au dehors. Mais, au moment même, le sergent lui envoya une balle de son revolver au milieu du dos, et il retomba mort.

Nous arrivons à un *sheep-ranch* dont le propriétaire est un ami de Kemish. Il y a trois ans, cet homme, ayant gagné cinq cents dollars à travailler dans les mines, les employa sagement à acheter des moutons au lieu d'aller prospecter. Il a maintenant trois mille de ces animaux, et chaque année son troupeau s'accroît dans une proportion énorme, car ici, comme il n'y a pas de débouché pour la viande, on n'en tue jamais aucun. Le seul profit vient de la laine, dont chaque mouton donne à peu près de cinq à six livres et qui se vend vingt sous la livre. Cette spéculation est tout aussi profitable que celle des bœufs et exige une mise de fonds et un personnel bien moins considérables. Seulement elle est plus aléatoire, en ce sens que les moutons sont, beaucoup plus que les bœufs, sujets à des maladies très-meurtrières.

Le pays que nous traversons maintenant est bien moins joli. La végétation se fait rare et maigre. Nous suivons à présent une petite rivière dont l'eau, d'une transparence singulière, brille au soleil avec des teintes d'opale. Elle est fortement ferrugineuse. Nous devons nous arrêter à des sources minérales, les *Hot-Springs*, déjà connues, dit-on, du temps des Indiens, et qui sont très-appréciées pour la cure des affections rhumatismales, la plaie de ce pays. Une compagnie se fonde en ce moment pour racheter l'établissement qui y est déjà installé et lui donner un grand développement.

Il est déjà une heure ; nos braves chevaux continuent à marcher avec un entrain réjouissant à voir. Kemish déclare que nous sommes tout près d'arriver. Mais la série des accidents n'est pas encore épuisée. En passant la rivière, les roues de derrière s'enfoncent dans le sable du fond. Les chevaux, déjà arrivés sur la berge opposée, donnent un vigoureux coup de collier. Ils partent avec l'avant-train de la voiture et Kemish, qui, nouvel Hippolyte, a les mains prises dans les guides et est traîné pendant quelques pas. Quant à nous, nous culbutons, projetés en avant au milieu de tous les objets qui encombrent le fond de la voiture.

Un amoncellement de valises, de boîtes de conserves, de fusils et de buffalo-robes m'est tombé sur le corps. Pendant que je fais de vigoureux efforts pour me dépêtrer et que je me tâte pour savoir si je n'ai rien de cassé, j'aperçois M..., qui, plus heureux que moi, a été lancé sans trop d'avaries sur un gros rocher, au milieu du courant. Il est là, perché, comme Robinson sur son île, contemplant le désastre avec une sérénité olympienne.

— Eh bien ! me dit-il, en m'apercevant au milieu des débris de notre bagage, c'est à ce coup qu'il faut reconnaître que nous avons une rude chance.

ARRIVÉE A HOT-SPRINGS.

Page 254

— Une rude chance! par exemple, vous nous la baillez belle!

— Mais certainement... Puisque l'accident devait arriver, n'est-il pas trop heureux qu'il se produise ici, où nous sommes tout près des maisons? Si cela nous était arrivé au milieu de la prairie, dans deux ou trois jours, nous aurions été dans de beaux draps.

— C'est parfaitement juste, je n'avais pas envisagé la question sous ce jour-là, lui dis-je; mais vous seriez bien aimable de soulever un peu la voiture, j'ai la jambe prise dessous, et je ne peux pas m'en tirer tout seul.

— Oh! mille pardons!

Et, sautant de son île dans le ruisseau, le plus optimiste et le meilleur des compagnons de voyage m'aida à me tirer d'affaire.

Pendant ce temps-là, Kemish était parvenu à rattraper ses chevaux. Son beau flegme ne l'abandonne pas, et il paraît prendre, avec assez de philosophie, son parti de la déconfiture de son véhicule. Heureusement, d'ailleurs, sa profession lui a créé des relations et des amitiés dans tout le pays. Il se rappelle qu'il y a aux Hot-Springs un homme qui a un chariot qui peut-être ferait notre affaire. Il est convenu que nous attendrons, en déjeunant, le résultat de sa mission.

Nous nous installons au pied d'un saule; puis, après avoir pris un bain dans l'eau savonneuse du ruisseau, nous faisons un déjeuner, à coup sûr bien meilleur que ceux de l'hôtel de Custer, grâce à une boîte de *corned-beef* et une autre de sardines de Douarnenez. Elles ne se doutaient guère, les pauvrettes, quand elles ont été prises près de la pointe de Penmarch, qu'elles seraient mangées par deux Français dans le Dakota.

Après cette réflexion, comme la chaleur est lourde, nous nous étendons sur les peaux de buffalo et nous nous laissons aller à une petite somnolence, moitié sieste, moitié méditation, qui est vraiment pleine de charme, dont nous sommes tirés par un grand bruit de ferrailles, au bout d'une heure ou deux. C'est Kemish qui arrive avec le fameux chariot. Si celui-là casse, nous aurons bien du malheur. Nous y transportons tous nos *impedimenta*, et nous reprenons notre course.

Une demi-heure après nous arrivons enfin aux Hot-Springs. Nous allons dételer à l'ombre d'un gros arbre, après avoir passé sans nous arrêter devant « l'établissement », qui se compose d'une sorte de chalet d'assez bonne apparence. Les sources sont dans le fond d'un petit vallon, à droite. Il y en a trois, légèrement sulfureuses et d'une température qui doit être d'une trentaine de degrés, mais que nous ne pouvons apprécier bien exactement, notre thermomètre s'étant cassé dans notre désastre.

A côté de la source se trouve le véritable établissement, car celui que nous avons vu n'est qu'une concurrence établie l'année dernière. Celui-ci est d'une simplicité antique. Un *log-house* est divisé en trois compartiments : le premier sert de cuisine; le second, de dortoir pour les gentlemen; le troisième est affecté aux ladies. Trois ou quatre malheureux rhumatisants se trainent sur les rochers des environs. L'un d'eux, complétement perclus, est porté aux bains par un de ses compagnons moins mal hypothéqué. Plus loin, au détour d'un sentier, nous voyons apparaître une femme. C'est une pauvre petite vieille, à lunettes bleues, qui a tout à fait l'apparence d'une gouvernante anglaise en retraite. Elle conduit, au bout d'une longe, un cheval qu'elle veut mettre au piquet à côté des nôtres. Une Française ou une Anglaise qui ferait un pareil métier serait habillée *ad hoc*. Celle-ci a une robe à traîne ! Nous nous empressons de venir à son secours. Elle entr'ouvre la bouche, ce qui est bien inutile, car c'est uniquement du nez qu'elle nous remercie d'un air aimable. Elle nous explique qu'elle est venue de Deadwood, avec sept ou huit autres ladies, prendre les eaux. Elles campent sous une tente qu'elle nous montre en haut du vallon. Leurs maris, après les avoir installées, sont retournés à leurs affaires; elles sont là toutes seules, faisant leur cuisine et pansant leurs chevaux. Je lui demande si elle ne craint pas de remplacer les rhumatismes, que les eaux lui enlèveront, par d'autres qu'elle ne peut guère manquer d'attraper en campant, pendant un mois, dans un vallon humide. Cette idée paraît ne pas lui être encore venue; elle sourit agréablement, son nez laisse derechef échapper quelques sons qui veulent être un adieu aimable, et cette étrange apparition disparaît au tournant du chemin.

Il est écrit qu'aujourd'hui nous irons dans le monde. Kemish, qui est allé flâner dans les environs du chalet, vient nous dire qu'une lady, qui l'occupe, ayant appris que nous étions les amis de M. Parker, dont parlent les feuilles publiques depuis quelque temps, nous invite à aller la voir. Nous faisons immédiatement un bout de toilette, ce qui consiste à boutonner nos vestons au lieu de les laisser ouverts, et nous nous empressons d'aller mettre nos hommages aux pieds de cette dame si aimable, qui a nom Buttler, paraît-il, et habite Deadwood, où son mari fait des affaires.

Nous la trouvons dans une chambre garnie d'un mobilier plus que sommaire : elle nous indique deux billots de sapin sur lesquels nous nous asseyons : puis elle nous conte ses aventures.

Un Allemand, soi-disant docteur, qui avait construit ce chalet et y hébergeait ses malades, vient de le céder à la compagnie qui se forme pour exploiter les eaux. Il n'en avait rien dit, quand, il y a trois jours, madame Buttler, qui était du reste la seule baigneuse, a vu arriver des chariots qui ont commencé le déménagement. Le docteur lui a alors expliqué ce dont il s'agissait, après quoi il est parti la laissant absolument seule dans la maison, sans un meuble.

— Heureusement, ajoute la pauvre femme, qu'un gentleman qui passait par hasard reste avec moi jusqu'à ce que mon mari arrive. Je souffre tant que je puis à peine marcher.

Nous apercevons dans un coin de la cuisine le gentleman qui, armé d'un *bowie-knife* colossal, pèle des pommes de terre. C'est un *cow-boy,* orné de deux revolvers, à mine sinistre. Il me semble que si je le rencontrais à la brune, au coin d'un bois, je tirerais dessus, de confiance, le premier. Quant à madame Buttler, elle est enchantée de sa trouvaille. Du reste, elle paraît être habituée aux aventures, car elle nous raconte que le convoi qui l'a amenée aux Black-Hills a eu à livrer un combat. Une *lady* qui en faisait partie et qu'elle connaissait depuis longtemps, car elle était sa blanchisseuse à Yankton, a été scalpée ; mais l'opérateur a eu, paraît-il, la main légère, car la pauvre femme en est revenue ; seulement elle est obligée de mettre une perruque et a souvent la migraine, ce que je conçois parfaitement.

Il paraît, du reste, qu'il y a pas mal d'exemples de gens ayant survécu à l'opération. Pour la faire, les Indiens commencent par tracer une raie circulaire dans le cuir chevelu ; puis ils prennent les cheveux et tirent. Kemish, qui me fait l'effet de l'avoir pratiquée lui-même, quoiqu'il affirme n'avoir été que témoin, assure que cela vient tout seul.

Nous prenons congé de madame Buttler, après lui avoir témoigné combien nous sympathisons à son triste sort, et nous reprenons notre course.

Le sud des Black-Hills offre cette particularité que, lors du soulèvement, il s'est produit une espèce de bourrelet fort élevé formant une ceinture qui n'offre, comme passage aux eaux venant du centre, qu'un petit nombre de brèches fort étroites et très-éloignées les unes des autres. C'est par l'une de ces brèches, à laquelle aboutissent naturellement toutes les vallées des environs, que nous allons sortir de la région des montagnes pour entrer dans celle des prairies.

Du sommet d'un plateau où nous arrivons bientôt, nous distinguons parfaitement cette étrange configuration. De l'autre côté d'une petite plaine qui s'étend à nos pieds, nous voyons une montagne dont la concavité donne aux lieux l'apparence d'un théâtre antique de grandeur colossale. Nous allons en sortir par une simple crevasse à travers laquelle nous apercevons la prairie qui rougit sous les rayons obliques du soleil à son déclin.

En descendant de ce plateau par une route effroyable, nous voyons un spectacle assez étrange : derrière un rocher, quelques gros arbres abritent une source dont les eaux arrosent un petit pré. Adossée au rocher, se trouve une cabane à la porte de laquelle se tient une grande femme au teint basané. Ses cheveux, très-noirs et tressés en deux grosses nattes, tombent de chaque côté de sa figure. Elle est vêtue d'une sorte de robe très-courte en étoffe rouge, laissant voir des jambes, d'un beau galbe, chaussées de mocassins brodés. A côté d'elle se tient une antilope apprivoisée. Kemish nous dit que c'est une princesse indienne qui vit là, mariée à un métis. Il paraît qu'elle est véhémentement soupçonnée de sorcellerie par les Peaux-Rouges, qui viennent, quelquefois de fort loin, et en grand nombre, pour la consulter.

Il est nuit close quand nous arrivons à la brèche dont il a été question. Nous avons grand'peine à pouvoir en sortir, car elle est si étroite que le lit de la rivière l'occupe presque entier. Mais, une fois ce mauvais pas franchi, nous retrouvons le sol de la prairie, et nos braves chevaux reprennent le trot comme s'ils n'avaient pas fait depuis ce matin trente-trois milles, c'est-à-dire plus de cinquante kilomètres. Heureusement Parker, qui est arrivé déjà depuis quelques heures, par un chemin plus court, est venu au-devant de nous, car il nous reste encore à retraverser la rivière, puis nous nous trouvons à la porte de sa maison, où j'écris ces lignes en attendant le dîner.

13 juillet. — Il me souvient d'avoir passé quelques mauvaises nuits dans ma vie, mais peu m'ont laissé des souvenirs aussi désagréables que ma première à Cascade! Il n'y existe encore qu'une seule maison pourvue d'un toit. C'est un petit *log-house* qui a environ cinq mètres de long, et là dedans, par une chaleur étouffante, nous étions huit, serrés les uns contre les autres, sur une sorte de lit de camp en bois. Pour comble de joie, au milieu de la nuit, une nuée de moustiques se mit à bourdonner autour de nous. Quelqu'un proposa alors d'établir un *smudge*. Comme je ne savais pas au juste ce que c'était qu'un *smudge*, je laissai faire sans protester. C'est un amas de fumerons qu'on met dans l'embrasure d'une fenêtre ou d'une porte, du côté d'où vient le vent. Quand les moustiques commencent à ne plus pouvoir respirer, ils s'en vont. Malheureusement, quand ce moment-là est arrivé, et même un peu avant, la pièce est tellement pleine de fumée qu'on se met à tousser et à pleurer, et qu'on finit par faire comme les moustiques, et aller les rejoindre dehors. J'ai déjà vu ce procédé employé, avec un égal succès, à Madagascar et sur la côte d'Afrique.

Des nuits comme celles-là ont l'avantage de rendre matineux. Dès l'aube, nous allons nous baigner à la rivière qui coule à nos pieds. Il y a là justement une cascade ravissante qui a donné son nom à l'établissement. Nous constatons que l'eau, fortement minérale, est chaude : elle a bien une trentaine de degrés. Il paraît que, malgré sa température et son goût détestable, elle est très-appréciée des bœufs et des chevaux. Malheureusement, elle l'est également par les sangsues. J'en rapporte deux, pendues à ma jambe.

Parker nous laisse à peine le temps de nous rhabiller, tant il a hâte de nous faire les honneurs de sa propriété. Nous montons à cheval, et il nous fait remonter la rivière qui s'appelle, paraît-il, le *Hot-Brook*, jusqu'au point où elle débouche dans la plaine par la brèche de la montagne du Belt. Nous admirons, chemin faisant, la fertilité extraordinaire du sol. Les bancs de vase qui bordent le ruisseau sont couverts d'une végétation herbacée, qui attire notre attention.

Ce sont de véritables champs de chanvre qui vient spontanément. Dès que la terre est retournée, elle se couvre de soleils jaunes, au cœur noir, dont les graines attirent une multitude d'oiseaux de toutes espèces : poules de prairies, tourterelles et grives. Quelques hectares ont été plantés au printemps en froment. Les épis drus et serrés seront bientôt mûrs.

Montés sur une petite éminence, nous nous rendons compte de la disposition des lieux. Nous sommes au centre d'une plaine presque circulaire, d'environ douze ou quinze mille hectares, formée par un coude de la Cheyenne, qui, à huit ou neuf kilomètres sur notre droite, quitte la montagne du Belt, pour venir la rejoindre à la même distance sur notre gauche. Les troupeaux qui se trouvent dans cette plaine sont donc dans un enclos naturel formé, au sud, par la rivière, dont les berges, très-escarpées de ce côté, ne permettent nulle part d'approcher de l'eau, et, au nord, par les pentes abruptes du Belt. Leur seul abreuvoir est le Hot-Brook, qui, longeant la montagne, va se jeter dans la Cheyenne, en appuyant sa rive gauche sur un petit plateau qui s'incline en pente douce vers le fleuve pour y former le seul gué qui existe à plusieurs lieues à la ronde.

Parker était venu par ici, l'année dernière, pour chercher une prairie où il pût établir, au printemps, une *cattle-ranch;* la disposition des lieux le frappa vivement. La plaine, exposée au sud et à l'ouest, reste chaude même pendant les mois les plus froids de l'hiver; la neige n'y séjourne jamais; les animaux enfermés dans cet enclos naturel n'y ont pour ainsi dire pas besoin de surveillance. Enfin l'impossibilité où ils sont de pouvoir aller boire ailleurs que le long du *Hot-*

Brook, fait qu'il suffisait de se rendre acquéreur des deux rives de cette petite rivière pour être le propriétaire effectif de toute la plaine.

Une fois ces faits établis, il s'associa avec deux ou trois amis; car, dans ce pays, il n'est jamais ni prudent ni profitable de faire une grosse affaire à soi tout seul. Puis on se mit en campagne. Une bande de quelques mètres de terre sur les deux rives du ruisseau fut achetée au gouvernement, ainsi que le petit plateau où vient aboutir le gué, car il avait été décidé qu'on y fonderait une ville. On fit des avances à une compagnie pour qu'elle établît une ligne quotidienne de voitures allant de Sidney à Deadwood et passant par ici. On obtint du gouvernement un bureau de poste. Tout cela doit fonctionner d'ici à quelques jours. L'association construit un grand magasin dans lequel sera établi un *store,* et un hôtel qui sera également ouvert dans quelques semaines.

Parker ne s'en est pas tenu à ces premiers succès. Après avoir fait un rapide croquis des lieux, il s'est rendu à Chicago, au siége des grandes compagnies concessionnaires des lignes qui doivent relier les Black-Hills aux réseaux existants. Il a tant fait, qu'il leur a prouvé, ce qui du reste est absolument vrai, qu'au lieu d'aller de Sidney à Deadwood, en restant tout le temps dans la prairie, elles avaient tout avantage à ce que le tracé vînt traverser la Cheyenne ici même, pour s'enfoncer dans la montagne en passant par la brèche où nous sommes, à laquelle aboutit une longue vallée qui les conduit sans travaux d'art jusqu'au centre du massif. Les ingénieurs ont fini par être convaincus, et la ligne sera faite d'ici à dix-huit mois.

Parker nous donne tous ces détails en nous faisant

galoper de tous les côtés à travers la plaine, car il veut tout nous montrer. Les Américains ont une sorte d'enthousiasme à froid qui devient contagieux. On finit par ne plus avoir la conscience bien nette de ce qu'il y a de fait ou de ce qui n'est qu'à l'état de projet. Je me rappelle le monsieur qui, dans le chemin de fer de Chicago à Pierre, me proposait d'acheter une rue dans une ville qui n'existait pas. Parker nous montre, avec une assurance stupéfiante, une plaine couverte d'herbe, en nous disant : Voilà où sera la gare! ici, il y aura un hôtel, plus loin une banque, là une église! que nous finissons par voir cela très-distinctement, et que le vendeur de rues nous semble un personnage très-rationnel.

Si le pays réservé à de si hautes destinées est d'une fertilité exceptionnelle, en revanche il n'est pas beau. Il fait une chaleur atroce ; la température moyenne doit être extrêmement élevée, car nous remarquons que la végétation est complétement différente de celle que nous avons vue jusqu'à présent. Nous voyons des plantes qui ne se rencontrent d'ordinaire que dans les pays chauds. Au pied des rochers, une foule de cactus nains étalent leurs belles fleurs rouges et leurs feuilles épineuses. Je m'imagine que cette température exceptionnelle est due, en partie à l'exposition, en partie à l'influence de la rivière d'eau chaude.

Cette eau a des propriétés médicinales si... incontestables, que, pour ne pas effrayer les nouveaux habitants, et quoiqu'il prétende que leur usage n'a aucun inconvénient, Parker a fait amener de plusieurs kilomètres une grosse source d'eau ordinaire. Il me montre avec orgueil huit ou dix tentes qui s'élèvent sur une petite éminence en face de nous. Ce sont des émigrants qui viennent examiner les lieux et qui annoncent qu'ils reviendront dans quelques semaines avec leurs familles.

Au moment où j'écris ces lignes, l'infatigable M... est allé photographier un petit lac assez curieux, paraît-il, qui se trouve dans la montagne. Je ne l'ai pas accompagné : ce matin, au moment où je conduisais mon cheval par la bride pour lui faire passer un mauvais pas, il est tombé sur moi de tout son poids et m'a serré la poitrine si fort contre un arbre, que j'ai été presque étouffé. J'ai encore la respiration gênée et je veux me ménager, car il a été décidé avec Kemish que nous commencerions, dès ce soir, notre voyage de retour à travers la prairie. Ce sera, je crois, assez rude. On nous parle d'une course de soixante-quinze à quatre-vingts kilomètres pour rejoindre une des stations de la ligne des *stage-coachs,* et nous ne trouverons, une fois la Cheyenne passée, pas une goutte d'eau potable. Nous entrons dans ce qu'on appelle le « désert d'Alcali », où le sol est tellement chargé de principes salins, que les eaux deviennent à peu près impropres à la boisson; cependant les chevaux, les bœufs et le gibier s'en contentent.

Les deux associés de Parker, MM. Quigley et Melville, sont restés très-aimablement dans la maison, pour me tenir compagnie. Tout à l'heure nous avons eu un moment d'émotion. Quigley a crié tout d'un coup qu'il venait de voir la peau d'un serpent briller entre nos valises entassées dans un coin. Nous les avons déplacées avec précaution et nous en avons parfaitement trouvé et tué un qui avait bien trois ou quatre pieds de long; mais il était d'une espèce inoffensive. Il y a énormément de serpents à sonnettes. Melville en a tué un gros hier, et un cheval a été piqué à la lèvre il y a cinq ou six jours. Sa tête a enflé horriblement, mais il n'est pas mort. On exagère, en somme, pas mal le danger de la morsure[1].

[1] A notre passage à Sydney, on nous raconta qu'une petite fille de huit ans avait été piquée, l'avant-veille, à quatre heures. Elle resta jusqu'à huit heures sans secours, puis on lui fit boire de force les deux tiers d'une bouteille de wisky. Elle guérit parfaitement.

CHAPITRE IX

Retour. — Le désert d'Alcali. — Les Indiens. — Les chiens de prairie. — Les antilopes. — Sand-Storm. — Willow-Creek. — La Platte. — Jack Slade et Jules Burgh. — Sydney. — L'Union Pacific. — Omaha. — Chicago.

Samedi 14 juillet. — Avant-hier soir nous sommes partis à quatre heures de Cascade, une fois la grosse chaleur passée. Un des grands mérites de Parker est le talent qu'il a pour choisir ses collaborateurs. Déjà le capitaine Hughes nous avait fait la meilleure impression. Depuis que nous sommes dans les Black-Hills, nous avons rencontré bien peu de gens comparables à MM. Quigley et Melville. Le premier est un Canadien anglais de trente à trente-cinq ans, qui s'occupe des bestiaux. Le second, Américain, est beaucoup plus jeune. Il appartient évidemment à une bonne famille et a reçu une éducation très-soignée. Il vient de passer six ou huit mois seul dans cette affreuse *log-house* qu'il a construite de ses mains. C'est lui qui nous a fait la cuisine. Quel est le jeune Français qui consentirait pour or ou pour argent à mener la même existence? Comment se fait-il qu'un mode d'instruction qui donne d'aussi admirables résultats pour les hommes en donne d'aussi mauvais pour les femmes? Voilà une question que j'aimerais bien étudier, si je restais plus longtemps en Amérique.

Ce n'est pas sans un serrement de cœur que nous quittons ce brave et excellent Parker. M..., qui ne le connaissait pas avant de venir ici, est émerveillé de ce type d'ancien puritain, si droit, si profondément religieux, ayant toujours des citations de la Bible à la bouche, un véritable ascète et en même temps ayant l'esprit si merveilleusement ouvert pour les « intérêts du siècle » : ce type-là ne se trouverait guère en France, où les hommes d'une religion très-ardente répugnent généralement aux affaires.

Ces messieurs sellent leurs chevaux pour nous faire la conduite un bout de chemin. Nous disons un adieu définitif à Jean-Leblanc et à la jument jaune qui vont jouir, en broutant l'herbe des futures rues de Cascade, d'un repos qu'ils ont bien mérité, et nous partons pour notre voyage de retour.

Le passage du gué de la Cheyenne s'est opéré sans encombre. L'eau n'est pas bien haute ni le courant très-rapide. C'est là que doit être construit le pont du chemin de fer. Parker nous montre, à quelque distance, des affleurements de charbon qu'on distingue très-bien sur le flanc d'une colline, et qu'il compte faire exploiter dès que les travaux de la ligne seront commencés. Nous traversons une plaine marécageuse. Tout à coup, M... crie qu'il a vu un serpent à sonnettes s'enfoncer dans une touffe d'herbe ; on l'entoure, et il en sort un assez gros reptile qui n'est pas un crotale, mais une vipère fort dangereuse, paraît il, qu'on appelle *spotted-adder*.

De ce côté-ci, la démarcation entre la montagne et la prairie est bien moins nette que dans le nord, ou plutôt quelques contre-forts, détachés et couverts d'une assez belle végétation, enlèvent à la prairie le caractère d'uniformité qu'elle a ailleurs. Nous suivons des traces de roues à demi effacées qu'a laissées quelque ancien convoi d'émigrants. Melville dit que cela nous conduira à une station de la ligne du *stage-coach,* nommée *Big-Cotton-Wood.* Mais comme nous en sommes encore à quelque chose comme quatre-vingt-cinq kilomètres, nous comptons faire halte vers huit ou neuf heures et puis continuer notre route le lendemain.

Enfin, arrivés en haut d'une côte terrible que les chevaux de Kemish enlèvent avec un brio incomparable, nous nous séparons, avec une bonne poignée de main, de nos trois amis, de l'ancien comme des nouveaux. Nous les regardons un instant lancés au galop dans la direction de la Cheyenne qui brille à l'horizon, et nous reprenons notre route vers le sud.

On nous a prévenus que des buffalos avaient été vus ces jours derniers ; aussi sommes-nous sur le qui-vive. Pas le moindre de ces ruminants ne se montre. En revanche, ce que nous voyons de gibier est incroyable : des couvées entières de poules de prairie se lèvent entre les jambes des chevaux. Les jeunes ne volent pas encore bien. Le coq et la poule se jettent généralement de côté, sur une motte de terre, et rappellent leurs petits en battant des ailes, sans avoir l'air de s'inquiéter de notre présence. En prévision du dîner, nous avons la barbarie d'en tuer quelques-unes presque à bout portant à coups de revolver et de winchester... Cela ressemble beaucoup, comme plumage, aux poules faisanes, mais c'est un peu plus petit. Du reste, il en vient maintenant tous les hivers des quantités à Paris. Nous ne voyons malheureusement pas de dindons sauvages; on dit cependant qu'il y en a beaucoup. En revanche, de gros lièvres sont très-communs et ne paraissent pas bien sauvages : cependant nous ne venons pas à bout d'en tuer, ce qui n'est pas bien étonnant, car il n'est pas facile de tirer un lièvre à balle ; on les appelle ici des *jack-rabbits*. L'hiver, ils deviennent tout blancs, et ils n'ont pas encore complétement repris leur poil d'été.

Vers sept heures, un gros loup s'arrête devant nous un instant et puis repart au petit galop. M... se précipite en bas de la voiture et court à quelque distance pour avoir la chance de lui envoyer une balle. A ce moment, le vieux Kemish, qui suivait l'animal de l'œil, lâche tout d'un coup un juron et me dit :

— Pour Dieu, rappelez-le ! Rappelez-le tout de suite ! qu'il ne tire pas !

Je hèle M..., qui revient d'assez mauvaise humeur.

— Mais qu'est-ce qu'il y a ? dis-je à Kemish.

— Comment ! vous ne voyez pas ? Regardez dans la direction du loup, juste où il allait tirer, cette fumée et puis ces trois tentes, ce sont des Indiens. Ils sont sûrement au moins une trentaine. Et s'ils sont sortis de leur réserve, ce n'est pas pour un bon motif.

— Bah ! lui dis-je ; ils suivent les buffalos dont on nous a parlé.

— C'est possible ; mais si en rentrant au village ils rapportent, outre des peaux de buffalo, une paire de chevaux et deux ou trois chevelures, ils n'en seront que mieux reçus. Justement c'est dans quelques semaines qu'a lieu la grande cérémonie de l'initiation des guerriers. C'est le moment où ils sont le plus dangereux, allons-nous-en le plus vite que nous pourrons.

— Qu'est-ce qu'il dit donc ? demande M...

— Vous rappelez-vous l'histoire de Chactas et Atala, racontée par M. de Chateaubriand ?

— Parfaitement. Cela m'a beaucoup ennuyé dans le temps.

— Moi aussi; mais si M. de Chateaubriand n'a pas un peu exagéré, ce qui serait du reste bien possible, nous allons avoir des aventures tout à fait analogues à celles qu'il décrit. Kemish prétend que les habitants des trois loges que vous voyez là-bas vont nous poursuivre. Demain matin, ô M..., vos mèches blondes et frisées orneront la lance d'un grand chef, à moins que la vierge du dernier amour, séduite par vos avantages personnels, ne vous détache du poteau de torture, et ne vous conduise à sa loge, en vous adressant un speech commençant par : « Oh! jeune étranger au visage pâle... » Dans ce cas-là vous deviendrez le gendre de quelque grand chef et vous parcourrez indéfiniment la prairie, avec un soleil tatoué sur le creux de l'estomac et une lune dans le dos. Si, à la longue, cela vous fatiguait, vous auriez du reste toujours la ressource de venir, avec votre petite famille, vous montrer aux Folies-Bergère.

— Ma foi, je tâcherai toujours, avant d'en arriver là, de trouer la peau dudit beau-père, dit M... en insinuant, d'un geste méthodique, quatorze cartouches dans le réservoir de son winchester.

— Mais, en attendant, Dieu sait quand nous pourrons dîner. Voilà cependant des poules de prairie qui ont l'air d'être bien tendres.

Pendant ce temps-là nous détalions de notre mieux. Kemish ne fouettait pas ses chevaux, car il ne se servait jamais de la longue cravache qui remplace le fouet dans ces pays barbares; mais il leur adressait une foule de discours qui produisaient le meilleur effet, car nous marchions très-vite. La nuit s'était faite et s'annonçait très-noire, il tomba même un peu de pluie. Je ne comprends pas comment Kemish s'orientait; il n'avait pas de compas, on ne voyait pas une étoile; de plus, il nous avoua qu'il n'était passé ici qu'une fois, il y a cinq ans. Ces hommes ont vraiment un instinct particulier.

Deux fois il fallut traverser des cours d'eau peu profonds, mais tellement fangeux que la voiture enfoncée dans la vase ne pouvait plus en être arrachée par les chevaux. Il fallait alors décharger, porter à bras tous nos bagages, et puis pousser aux roues pour franchir le mauvais pas. Enfin, vers deux heures du matin, il faisait un peu moins sombre, nous distinguons, sur notre gauche, un petit creux où poussent quelques sapins. Kemish nous annonce qu'il va s'arrêter un peu, pour laisser manger et reposer notre attelage, qui marche depuis quatre heures de l'après-midi. Ses chevaux sont vraiment merveilleux; on leur donne à chacun environ trois litres d'avoine, et ils se jettent dessus comme s'ils venaient seulement de faire une course de deux lieues.

Notre guide n'a pas, je crois, été bien sérieusement effrayé. D'ailleurs, si nous avions dû être attaqués, il me semble que nous l'aurions déjà été. Cependant, il me dit qu'il va veiller, de peur d'accidents. Quant à moi, je vais rejoindre M..., qui ronfle déjà sur nos *buffalo-robes*.

Je suis réveillé au bout d'une demi-heure par un horrible tapage. Un Breton, du pays de Tréguier, qui entendrait cela dans les environs du cimetière de sa paroisse, jurerait que c'est un chant de damnés qui ont eu, par faveur spéciale, permission de venir prendre le frais sur cette terre. On entend des ricanements aigus qui partent de cinq ou six endroits différents, puis il se produit un silence que vient rompre comme une explosion de sanglots. C'est horrible. Je me figure que les Indiens sont sur notre dos, et je bondis hors de la voiture, en armant mon winchester; mais Kemish, qui se promène de long en large, me rit au nez.

— Oh! dit-il, vous ne connaissez pas cela. Ce sont des coyotes[1]. Tout va bien. Des fameux chiens de garde, allez! Quand on les entend hurler comme cela autour de soi, on est sûr qu'il n'y a pas d'Indiens aux environs.

— Mais n'avez-vous pas peur qu'ils s'en prennent à nos chevaux?

— Il n'y a pas de danger, c'est trop lâche : ils ne s'attaquent à rien de plus gros qu'un lapin ou un chien de prairie.

Il fait si froid que je me sens tout gelé. Voyant Kemish en train de causer, je vais le rejoindre pour me réchauffer en marchant. Le bonhomme me raconte, avec un orgueil non dissimulé, tous les tours qu'il a joués autrefois aux douaniers de S. M. la reine d'Angleterre, quand il commandait dans la Manche un schooner qui faisait, paraît-il, plus de contrebande que d'autre chose. A l'entendre, il mettait les garde-côtes sur les dents. Peut-être serait-il intéressant d'entendre leur version. Il est bien possible que, dans cette lutte de puissance à puissance, la reine Victoria n'ait fini par l'emporter sur le pauvre Kemish, et qu'il ne faille pas aller chercher ailleurs la raison du séjour de

[1] Le loup gris américain. Il est absolument semblable au nôtre. On prétend qu'il descend de chiens espagnols devenus sauvages. Je ne le crois guère.

ce dernier à Custer. Il ne paraît pas, du reste, se plaindre de son sort. Il a conduit pendant longtemps des convois de charrettes à bœufs. C'est dans ce temps-là qu'il a fait souvent le coup de fusil avec les Indiens, avec lesquels il a aussi commercé.

Il paraît les juger bien moins sévèrement que ne le font les Américains en général. Selon lui, beaucoup des mauvais coups qu'on leur reproche sont le fait de blancs qui vivent dans les tribus avec des femmes indiennes, ce qu'on appelle des *squawmen* et qui, d'ordinaire, sont les derniers des coquins.

Il a assisté une fois aux grandes fêtes qui ont lieu chaque année vers le mois d'août. Il y a souvent deux ou trois mille tentes réunies. C'est à cette époque que, chez les Sioux, les jeunes gens subissent les épreuves après lesquelles ils sont admis au titre de guerrier, et ont le droit d'avoir une loge séparée et de prendre part aux délibérations de la tribu. Ces épreuves, auxquelles président les prêtres, que les Américains appellent des *medicine men*, sont précédées de jeûnes rigoureux qui durent plusieurs jours. Puis les candidats, entièrement nus et couverts de peintures emblématiques, sont réunis dans une grande tente construite pour la cérémonie. Le prêtre leur fait avec un couteau, dans l'épaisseur des muscles pectoraux et des mollets, des entailles dans lesquelles ils enfoncent des petits bâtons qui ressortent de chaque côté de la plaie. Les victimes sont ensuite hissées en l'air au moyen de cordes qui tombent du sommet de la cabane et sont bouclées à ces bâtons. D'autres cordes fixées à ceux des mollets servent à pendre des crânes de buffle qu'on ajoute un à un, à de longs intervalles, jusqu'à ce que la tension soit telle, qu'une rupture se produise et que l'homme tombe. Il est ensuite traîné dehors et abandonné sans aucun soin, jusqu'à ce que la suppuration, qui ne tarde pas à se produire, ait suffisamment désorganisé les tissus pour que les bâtons tombent d'eux-mêmes, car on ne doit jamais les retirer. Toutes ces plaies laissent, naturellement, d'énormes cicatrices réputées très-honorables et dont les Indiens sont très-fiers[1].

Ces épreuves bizarres, dont on m'a déjà parlé plusieurs fois, sont moins usitées qu'autrefois. Elles avaient pour résultat d'exalter au plus haut point les imaginations et, à cause des réunions dont elles étaient l'objet, facilitaient singulièrement l'organisation des expéditions de guerre. Aussi les agents indiens font tout ce qu'ils peuvent pour faire tomber en désuétude ces coutumes; mais, précisément pour les mêmes raisons, les chefs les encouragent. Il paraît que pendant toutes ces tortures, qui durent souvent cinq ou six heures, ces malheureux ne laissent pas échapper une plainte. Cependant, il n'est pas très-rare qu'il en meure quelques-uns. Je suis persuadé, du reste, que, de toutes les races humaines, la race caucasique est celle qui résiste le mieux aux maladies et le moins aux blessures. Notre système nerveux est tellement développé, que la souffrance est bien plus vive chez nous que chez les races inférieures. Les nègres, les Chinois ou les Indiens supportent sans broncher des tortures auxquelles, chez nous, l'homme le mieux trempé ne résisterait pas. Je me souviens d'avoir vu un exemple de ce fait qui m'a bien vivement frappé.

C'était, il y a quelques années, en Cochinchine. Une

---

[1] Cette fête a encore été célébrée cette année et s'est terminée, comme d'habitude, par un banquet dans lequel on dévore des centaines de chiens.

province du Sud était parcourue par une bande de pirates qui commettaient des atrocités; un de mes amis, inspecteur aux affaires indigènes, parvint une nuit à surprendre la bande au moment où ils venaient d'enterrer toute vive une malheureuse jeune fille dont le père n'avait pas voulu leur envoyer une somme d'argent qu'ils lui avaient demandée. Le chef principal s'échappa, mais un de ses lieutenants fut pris. Ramené à l'inspection, il fut interrogé, mais ne voulut rien dire. A la fin, on lui lut une proclamation du gouverneur, promettant mille piastres à qui ferait arrêter son chef. Ne pouvant toujours rien en tirer, on le conduisit à la prison.

Pendant la nuit, il demanda à parler à l'inspecteur.

— Est-ce bien vrai, lui dit-il, quand ils furent seul à seul, que vous me donnerez mille dollars si je vous fais prendre le Quân?

— Mais oui.

— Eh bien, demain matin, faites-moi ramener au tribunal. Interrogez-moi de nouveau; et puis faites-moi donner le fouet (la cadouille). Au bout de quelque temps, je vous dirai le nom du village où le Quân se retire après chacune des expéditions et où vous pourrez le prendre dès que vous voudrez. Après cela vous m'enverrez à Poulo-Condor (au bagne) pendant trois mois; puis j'aurai ma grâce et vous me donnerez mille dollars.

— Parfaitement, mais je ne comprends pas bien pourquoi tu tiens tant à recevoir la cadouille?

— C'est cependant bien simple. Si l'on me voit recevoir une bonne cadouille, on trouvera assez naturel que, ne pouvant plus y tenir, je livre le Quân; si je le faisais seulement pour de l'argent, je serais sûr de recevoir un coup de couteau dès que je reparaîtrais dans le pays.

Le lendemain, les choses se passèrent de tout point selon le programme arrêté. L'homme commença par refuser de parler. Il fut couché par terre sur le ventre. Quatre matas armés de rotins s'escrimèrent, à qui mieux mieux, sur son dos nu qui, au vingtième coup, n'était plus qu'une plaie. L'inspecteur croyait qu'il allait parler; mais de temps en temps le vieux coquin relevait un peu la tête et clignait de l'œil en ayant l'air de dire : « Allez toujours, il n'y en a pas encore assez. » — « A la fin, me disait l'inspecteur, son dos offrait l'apparence d'une bouillie sanglante... C'était horrible. » Il ne parla qu'après le deux centième coup.

Quel est l'Européen qui, bien décidé à parler, et, par conséquent, n'étant pas soutenu par la force que donne le sentiment du devoir et de l'honneur, pouvant d'un seul mot arrêter un pareil supplice, l'aurait supporté cinq minutes ?.

Pendant que nous devisons avec Kemish, le ciel s'est éclairé dans l'est. Les premiers rayons du soleil, frisant la prairie, nous permettent de reconnaître les lieux. Nous sommes au milieu d'une plaine sablonneuse, couverte d'une assez maigre végétation. Derrière nous, à l'horizon, nous apercevions les massifs des Black-Hills, dont un dernier contre-fort allongé vers le sud profilait sa ligne dentelée sur le bleu du ciel encore constellé de quelques étoiles; par endroits, de hauts rochers ressemblaient à des tours de châteaux forts en ruine. Nos deux chevaux, arrêtés au bord d'une mare, plongent de temps en temps le nez dans l'eau bourbeuse, soufflent bruyamment et puis, relevant la tête, se regardent piteusement, ayant l'air de se dire : Comme c'est donc mauvais! Ils ont bien raison.

J'y vais goûter. Un goût fade et âcre tout à la fois vous prend à la gorge; nous sommes en plein dans l'Alcali désert. Assis sur la crête d'une petite colline à deux cents mètres de nous, deux coyotes nous regardent. De temps en temps ils relèvent leur tête et poussent cet étrange ricanement qui, pendant la nuit, est si pénible à entendre. Je leur envoie une balle de winchester qui fait voler du sable à côté d'eux. Ils filent d'une allure étrange, moitié amble, moitié galop, la tête basse, leur queue touffue, inclinée derrière eux.

Mon coup de fusil a réveillé M..., qui s'étire voluptueusement sur sa peau de buffle. Il n'a fait qu'un somme. Les chevaux sont attelés et paraissent aussi frais que la veille. A neuf heures, nous croisons enfin la route de Deadwood à Sydney, et quelques instants après nous arrivons à la station de Big-Cotton-Wood. Depuis hier au soir à quatre heures, nous avons fait environ 90 kilomètres. Nous sommes encore à 137 milles (220 kilomètres) de Sydney.

Nous ne nous arrêtons à la station que le temps nécessaire pour faire boire à nos chevaux une eau de puits un peu moins mauvaise que celle de la surface, puis nous allons camper un peu plus loin, dans une plaine où l'herbe abondante leur fournit un repas qu'ils ont bien mérité. Il fait tellement chaud que nous sommes obligés de nous réfugier sous le chariot. Nous remarquons encore l'abondance du gibier. Dans la matinée, nous avons vu deux ou trois troupes d'antilopes broutant sur les coteaux. Pendant que nous sommes arrêtés, nous en voyons encore deux qui s'avancent de notre côté, en nous regardant attentivement. Kemish prétend que, quelquefois, à la condition de rester parfaitement immobile, on peut les laisser venir à portée. Malheureusement, celles-ci ont notre vent : aussi, arrivées à 200 ou 300 mètres, elles s'arrêtent un instant et disparaissent bien vite au galop. Ce sont de jolis animaux, au pelage gris, à peu près de la dimension d'un daim ; leurs bois sont de simples fûts, comme ceux des chevreuils, au moins à ce qu'il nous a semblé.

Vers trois heures nous arrivons à l'ancien campement du « Nuage-Rouge » (*Red-Cloud*). Le vieux chef qui commandait les Sioux dissidents est mort maintenant, et ses hommes se sont dispersés[1]. Le fort qu'on avait construit, autant pour le surveiller que pour le protéger contre les rancunes de ses compatriotes, existe toujours et est encore occupé par une compagnie de troupes fédérales ; il a reçu le nom de son premier commandant, le colonel Robertson ; mais il est à quelque distance, et nous ne le voyons pas. Nous nous arrêtons à la station où nous retrouvons la vraie Américaine, le *genuine article*. Elle est étendue dans un *rocking-chair*, à l'ombre, vêtue d'une robe de chambre en lambeaux, pendant que son mari, également guenilleux, nous fait cuire une de nos poules de prairie pour notre dîner. M..., qui voit un troupeau de vaches et de bœufs aux environs, lui demande une tasse de lait. Elle lui donne tout de suite une boîte de lait condensé qui vient de Chicago. C'est moins fatigant que d'aller traire une vache. Les femmes sont le seul luxe des Américains, mais c'est décidément un luxe cher.

Nous repartons encore, au bout de deux heures d'arrêt. Nous entrons dans des terrains sablonneux

[1] Ces Sioux, de la tribu Ogalalla, se distinguaient des autres par le nom de « Vilaines Faces ».

qui, paraît-il, ne nous quitteront plus, d'ici à Sydney, et qui procurent à notre attelage un surcroît de peine. Avec cela, nous nous sommes rapprochés de la ligne de collines qui borne toujours notre horizon, et il nous faut monter péniblement une côte énorme pour arriver à un plateau où nous retrouvons quelques sapins. De jolies tourterelles grises, à collier blanc, se lèvent de tous les côtés devant nous : nous en tuons quelques-unes pour notre dîner. Enfin, à la nuit tombante, Kemish nous fait arrêter dans une plaine privée d'eau, mais où il y a de bon fourrage pour nos chevaux. Nous faisons un grand feu pour nous réchauffer, car il fait singulièrement froid, et nous nous disposons à passer la nuit à l'abri de la voiture. Heureusement le temps est toujours superbe.

Dimanche 15 juillet. — Après la rude journée d'hier, nous avons si bien dormi cette nuit que nous avons eu toutes les peines du monde à nous réveiller pour aider Kemish à rattraper ses chevaux. L'un surtout, son favori, « Pier », nous a fait courir pendant une demi-heure. Il a une manière de l'interpeller qui fait notre bonheur. Quand il lui dit : « Ho! Pier! » il met dans cet « ho! » un accent attendri qui va droit au cœur de l'animal. Ce matin encore, c'est grâce à la douceur de son organe qu'il a pu le rattraper; mais dès qu'il l'a tenu, il lui a donné une forte raclée, en jurant comme un Pandour. Ainsi va le monde.

Nous nous remettons en marche au lever du soleil. Une heure après, nous atteignons le *Running-Water*, une petite rivière d'eau douce. Nos pauvres chevaux l'apprécient tant, que nous avons toutes les peines du monde à les en faire sortir. Sur ses rives s'est installé un *cattle-ranch*. Les bœufs, éparpillés par petits groupes de quinze à vingt, couvrent la plaine. Il y en a au moins deux ou trois mille. Sept ou huit *cow-boys*, qui viennent de déjeuner, sont réunis devant une tente dans laquelle ils dorment quand ce n'est pas leur tour de veiller, c'est-à-dire trois nuits sur quatre, ordinairement. Ils ont trente ou quarante chevaux pour leur service. Nous leur voyons seller leurs montures et puis s'éloigner au petit galop, chacun suivi de ses cinq ou six chevaux de rechange, dont l'un porte sur un bât quelques provisions. Quelle admirable cavalerie on ferait avec ces gaillards-là, à la condition de commencer par en pendre le quart pour apprendre à vivre aux autres! Il y en a un que je suis des yeux pendant longtemps. Il entre dans un petit corral où sont enfermées quelques vaches. Il ouvre la porte sans descendre de cheval, démêle au milieu de tous ces animaux ahuris celui qu'il a en vue, le fait sortir à coups de *stockwhip*, fait rentrer les autres, lance son lasso à un veau récalcitrant qui veut se sauver, et lui fait exécuter une culbute complète : tout cela, sans un geste faux, avec une aisance, une grâce qui sont vraiment miraculeuses.

Nous marchons toute la journée, faisant seulement, vers midi, une halte de deux heures. La chaleur est toujours aussi pénible. Les antilopes se montrent encore de temps en temps, mais sans que nous puissions en tuer. Nous traversons un immense village de chiens de prairies. Des centaines se tiennent assis à l'entrée de leur terrier. Nous en tirons cinq ou six qui sont évidemment touchés, car nous voyons du sang et du poil, mais impossible de les attraper. Il paraît qu'ils trouvent toujours moyen de rentrer dans leur trou avant de mourir. En revanche, M... tue un hibou, qui n'est guère plus gros qu'une grive. Ces animaux font leur nid dans les trous des chiens de prairie qui contiennent également très-souvent des serpents à sonnettes, sans qu'on sache exactement quel peut être l'intérêt commun qui réunit d'aussi étranges associés.

Vers trois heures, le temps se met à l'orage. En même temps nous voyons tout à coup apparaître, sur la crête d'une colline devant nous, un immense troupeau qui s'étend à perte de vue et qui s'avance vers nous en front serré. Ce sont de grands bœufs du Texas, aux cornes énormes. En tête marchent quelques vieux bœufs d'attelage qui servent à diriger les autres. Quand il faut passer une rivière, un *cow-boy* en attache un à la selle de son cheval et puis l'entraîne dans l'eau; les autres suivent.

En ce moment ils sont excités par l'état électrique de l'atmosphère et par les coups de tonnerre. Les plus jeunes bondissent dans toutes les directions, cherchant à s'échapper et jetant le trouble parmi les autres. Quarante ou cinquante *cow-boys*, chacun suivi de cinq ou six chevaux de main, galopent à fond de train sur les flancs de la colonne, cherchant à y remettre de l'ordre. On entend leurs *stock-whips* qui claquent comme des coups de pistolet au milieu des beuglements désespérés du troupeau. Tout cela, éclairé par la lumière jaune d'un ciel orageux, forme un spectacle vraiment saisissant. Nous causons un instant avec le *ranch-man*. C'est un grand jeune homme monté sur un très-beau cheval et coiffé d'un grand feutre gris qui a, en guise de ruban, une petite ceinture en cuir gaufré. Il porte deux revolvers et un *bowie-knife* montés en argent. Il nous raconte qu'ayant la fourniture des rations de viande que le gouvernement donne aux Indiens, il ramène cinq mille bœufs du Texas pour les livrer aux agents chargés de la distribution. Il est en route depuis deux mois. Combien de ces bœufs seront-ils réellement mangés par les Sioux? Voilà ce qu'il serait curieux et, bien sûr, peu édifiant de savoir. Ces distributions de viande sont, paraît-il, un spectacle assez extraordinaire. On donne à chaque loge les bœufs auxquels elles ont droit en raison du nombre de leurs habitants. Les guerriers, à cheval, attendent à la porte du corral. Dès que l'animal leur est livré, ils le font partir au galop et puis courent après lui, et le tuent à coups de flèche. Chacun entend à sa manière la liberté de la boucherie.

Un peu plus loin nous rencontrons le convoi de chariots à bœufs qui appartient à Kemish, et qui est conduit par ses deux fils. Ce sont deux beaux grands garçons qui ont bonne tournure, mais qui, cependant, sont déjà loin d'avoir les manières polies et respectueuses de leur père, que nous avons décidément pris en affection. Ils paraissent tout surpris de le rencontrer. Il sera de retour avant eux, car ils mettent une quinzaine de jours à faire ce que nous allons faire en quatre ou cinq, si nos chevaux continuent à se comporter aussi brillamment.

J'ai obtenu de Kemish qu'il dérênât les pauvres bêtes. Nos enrênements français sont déjà des instruments de torture suffisamment perfectionnés; mais dans cet ordre d'idées, comme dans bien d'autres, les Américains nous laissent loin derrière eux. Leur enrênement se compose d'une courroie simple qui part de la sellette et va passer dans une boucle entre les deux oreilles du cheval. Là, elle se divise en deux branches qui vont se fixer aux extrémités du filet, en comprimant le bout du nez du malheureux animal, dont la tête est maintenue de la sorte presque horizontale, sans qu'il ait la possibilité de remuer. Un vétérinaire me disait qu'indépendamment de la torture infligée aux chevaux par une disposition aussi mauvaise, on devait attribuer à cette cause une bonne partie des cas très-fréquents d'insolation, suivis de mort, qui surviennent dans les rues de New-York et de Chicago, malgré les petits parasols qu'on y met aux chevaux pendant les chaleurs.

Vers cinq heures, nous voyons un troupeau de trois mille moutons, conduit par deux hommes à cheval qui nous indiquent la direction à suivre pour atteindre la station de *Red-Willow*, où nous devons passer la nuit. Depuis une heure ou deux, il s'est levé un orage de sable, *sandstorm*, qui rend la marche horriblement pénible. Nous traversons de véritables « lais de mer », d'un sable fin comme celui qu'on trouve sur la plage de Trouville. Le vent le fait voler en nuages épais, il pénètre partout ; dans les moments les plus mauvais, nos pauvres chevaux s'arrêtent, mettant la tête entre leurs jambes pour pouvoir respirer. Cependant nous finissons par atteindre la station.

Red-Willow a peut-être l'intention de devenir une ville quelque jour. En tout cas, un spéculateur audacieux y a construit un hôtel. C'est une baraque en planches peu rabotées, mais, à notre grande surprise, nous apprenons qu'on nous donnera un lit, et qu'en fait de viande, il y a du bœuf et du mouton. Le bœuf doit avoir été découpé sur quelque malheureux éclopé du troupeau que nous avons vu ce matin, et le mouton est probablement mort de la clavelée, car, dans le Far-West, la viande de boucherie se vend, mais ne se mange jamais. Toujours est-il que nous n'y regardons plus de si près et que nous faisons un dîner sinon bon, du moins copieux. Dans ce pays qui devrait être la terre de l'abondance puisqu'il en nourrit tant d'autres, on en est réduit à se rappeler les jours où l'on a pu manger à sa faim. J'ai entendu souvent des fermiers ou des *ranch-men* voulant préciser une date dire : « Ce jour-là, j'ai mangé un dîner copieux (*a square meal*). » Quel singulier peuple !

Ce soir, pendant que nous fumons un cigare devant la maison, nous voyons quelques *cow-boys*, réunis à la porte du bar, qui s'amusent à se jeter le lasso. Je promets deux dollars à celui qui attrapera, le premier, son adversaire à une distance de vingt pas. Ils se mettent en position, et finalement je garde mes deux dollars. Ils s'excusent en disant qu'ils sont habitués à le lancer à cheval, puis que leur corde en chanvre n'est pas assez lourde ; mais ce sont de mauvaises raisons. La vérité est qu'ils sont très-maladroits. Désirant passer à un autre ordre d'exercice, ils se mettent à lutter. Un grand garçon d'une vingtaine d'années jette tous les autres par terre, l'un après l'autre. Ces hommes sont bien tournés, mais leur système musculaire est très-peu développé, à cause, je crois, de leur mauvaise nourriture. Ils n'ont ni bras ni jambes. Un gabier breton les bousculerait comme des capucins de cartes. Je note une chose qu'on ne verrait certainement pas dans nos colonies. L'un de ces *cow-boys* est un nègre ; il joue et lutte cependant avec les blancs sur un pied de parfaite égalité. Il est bien curieux qu'un sentiment aussi enraciné ait aussi vite disparu dans un pays où, il y a seulement quinze ans, un nègre n'était pas admis dans un théâtre ni dans un omnibus à New-York.

Lundi 16 *juillet*. — Toute la nuit, le *sandstorm* a fait rage. Le matin en nous réveillant, nous trouvons le drap et le plancher couverts d'une couche de sable qui a filtré à travers les cloisons. Le vent est cependant tombé au lever du soleil. En face de nous, sur le coteau, les moutons se mettent en marche, précédés de deux chèvres. Quand on veut les faire voyager, il faut toujours, paraît-il, prendre cette précaution, sans laquelle on ne vient pas à bout de les conduire. Le troupeau a changé de propriétaire pendant la nuit. Un habitant de Custer, qui est ici depuis deux jours, a fini, après bien des marchandages, par en devenir l'heureux possesseur, au prix de trois dollars par tête, les agneaux par-dessus le marché. Ils avaient coûté un dollar à l'homme qui les avait amenés du Nouveau Mexique, mais il a mis deux mois à faire le voyage, et, sur le chemin, il a dû en laisser un bon nombre, surtout des jeunes, qui auront été emportés par les coyotes. Tous les petits qui naissent dans le cours de ces pérégrinations sont tout de suite tués d'une balle de revolver. Ils ne pourraient pas suivre, et la mère ne voudrait pas les abandonner. Quand il s'agit de veaux, il faut de plus attacher la vache pendant un jour ou deux à un vieux bœuf. Du reste, il est assez curieux de remarquer que, vivant à peu près à l'état sauvage, ces animaux ont repris les habitudes que devaient avoir leurs ancêtres avant d'être domestiqués. Tous les veaux naissent au printemps, à quelques semaines seulement d'intervalle.

Nous nous remettons en route après avoir partagé un repas abondant avec les voyageurs de la malle-poste qui partent pour le Nord. Nous avons encore environ 100 kilomètres à faire. Kemish comptait arriver ce soir, mais les sables à moitié mouvants que nous traversons rendent la route si « tirante » qu'il craint bien de n'en pas venir à bout, car ses chevaux commencent à être un peu fatigués. Il prétend que si nous avions pu continuer avec sa petite voiture suspendue que nous avions au départ, nous aurions gagné vingt-quatre heures. Quant à moi, je trouve que c'est déjà bien joli de faire, en cinq jours, plus de 400 kilomètres à travers champs, avec les mêmes chevaux qui n'auront mangé en arrivant que cent litres d'avoine et l'herbe trouvée le long du chemin.

Le pays est des moins intéressants. L'eau est rare, le sol sablonneux, et, pour combler la mesure, le *sandstorm* reprend de plus belle ; aussi nous avançons bien péniblement. Malgré la chaleur, nous essayons encore de tirer quelques antilopes, mais toujours avec aussi peu de succès. Nous rencontrons, dans la journée, deux ou trois chariots attelés de cinq paires de superbes mules. J'en toise une paire. Elles ont $1^m,62$. Elles viennent de l'Ohio, paraît-il, et ne le cèdent en rien à nos plus belles mules du Poitou. C'est, du reste, l'animal le plus cher dans ce pays-ci. Une belle mule vaut 300 dollars.

Vers neuf heures, nous apercevons, du haut d'une colline, une large rivière ou plutôt un fleuve, qui coule, devant nous, de l'ouest à l'est. Les trappeurs canadiens, qui ont été les pionniers de ce pays-ci, dans les premières années du siècle dernier, ont probablement découvert la Cheyenne avant la Platte ; sans quoi, ils eussent sûrement réservé à celle-ci le nom peu flatteur qu'ils ont donné à l'autre. La Platte a toujours fait le désespoir des explorateurs. Trop peu profonde pour faire flotter le moindre canot, coulant sur un lit de sables mouvants qui rendent les gués horriblement dangereux, elle a souvent arrêté des semaines entières les caravanes d'émigrants que leur mauvaise étoile condamnait à la traverser. Plus tard, il est vrai, la Platte du Sud, celle que nous voyons, a servi, pendant de longues années, de barrière aux Indiens qui ne s'aventuraient guère à la traverser, de peur, en cas d'une retraite précipitée, d'être acculés sur ses rives. Enfin, depuis six ans, la colonisation des Black-Hills attirant de ce côté un trafic énorme, une compagnie a eu l'idée de jeter d'un bord à l'autre un pont à péage. On eut quelques peines à mener à bien l'entreprise : en 1877, un premier pont, presque achevé, fut brûlé par les Sioux. On bâtit alors, comme tête de pont, une sorte de petit blockhaus qui existe encore, et sous sa protection les travaux furent repris. On prétend que les frais d'établissement furent remboursés dans les dix-huit premiers mois : cela ne m'étonne pas, étant donnés les tarifs : un piéton paye 2 fr. 50 ; un cavalier et son cheval, un dollar ; une voiture et deux chechevaux, deux dollars ; un chariot à bœufs, dix-sept dollars (85 francs).

Pendant que nous le traversons au pas, nous avons le temps de l'examiner, car il a 1,400 mètres de long. C'est réellement un bel ouvrage, qui fait honneur aux charpentiers américains ; il est tout en bois. De l'autre côté se trouvent la maison du gardien et quelques autres, où nous avons la chance de trouver à acheter du pain. Décidément, nous rentrons dans la civilisation.

Enfin, après avoir fait halte une ou deux fois, nous arrivons vers sept heures au dernier relais avant Sydney, dont nous ne sommes plus qu'à quatorze milles. Nos chevaux paraissent sérieusement fatigués. Ils nous ont si bien menés que nous consentons bien volontiers à passer la nuit ici, quoique l'endroit soit peu attrayant. Une écurie à moitié ruinée s'élève au bord d'une mare, une grande pile de boîtes de conserves bouche à moitié la porte. Les chevaux, lâchés dans le corral, nous regardent par-dessus les barres de bois qui le ferment. Le gardien, un grand garçon de vingt-cinq ans, nous invite poliment à entrer dans le petit taudis qui lui sert de logement. Tout le mobilier se compose d'un lit qui remplit les deux tiers de l'unique chambre, d'un poêle, d'une table et de deux ou trois escabeaux. Là dedans nous voyons deux petites filles, l'une de quinze ans, l'autre de six mois, que je prends pour deux sœurs, mais je me trompe. La première est la femme du gardien ; la seconde, sa fille. Les pauvres gens sont dans une misère qui fait mal à voir. La femme n'a presque plus de lait. Dans ce pays où une vache coûte dix dollars d'acquisition et rien à nourrir, elle n'en a pas. Pas de poules, pas de jardin : je demande à l'homme pourquoi il ne cultive pas quelques légumes.

— Ah ! me répond-il d'un air fin, et si la compagnie m'envoyait ailleurs, j'aurais travaillé pour les autres !

— Depuis combien de temps êtes-vous ici ?
— Depuis deux ans.
— Qu'est-ce que vous gagnez ?
— Quarante dollars par mois, et puis la compagnie m'apporte gratuitement le lard, les pommes de terre et la farine que nous achetons à Sydney.
— Vous ne mangez jamais que du lard et des pommes de terre ?
— Certainement, me répond-il, étonné de la question.

Supposez un ménage de paysans français vivant dans les mêmes conditions, comme tout changerait vite d'aspect! La pauvre petite femme est vêtue d'un peignoir pompadour! Je me rappelle avoir vu le pareil exposé dans la devanture des grands magasins du *Louvre;* mais celui-ci n'a jamais été ni lavé ni raccommodé, et par les trous on voit qu'elle n'a là-dessous qu'une mauvaise chemise. Nous partageons avec eux notre dîner; puis, tout en fumant, j'écoute le mari qui met Kemish au courant des petites histoires du pays. Il y en a une qui me semble si colossale, que je me la fais raconter par le menu et que je la consigne ici. J'ai pris la peine depuis d'en vérifier tous les détails. Ils sont absolument vrais.

Il y a pas bien loin d'ici une agglomération de cinq ou six maisons qui s'appelle *Virginia-Dale.* C'était autrefois une station de la ligne de *stage-coach* qui allait de *Denver* en Californie. Elle avait été fondée par un inspecteur de la Compagnie, nommé Jack Slade, *desparadoe* bien connu qui, dans différentes circonstances, avait tué treize hommes de sa main. De plus, on le soupçonnait fort de faire partie d'une bande d'honnêtes gens de son espèce, qui, déguisés en Indiens, pillèrent en quelques mois toutes les fermes des environs.

Ce galant homme honorait d'une haine toute particulière un riche fermier du voisinage nommé Jules Burgh, avec lequel il avait eu, en 1861, une querelle suivie de rixe, dans laquelle il n'avait pas eu le dessus, et il parlait souvent de se venger.

Bien des années après, un certain Antoine Dunnel, son ami intime, qui habitait une ferme sur les bords de la Platte, trouva moyen d'y attirer Jules Burgh, puis, avec l'aide de quelques employés de la Compagnie, il s'empara de sa personne et fit prévenir Jack Slade, qui habitait à une trentaine de lieues de là, qu'il le tenait à sa disposition. Celui-ci, quand il apprit que son ennemi était enfin en son pouvoir, loua une voiture et, voyageant nuit et jour, arriva le surlendemain au matin. Jules Burgh était attaché à un pieu dans le corral, si étroitement qu'il ne pouvait remuer ni bras ni jambes. Slade, en le reconnaissant, se mit à l'accabler d'injures, puis, en présence des sept hommes qui se trouvaient là et qui assistaient à cette scène sans intervenir, il déchargea vingt-trois fois son revolver sur le malheureux, ayant bien soin de ne pas le tuer et s'arrêtant de temps en temps pour boire un verre d'eau-de-vie. A chaque coup il prévenait Jules Burgh de l'endroit où il allait viser.

Cette scène de cannibales dura plusieurs heures. A la fin, exaspéré du courage que montrait sa victime, il mit le bout de son revolver dans sa bouche et lui brûla la cervelle de sa vingt-quatrième cartouche.

Cela fait, il coupa les oreilles du cadavre et les fit saler soigneusement. Depuis ce temps, il les portait toujours dans sa poche; il lui arriva souvent de les montrer en public dans les cabarets de Denver, car il se vantait publiquement de cet exploit. Quelquefois, quand il n'avait pas d'argent, il les jetait sur le comptoir et les proposait en guise de gage, qui était toujours accepté.

Après avoir longuement édifié l'honorable population de Denver, il émigra dans le Montana et signala son arrivée par de nouveaux hauts faits du même genre. La justice n'intervint jamais; mais un beau jour, à Virginia-City, quelques habitants se constituèrent en comité de vigilance, s'emparèrent de sa personne et le pendirent sans rémission.

Sa femme, avertie de sa mésaventure, arriva à cheval, juste au moment où il venait de rendre sa belle âme à Dieu. Elle tenait un revolver à la main. Elle raconta que, sachant son mari perdu, elle venait lui brûler la cervelle de sa propre main pour lui éviter la potence. Voilà, en vérité, des gens bien délicats!

Mardi 17 juillet. — Faut-il l'avouer? En nous couchant hier au soir, M... s'est écrié : « C'est égal, je ne serai pas fâché, demain soir, de m'étendre entre les draps d'un *pullman-car,* après avoir fait un dîner relativement sérieux. »

Si un vieux fond de respect humain m'a empêché de faire chorus tout haut, j'étais obligé de m'avouer à moi-même que j'avais à peu près la même impression.

Il faut dire aussi que les circonstances extérieures étaient faites pour développer ces sentiments. Hier au soir, quand notre hôte nous a montré notre appartement, qui se composait d'une stalle vide de l'écurie, dans laquelle une ou deux brassées de foin recouvraient insuffisamment les traces des chevaux nos prédécesseurs, notre nuit semblait s'annoncer mal ; cependant, au bout de cinq minutes, nous étions dans les bras de Morphée.

Au matin, nous repartons de bonne heure pour Sydney, dont nous ne sommes plus éloignés que de vingt et un kilomètres. Les chevaux semblent s'apercevoir que nous approchons, car ils trottent tout gaillardement, et vers neuf heures, le vieux Kemish nous montre de son fouet la ligne du chemin de fer et la ville de Sydney, où nous arrivons quelques instants après.

Sydney, l'une des stations du fameux *Union-Pacific-Railroad*, le premier chemin de fer construit à travers le continent américain, est une petite ville de mille cinq cents âmes environ. Le *Pacific-Coast-Guide*, auquel j'emprunte ces renseignements, m'apprend de plus que le nom qu'elle porte est celui d'un ancien président de la Compagnie, qu'elle est la capitale du comté de Cheyenne et fait partie du territoire de Nebraska. Il me paraît que l'estimable auteur de cet opuscule a eu raison de s'en tenir là, car je ne vois pas trop ce qu'il aurait pu ajouter de plus. Les maisons sont en bois, cela va sans dire, et le *Lockwood-Hotel* qui nous ouvre ses portes hospitalières est bien mauvais; mais si l'on insistait sur ces détails, il faudrait appliquer la même phrase à toutes les villes d'Amérique, et cela deviendrait fastidieux.

Nous commençons, du reste, par avoir une série de surprises désagréables. D'abord, en ouvrant nos valises, nous constatons que, pendant le *sandstorm* d'hier, le sable a pénétré partout. Les serrures refusent de fonctionner; il faut les forcer. Nos winchesters et nos revolvers en sont tellement pleins, que nous ne pouvons ni les décharger ni les tirer; nos cheveux se sont transformés en une espèce de substance feutrée qui résiste victorieusement aux attaques du peigne. Il est bien malheureux que ce sable-là ne soit pas aurifère, car nous aurions de quoi défrayer nos frais d'hôtel.

Enfin, avec l'aide du perruquier de Sydney, un gentleman d'une élégance suprême, nous parvenons à retrouver une tenue un peu convenable. Tout notre équipement, selles, bottes, fusils, va s'engloutir dans une immense caisse que nous fournit l'hôtelier, et à deux heures nous prenons place dans le train qui arrive de San Francisco, et qui va nous mener à Chicago, par Omaha. Le vieux Kemish nous accompagne jusqu'au wagon; nous lui serrons la main avec une véritable affection. Il nous parle encore du projet qu'il caresse depuis longtemps. Il voudrait venir en France pour y acheter une paire d'étalons percherons.

— Ah! dit-il d'un air convaincu, si j'étais assez heureux pour trouver quelqu'un qui m'avançât l'argent nécessaire, ma fortune serait faite.

Le train nous emmène à toute vapeur à travers la Prairie. Nous retraversons bientôt la Platte, qui continue à rouler ses eaux jaunes au milieu d'un dédale de petites îles et de bancs de sable à moitié submergés. Nous suivons maintenant sa rive gauche. A chaque instant, nous voyons d'immenses troupeaux qui croisent notre route, s'acheminant vers le nord.

C'est par cette ligne que les bêtes de quatre ans sont expédiées à Chicago, chaque hiver, un peu avant les froids. Les gares sont déjà toutes munies d'un matériel complet pour recevoir et expédier les bestiaux, car toutes ces opérations se font aux risques et périls de la Compagnie.

A mesure que nous avançons dans l'est, nous voyons d'heure en heure le pays changer d'aspect. L'agriculture, représentée par les immenses champs de blé, apparaît bientôt gagnant pied à pied sur le désert et refoulant devant elle les pasteurs avec leurs troupeaux, si tant est que ce nom éminemment poétique puisse s'appliquer aux *cow-boys* en chemises rouges que nous voyons galoper à l'horizon, et qui nous semblent plus sympathiques, vus à travers les fenêtres d'un bon *pullman,* que lorsqu'il nous fallait vivre avec eux. C'est à Kearny, une jolie petite ville, avec des vraies maisons en briques, que ce changement est bien visible. Après cela, à chaque station, nous trouvons des gares monumentales souvent éclairées à l'électricité : en traversant les rues, nous voyons des tramways qui circulent ; enfin le matin, vers huit heures, quand nous entrons dans la ville d'Omaha, il nous semble entrer dans une véritable capitale.

Cette ville d'Omaha, qui a pris le nom d'une tribu d'Indiens que le P. de Smet évangélisa vers l'année 1846, est le point de départ de la ligne *Union-Pacific*. En 1863, au moment où la concession du chemin de fer fut votée par le Congrès, c'était un petit bourg de trois mille âmes, au plus, habité par des gens qui ne vivaient que de leur commerce avec les Indiens, et qui ne communiquaient avec le reste du monde que par le Missouri, sur le bord duquel s'élevaient leurs maisons. Le chemin de fer le plus rapproché était à cent cinquante milles. Il fallut faire venir la première locomotive, à travers la prairie, des «Moines » de l'Iowa. — Dans un rayon de 500 milles, il n'existait pas un arbre dont on pût faire une traverse. Elles vinrent du Michigan et de New-York, et revenaient à 2 dollars 50 l'une.

Les travaux furent poussés avec une rapidité dont les chiffres suivants peuvent donner une idée. Au 1er janvier 1866, il y avait 40 milles de faits ; au 1er janvier 1867, 265 ; au 1er janvier 1868, 550 ; enfin le 10 mai, cette œuvre, une des plus colossales qui aient été entreprises jusque-là, était complétée par la rencontre à *Promontory-Point,* dans l'Utah, de la ligne que l'autre Compagnie, le *Central-Pacific*, poussait de son côté dans le désert, en prenant la Californie comme point de départ. Les derniers 534 milles avaient été construits en quinze mois.

Pendant ce temps-là, Omaha devenait une grande ville. La pauvre petite bourgade de 1846 avait disparu pour faire place aux immenses ateliers du chemin de fer, autour desquels une population de plusieurs centaines de mille âmes ne tarda pas à venir se grouper. En 1871, elle fut reliée à sa rivale *Council-Bluffs*, qui s'était élevée en face d'elle de l'autre côté du Missouri, par un admirable pont en fer de près de neuf cents mètres de long, qui permet maintenant aux wagons d'aller déposer leurs voyageurs sur la rive est, où se trouvent les têtes de quatre ou cinq lignes qui relient ce point à Chicago.

Des esprits chagrins ont souvent reproché aux jeunes démocraties de manquer complétement de ce culte des ancêtres qu'on a si fort dans l'Empire chinois, et qui, rappelant aux hommes qu'ils ne sont ici-bas que le lien qui unit le passé à l'avenir, les invite à transmettre à leurs enfants les bons principes qu'ils ont eux-mêmes reçus de leurs pères. Nous avons pu constater, avec une vive satisfaction, que, en ce qui les concerne, les Omahais ont à cœur de réduire à néant ces accusations; car une petite brochure que nous avons achetée à la gare est spécialement consacrée aux premiers souvenirs de la ville d'Omaha. Nous avons malheureusement égaré cette œuvre intéressante. Son auteur, qui s'appelle, autant qu'il nous en souvient, Philéas J. T. Babcock ou quelque chose d'approchant (pourquoi les Américains tiennent-ils à avoir tant d'initiales à leurs noms?), a colligé avec un soin pieux les anciennes traditions ayant trait aux origines de sa ville. Par un malheureux hasard, il s'agit de trois assassinats. Telle est du moins l'expression qu'emploie l'auteur, en faisant remarquer, non sans orgueil, que la ville de Rome n'en a qu'un à son avoir, celui de Rémus par Romulus.

Voici les faits : en 1852, un bijoutier nommé Rhines, habitant le Michigan, se décida à émigrer en Californie. Naturellement, pendant le chemin, on parlait souvent des Indiens. Rhines déclara qu'il ne les craignait pas, et affirma qu'il se chargeait de tuer le premier qu'on verrait.

La caravane, après avoir traversé le Missouri, campa en pleine prairie, sur le bord d'un ruisseau, à l'endroit où s'élève maintenant la ville. Le lendemain matin, on se disposait à repartir, quand on vit deux ou trois jeunes Indiennes qui traversaient le ruisseau et venaient au-devant des émigrants. Elles appartenaient à un parti de Pawnies campés à peu de distance et venaient, le plus amicalement du monde, offrir de la viande fraîche aux « Visages pâles ». Les compagnons de Rhines lui rappelèrent en riant ses dires. Cette brute prit immédiatement son fusil et cassa la tête d'une des jeunes squaws.

Une heure après, les guerriers pawnies faisaient leur apparition. Ils étaient en force et exigeaient qu'on leur livrât Rhines ; ce qui fut fait. On le déshabilla. Puis il fut solidement attaché à la roue de son chariot, et là, en présence de ses compagnons trop intimidés pour le défendre, les squaws, armées des bowie-knives de leurs maris, se mirent en devoir de le dépouiller de sa peau, comme une simple antilope. L'opération, faite avec un grand soin par des mains expérimentées, dura, paraît-il, longtemps. Le misérable Rhines ne mourut que quelques instants après qu'elle eut été complétée. Les Pawnies laissèrent ensuite partir ses compagnons sans les inquiéter. Si la situation avait été renversée, je ne sais trop ce qu'auraient fait les Américains.

Après celui-là, les deux autres assassinats cités par M. Philéas J. M. T. Babcock ne me semblent être que du remplissage. Il a fallu beaucoup de bonne volonté, et surtout un grand désir d'éclipser Rome, pour les appeler de ce nom. J'avais copié, sur mon livre de notes, les alinéas qui les concernaient. En voici la traduction littérale :

« Au vieux M. Todd revient l'honneur d'avoir été le premier ivrogne invétéré de la ville d'Omaha, qui se soit tué à force de boire. Ce fut lui qui bâtit la première maison. Elle était située là où s'élève actuellement Saint-Nicolas, et fut consacrée par son propriétaire au commerce d'épicerie en général et surtout de wisky. Il était lui-même le meilleur client de son établissement, et mourut bientôt d'une attaque de *delirium tremens*. . . . .

Presque en même temps que M. Todd, arrivait le docteur M... Son premier malade fut un enfant indien, qui mourut rapidement. »

Je lisais cet intéressant ouvrage pendant que le *Chicago, Milwaukee et Saint-Paul* nous ramenait au *Grand-Pacific-Hotel* que nous avions quitté moins d'un mois auparavant, puisque nous y rentrions le 19 juillet, en étant partis le 22 juin. Quinze jours plus tard, nous étions à Paris. Les dernières journées de notre voyage nous rappellent un désappointement. A notre passage à New-York, nous n'avons pu, faute de temps, assister à la représentation d'une pantomime équestre qui faisait courir toute la ville. C'était intitulé : le *stage-coach* de Deadwood. On voyait l'attaque de la malle par les Sioux, la défense obstinée des voyageurs ; puis, au moment où ils allaient succomber, une bande d'héroïques *cow-boys* arrivait au galop, hachait les Sioux menu comme chair à pâté, et ne laissait d'intacts que leurs scalps qui étaient promenés en triomphe au défilé de la fin !

CHAPITRE X

P. P. C.

10 *juin* 1884[1]. — Je ne veux pas me séparer sans quelques mots d'adieux des lecteurs qui ont bien voulu me suivre dans mes pérégrinations à travers les Black-Hills. Un grand nombre m'ont écrit. Je n'ai pas pu répondre à tous, mais je tiens à les remercier et à leur dire combien j'ai été touché de l'intérêt qu'ils veulent bien témoigner à des notes de voyage qui n'ont qu'un mérite, c'est d'appeler l'attention sur un pays qui est à la fois, pour nous, une menace et un enseignement.

Il m'a semblé intéressant de relater en quelques lignes ce qui s'est passé là bas depuis moins de dix mois que nous en sommes revenus. Les Black-Hills ne sont qu'une toute petite partie du Far-West; mais la poussée en avant dans la voie de la prospérité matérielle, qui s'y produit, se produit également partout ailleurs, et quand on la compare à la reculade qu'il a fallu constater chez nous, dans le même laps de temps, on voit combien, en somme, ces deux états de choses sont fonctions l'un de l'autre.

A notre départ d'Amérique, le marquis de M...

---

[1] L'ouvrage qu'on vient de lire avait paru en articles dans le *Correspondant*.

venait de sortir avec tous les honneurs de la guerre de l'aventure qui a été relatée plus haut. Quelques jours plus tard, la marquise venait bravement rejoindre son mari, et tous deux faisaient une rentrée triomphale dans leur bonne ville de « Little-Missouri », dont le nom, en suite d'une délibération du conseil municipal, avait été changé contre celui de la marquise. Tous les « citoyens proéminents » faisaient un accueil enthousiaste au jeune ménage dans cette même gare où, quinze jours auparavant, mon ami M... avait été traqué comme une bête fauve. Ce n'est pas qu'aux Romains que s'adressait le vieil Ovide :

> Donec eris felix, multos numerabis amicos.
> Tempora si fuerint nubila, solus eris!

Et mon professeur de *whittling*, le *cow-boy* de Custer, avait bien raison de dire qu'un revolver de gros calibre était encore l'ami le plus sûr qu'on pût avoir.

A ce concert, il manquait une voix, celle d'O'Donnell. Elle ne se fit pas attendre. Il resta en prison juste le temps de se faire soigner de ses blessures. Dès qu'il fut guéri, sa première visite fut pour M.... La marquise était seule à la maison, quand il arriva :

— Je viens vous serrer la main, dit-il, que tout soit oublié! j'ai eu des torts. Je ne savais pas avoir affaire à un gentleman. (!!!) D'ailleurs, ceux pour le compte desquels j'opérais se sont mal conduits. Dorénavant Votre Seigneurie (Your Ladyship) n'aura pas de meilleur ami que moi!!!

On s'est tout pardonné. O'Donnell a reformé sa bande au moyen de sujets d'élite qui sont venus remplacer ceux que les balles de M... avaient endommagés. Il se charge à forfait de toutes les élections des environs. On a espéré un instant qu'il se ferait nommer sénateur ou député, ce qui eût débarrassé le pays de sa présence : malheureusement, il paraît avoir renoncé à cette idée.

Le président des États-Unis, M. Arthur, s'étant avisé, l'automne dernier, d'aller visiter, avec quelques grands personnages, le Yellow-Stone, une bande de soixante-dix *cow-boys* fut immédiatement organisée dans le but de l'enlever et de le mettre à rançon. L'opération échoua par un simple hasard. On avait attribué à O'Donnell cette idée de génie, mais tout semble prouver maintenant qu'elle émanait d'une autre cervelle.

Délivré de ces préoccupations, M... a pu donner une nouvelle impulsion à ses affaires. Il tue de deux cents à deux cent cinquante bœufs par jour. IL ENVOIE MAINTENANT, CHAQUE MATIN, UN DE SES WAGONS RÉFRIGÉRANTS, CHARGÉ DE VIANDE, A NEW-YORK, C'EST-A-DIRE A TROIS MILLE KILOMÈTRES ENVIRON, ET CHAQUE BŒUF AINSI TRANSPORTÉ LUI DONNE, DIT-ON, UN BÉNÉFICE NET DE CINQ DOLLARS[1] !

Dans combien de temps lui ou d'autres trouveront-ils moyen de faire passer l'Atlantique à cette viande ? Est-ce une question d'années, de mois ou de semaines ? Une livre de bœuf vaut huit sous à New-York, vingt au Havre. Cela ne peut pas durer. On objectera que la viande importée, quel que soit le moyen employé, ne vaudra jamais celle du pays. C'est possible, quoique cela ne soit pas sûr : mais, comme me le disait un fermier normand, « la mauvaise marchandise fait toujours

---

[1] Il a aussi, l'autre jour, envoyé à New-York deux wagons de saumons conservés dans la glace.

baisser la bonnet ! » *Caveant consules !* J'en demande bien pardon aux lecteurs, mais, je ne sais pourquoi, le latin coule de source aujourd'hui de ma plume.

Les moulins du Homestake broient maintenant deux mille cinq cents tonnes de quartz *par jour,* ce qui permet de fournir à leurs heureux actionnaires des dividendes de plus en plus satisfaisants. Le marquis de M..., qui pourra bientôt changer son nom en celui de Carabas, va construire un chemin de fer qui reliera Little-Missouri à Deadwood. Grâce à trois ou quatre relais organisés d'avance, il a fait, au printemps dernier, le trajet en cinquante et une heures, avec un arrêt de sept heures seulement : il avait été surpris par une tourmente de neige pendant laquelle il lui a fallu constamment marcher autour de son cheval, sous peine d'être gelé. Dans le nord du Dakota, il y a eu cet hiver jusqu'à quarante degrés de froid, tandis que dans le sud, à Cascade notamment, on avait à peine un peu de glace. A Deadwood, il a été accueilli avec le plus grand enthousiasme par tous nos amis, qui lui ont offert un banquet au Wentworth-House, dont le propriétaire Cornell est désigné maintenant par les journaux sous le titre de colonel : ce qui indique qu'il a fait de bonnes affaires.

Au Little-Rapid-Creek, on n'a pas non plus perdu de temps. Les moulins de Fair-View et de Minnesota sont presque achevés et commenceront dans peu de temps à fonctionner. Une ligne de chemin de fer venant de Sidney ira bientôt rejoindre, à Deadwood, celle de M..., en passant par Cascade et Little-Rapid.

Un point noir assombrit ce tableau. La bonne ville de Galena n'est plus ! Chacun sait l'histoire des chats de Kilkenny, qui se battirent avec tant d'acharnement qu'on ne retrouva plus que leurs queues sur le toit qui avait été le théâtre du combat. C'est un peu celle du colonel et des New-Yorkais. Nous n'avons malheureusement pas de détails sur la grande bataille souterraine qui, peu de temps après notre départ, ensanglanta la mine du vieux guerrier. Combien de Fightingmen ont-ils mordu la poussière de part et d'autre? Nous l'ignorons. Toujours est-il que la robe a vaincu l'épée ! Le colonel s'est retiré sous sa tente, ses ennemis ont abandonné le pays; la mine est abandonnée, et les avocats sont à l'œuvre pour croquer tous les dollars qu'on en avait retirés. Je m'en rapporte à eux pour le faire avec conscience.

C'est à Cascade que les choses ont été le plus vite. Peu de jours après notre départ, une assemblée des *cow-boys* des environs proclamait Cascade capitale du nouveau comté de Fall-River ! Un *store* était établi pour subvenir à leurs besoins matériels, un bureau de poste était obtenu. Le *stage-coach* de Sidney, modifiant son ancien itinéraire, y installait une station avec bar et hôtel, et une foule d'émigrants (style du prospectus) venaient se disputer les lots de vingt-cinq pieds de façade sur cent de profondeur, qu'on avait piquetés sur le parcours des trois avenues. L'avenue de Grancey longe la rivière ! elle paraît devoir être définitivement adoptée par les citoyens proéminents !!! attirés par la magnifique vue dont on y jouit. Les médecins « les plus qualifiés » conseillent beaucoup cette eau dont j'ai conservé un si fâcheux souvenir. Une analyse, faite à Chicago, a constaté qu'elle contient une quantité prodigieuse de sulfate de magnésie. Un moraliste attribuerait peut-être à l'action bienfaisante de ce sel la prodigieuse aménité de caractère qui distingue les

Cascadois. Pas un seul assassinat n'a encore été commis dans leur ville !

L'église et l'école, la première en projet, la seconde déjà construite, sont un peu en arrière, sur l'avenue de M... Je me rappelle y avoir tiré un coyote au mois de juin dernier. On compte établir là les ateliers nécessaires pour la construction du grand pont sur la Cheyenne que le chemin de fer fera bientôt.

Je veux aussi rectifier une erreur qui s'est glissée dans les pages que l'on vient de lire. Il s'agit des Sioux. Mais c'est toute une histoire qui a besoin d'être expliquée.

Il faut savoir que les Indiens ont en France un ennemi, qui est M. l'ingénieur Simonin, un vieux compagnon de voyage à moi, et un ami, M. le comte de Semallé, dont j'ai l'honneur d'être le cousin ; maintenant, pourquoi Simonin, que j'ai cependant toujours connu doux et bienveillant, en veut-il tant aux Indiens, et pourquoi M. de Semallé les défend-il avec tant d'ardeur ? Voilà ce que je ne puis vous dire, ne le sachant pas moi-même. Toujours est-il que Simonin ne sera heureux que quand il aura reçu le scalp du dernier Peau-Rouge, tandis que M. de Semallé rêve au contraire une sorte de république fédérale composée des différentes tribus. Entre deux opinions aussi tranchées, il n'y a pas de transaction possible ; aussi les salles de la Société de géographie sont, chaque année, le théâtre des discussions acharnées des deux adversaires. Simonin enregistre les trop nombreux méfaits que les journaux attribuent aux Indiens, à tort ou à raison, et puis, groupant les chiffres avec un art infernal, il se console en prouvant qu'ils disparaissent rapidement, détruits aussi bien par leurs propres vices que par les winchesters des cow-boys de l'Ouest.

Mais c'est alors que M. de Semallé se précipite à la tribune. Il produit de nouveaux chiffres, desquels il résulte que les Indiens, bien loin de diminuer, croissent chaque année en nombre et en sagesse, et s'acheminent vers une ère de prospérité sans bornes, si seulement les Américains voulaient y mettre un peu du leur. Dans son ardeur généreuse, il ne se contente pas de suivre Simonin sur le sentier de la guerre, il surveille encore d'un œil jaloux tout ce qui s'imprime qui puisse, de près ou de loin, toucher ces questions.

Or, j'ai dit quelque part que les Sioux portaient autrefois un anneau dans le nez et qu'ils se rasaient la tête, ne conservant qu'une mèche à scalp (scalp-lock). Il paraît qu'en émettant cette affirmation, je leur ai fait un tort que je m'empresse de réparer. Ces coutumes barbares leur ont toujours été étrangères. Ils ont scalpé et scalpent encore leurs ennemis, lorsque l'occasion se présente; mais quand il s'agit de l'opération inverse, c'est-à-dire, quand c'est à leur tour d'être scalpés, ils laissent à l'opérateur le soin de tracer lui-même sur leur crâne, avec la pointe de son couteau, les contours du trophée auquel la fortune des combats lui donne le droit de prétendre, sans avoir l'indiscrétion de lui imposer une forme déterminée qui pourrait peut-être ne pas lui convenir. Il y a là une délicatesse qu'apprécieront toutes les personnes qui se piquent de belles manières.

M. de Semallé, en me reprochant cette inexactitude, convient cependant que l'usage de la mèche à scalper a existé, mais seulement chez cinq tribus dont il me donne les noms et qui n'ont rien de commun avec les Sioux.

Outre un certain nombre de brochures publiées dans l'intérêt de ses chers protégés, M. de Semallé m'envoie l'*Annual Report of the Commissioner of Indian Affairs* dont je me permets de détacher quelques passages qui intéresseront peut-être les lecteurs, parce qu'ils sont relatifs aux Sioux établis dans la réserve que nous avons traversée l'année dernière.

M. James Mac Laughlin, agent indien pour le Dakota, donne des nouvelles de « Sitting-Bull », le héros de la guerre de 76. Ce vénérable guerrier se porte bien. Il semble décidément prendre goût à l'agriculture. Son professeur l'agent, qui l'a vu piochant des pommes de terre, entouré de toute sa famille, est très-content de lui. Ceux des Sioux, ses anciens sujets, qui se sont établis dans les environs, lui donnent aussi bien de la satisfaction. Ce sont des Uncapapas, des Pieds-Noirs et des Yanktonais, car la nation siouse est une confédération de onze ou douze petites tribus ayant toutes les noms les plus extravagants, qui leur ont été donnés, pour la plupart, par les anciens trappeurs français [1].

Cependant le bonheur de M. Mac Laughlin n'est pas sans mélange; à quelque distance, il y a des « Gros-Ventres » qui sont désolants! Et puis, encore plus loin, des Tétons qui ne lui laissent pas un instant de tranquillité! Les plus forts opprimaient les autres, qui se sont sauvés après avoir été battus; il a fallu courir après eux! Enfin, ce pauvre monsieur pourrait pren-

[1] Qu'on en juge! Voici la liste officielle des douze principales tribus de la Confédération (il y en a quelques petites) : Pieds-Noirs, Sans-Arcs, Minneconjous, Deux-Chaudrons, Yanktonais d'en Haut, Yanktonais d'en Bas, Ogalalas, Brûlés, Uncapapas, Sauteux, Gros-Ventres, Wahzahzahs!

dre pour devise celle qui ornait l'écusson de la respectable mademoiselle Fouardent, corsetière à Cherbourg :

*Contient les forts! Soutient les faibles!!
Ramène les égarés!!!*

Quelques-uns de ces rapports sont pleins d'intérêt. Il y a notamment un certain M. Llewellyn qui est assurément un philosophe doublé d'un observateur. Il a été nommé agent auprès des Apaches Mescaléros et décrit les lois et usages des Indiens confiés à ses bons soins. Il veut les amener tout doucement à la civilisation et, pour cela, supprimer les coutumes qui lui paraissent être incompatibles avec elle. Ainsi, ils ont la déplorable habitude de brûler les vieilles femmes soupçonnées de sorcellerie. L'une a subi ce supplice peu de temps après son arrivée : on voudrait bien en faire autant à une autre. Mais, depuis le mois de mai, il a exercé une surveillance si grande, que la chose n'a pas encore pu se faire.

D'ailleurs, il a déjà obtenu des résultats. Les Mescaléros, comme tous les autres Indiens, du reste, coupaient toujours, avant de s'en servir, les fonds de toutes les culottes qu'il leur distribuait de la part du gouvernement. Grâce à ses instances répétées, ils ne le font plus!

Dans l'ordre moral, les progrès sont également sensibles. Les formules du beau langage ne leur sont plus étrangères. Autrefois, quand un Indien parlait de la femme d'un de ses compatriotes, il l'appelait « la squaw d'un tel »! Maintenant ils disent « madame la capitaine Sam »! — Quand tout le monde sera colonel, évidemment ils n'auront plus rien à apprendre des « Visages pâles ».

Mais, en homme sage, M. Llewellyn estime qu'il faut conserver celles de ces coutumes qui ont une influence salutaire sur l'état social. Ici, je traduis littéralement, de peur qu'on ne m'accuse d'inventer :

« C'est une loi absolue chez eux (les Apaches) que jamais, après un mariage, la belle-mère et le gendre ne doivent se visiter mutuellement, ni même se voir, si la chose est possible. Cette loi constitue-t-elle un pas en avant dans la voie de la civilisation ? C'est là un point sur lequel mon esprit conserve encore des doutes.

« *If is a fixed law with them that the mother in law and son in law never visit each other and never see each other, if it can possibly be avoided. I am not prepared to say whether this is a step in the direction of civilization or not!* »

Un peu plus loin, j'ai vu avec un vif intérêt le rapport du directeur d'une école fondée à Hampton dans le but de donner une éducation complète à un certain nombre d'Indiens des deux sexes, qu'on renvoie ensuite dans leurs tribus respectives. Les professeurs, qui sont des demoiselles, se louent beaucoup de leurs élèves, auxquels on apprend une foule de choses, notamment, en ce qui concerne les filles, l'art de la couture, du repassage et la cuisine. Là, je fais mes réserves ! Si, comme je le crains, le professeur est une Américaine, son œuvre ne peut être que néfaste. Je ne connais de la cuisine indienne que ce qu'en décrit Fenimore Cooper ; mais les bosses de bison à l'étouffée dont il nourrit ses héros, OEil-de-Faucon et le Major, me faisaient venir l'eau à la bouche quand j'étais enfant. Si le quart de ce qu'il dit est vrai, c'est le professeur de Hampton qui devrait prendre des leçons de ses élèves.

Ce qu'il y a de plus curieux, c'est qu'on s'est avisé d'y envoyer quelques « guerriers » qui sont arrivés suivis de leur « squaw » et de leurs « papooses » (femme et enfants). L'expérience a, dit-on, très-bien réussi. Le guerrier a perdu promptement l'habitude de battre sa femme tous les soirs, ce qui semble évidemment à celle-ci très-heureux. Pourvu que sa femme, de son côté, n'ait pas contracté l'habitude du « rocking chair » ! Il y a encore là un écueil à éviter.

Ces expériences ont été souvent tentées. Le difficile est, non de donner de l'instruction à un sauvage, mais de savoir quoi faire de lui quand on la lui a donnée. Le directeur de Hampton affirme qu'en cela aussi le succès a couronné ses efforts. Plusieurs jeunes gens ont déjà été renvoyés chez eux. Ils gagnent de fort beaux salaires comme charretiers ou cow-boys. S'il est possible d'utiliser les Indiens — et je crois que c'est possible — c'est évidemment par ces professions-là qu'ils doivent s'initier à la vie civilisée.

Je ne veux pas finir sans répondre à vingt-sept dames qui ont bien voulu s'informer de ce que sont devenus Jean-Leblanc et la jument jaune. J'ai reçu justement ces jours derniers de leurs nouvelles, qui sont excellentes. En considération de ses bons services, j'avais bien recommandé que Jean-Leblanc ne fût pas confié à un *cow-boy*. Il fait le service personnel de Parker et est rond comme une pomme. La jument jaune, réservée pour les joies pures de la maternité, montre, dans son nouvel état, autant de retenue et de sagesse que les jeunes miss, ses compatriotes, qui, après avoir flirté, dansé et soupé dans toutes les capitales des deux mondes, pendant trois ou quatre saisons, finissent également, quand elles ont choisi un mari, par devenir les modèles des mères et des femmes, sinon des ménagères.

FIN.

TABLE DES MATIÈRES

Avant-Propos.................................. 1

CHAPITRE PREMIER

Départ de Chicago. — Les *Pullman-cars*. — Un buffet de chemin de fer. — La prairie et les *cow-boys*. — Les colonels. — Le Missouri. — Les *stage-coachs*. — Les Sioux. — Willow-Creek. — Un émigrant................................. 4

CHAPITRE II

La Cheyenne. — Les *cattle-ranchs*. — Un passage de rivière. — International Hotel. — Rapid-City. — La justice en Amérique. — *American manners*. — Le premier bivouac. — Mc Donnell's ranch. — Une fermière du Dakota. — *Homestead*, *preemption* et *treeclaims*. — Le régime forestier. — *Hilly-ranch*... 42

CHAPITRE III

La mercuriale des denrées dans les Black-Hills. — Les percherons en Amérique. — Uncle Sam's mine. — Galena. — Les *fighting-men* du colonel. — Les femmes américaines. — Les sirènes de Deadwood. — Wild-Bill................ 93

CHAPITRE IV

Les grandes mines de Deadwood. — Ce que coûte l'absence de gendarmes. — Caledonia. — Une soirée à Deadwood. — Les Jésuites en Amérique......................... 127

CHAPITRE V

Le 4 juillet à Deadwood. — Un discours monarchiste. — Les journalistes de New-York. — Le jury et la loi de Lynch. — La prière du Révérend. — Cow-boy et « Damné Baron ». — Introduction de la broche dans les Black-Hills. — Little Gimlet. — L'art de devenir propriétaire au Dakota............ 151

CHAPITRE VI

Little Rapid Creek. — Les castors. — Le Pan. — Bill. — Le marquis de M... et les *cow-boys*. — Une chasse au tigre. — *Fair-view.* — Les marmottes.................... 179

CHAPITRE VII

Départ. — Castleton. — King Solomon. — Cuisine française. — Une ville morte. — Un ranch irlandais. — Custer. — Les beautés de la langue allemande. — Le Whittlage. — La conquête des Black-Hills. — Mort des colonels Custer et Crook. — Sitting Bull et le Manitoba. — Les mines de mica. — La Yellow-Stone. — Mabille n'est plus! — Les malheurs d'un shérif. — La philosophie d'un cow-boy.................... 208

CHAPITRE VIII

Départ de Custer. — M. et madame Kemish. — War-Horse et le Nuage Rouge. — Un *Sheep-Ranch*. — Accidents. — Les Hot-Springs. — Une princesse indienne. — L'art de scalper. — Cascade. — Comment on fonde une ville 248

CHAPITRE IX

Retour. — Le désert d'Alcali. — Les Indiens. — Les chiens de prairie. — Les antilopes. — Sand-Storm. — Willow-Creek. — La Platte. — Jack Slade et Jules Burgh. — Sydney. — L'Union Pacific. — Omaha. — Chicago.................... 267

CHAPITRE X

P. P. C.. 300

TABLE DES GRAVURES

First Avenue. Deadwood.................................... Frontispice
L'intérieur d'un wagon dans l'Ouest....................... 12
Un stage-coach dans le Far-West........................... 23
Le *Corduroy road* 95
Le 4 juillet à Deadwood................................... 153
En route pour Little Rapid Creek.......................... 169
Little Rapid Creek.. 179
Une gare dans le Far-West................................. 187
Arrivée à Hot-Springs..................................... 254

      Carte des Black Hills du Dakota.

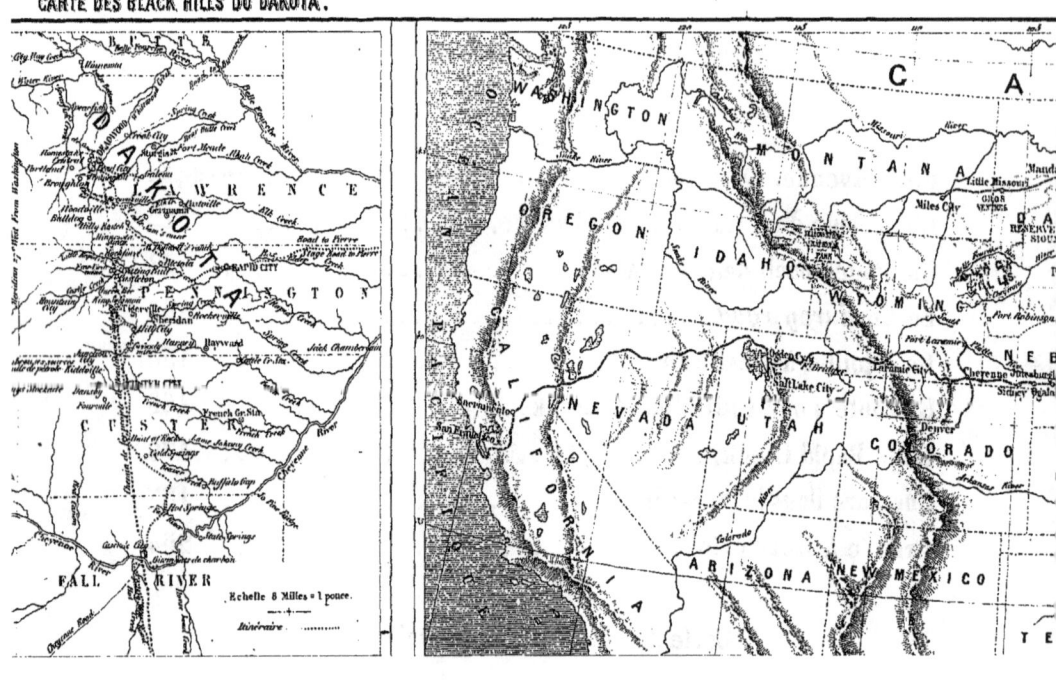
CARTE DES BLACK HILLS DU DAKOTA.

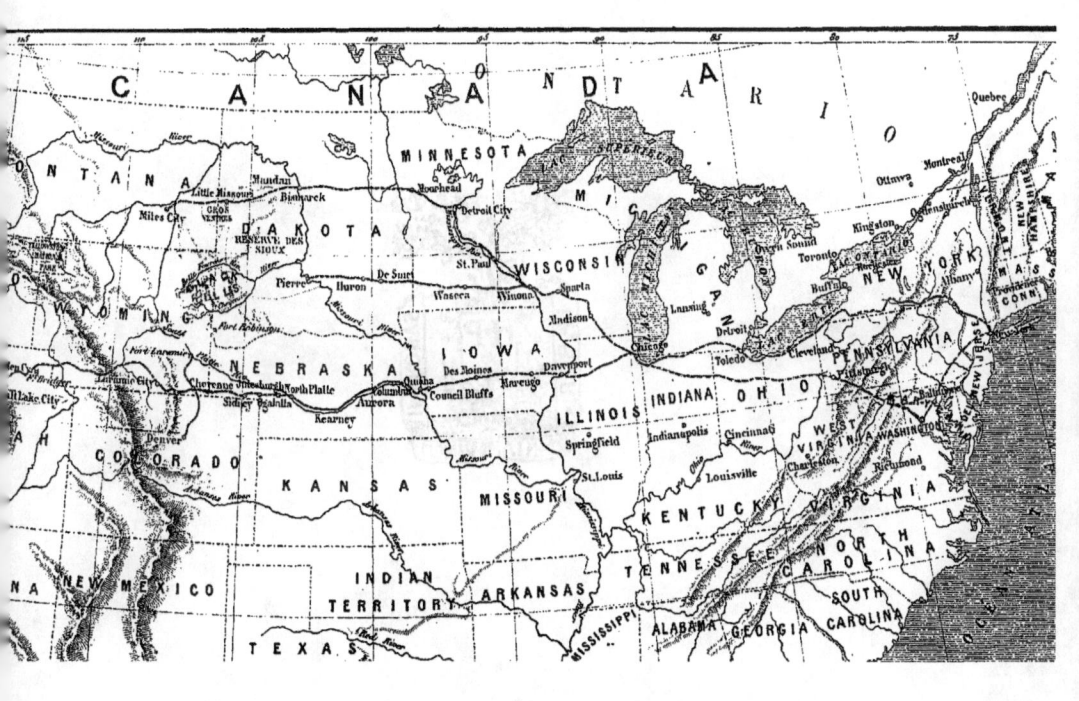

www.ingramcontent.com/pod-product-compliance
Lightning Source LLC
Chambersburg PA
CBHW060650170426
43199CB00012B/1741